Hans-Jürgen Pitsch
Ingeborg Thümmel

Handeln im Unterricht

Zur Theorie und Praxis des Handlungsorientierten Unterrichts mit Geistigbehinderten

ATHENA

Dieses Buch entstand in Kooperation mit der Bundesvereinigung Lebenshilfe für Menschen mit geistiger Behinderung e. V., die die fachliche Beratung und das fachliche Lektorat übernahm.

Bibliografische Information der Deutschen Bibliothek

Die Deutsche Bibliothek verzeichnet diese Publikation in der Deutschen Nationalbibliografie; detaillierte bibliografische Daten sind im Internet über <http://dnb.ddb.de> abrufbar.

1. Auflage 2005

Mellinghofer Straße 126, 46047 Oberhausen
www.athena-verlag.de

Druck und Bindung: Difo-Druck, Bamberg

Gedruckt auf alterungsbeständigem Papier (säurefrei)

Printed in Germany

ISBN 3-89896-237-7

Inhalt

Vorwort

Dieses Buch ist Heinz Mühl gewidmet. Ihm verdanken wir die Orientierung des Unterrichts Geistigbehinderter auf das Handeln und die Handlung hin, fast eine Revolution in der Zeit des Erscheinens seines Buches »Handlungsbezogener Unterricht mit Geistigbehinderten« (1979), einer Zeit, in der die damals gängige Lehrmeinung die Ansicht vertrat, Geistigbehinderte könnten nur unter enger Führung durch Lehrer lernen. Immerhin durften sie selbst etwas tun, das vom Lehrer Angeordnete selbst ausführen. Diese Selbsttätigkeit der Schüler[1] wurde sogar zum »Prinzip« erhoben und diente auch der Unterscheidung der Schule für Geistigbehinderte von anderen Schulformen.

Heinz Mühl hat darauf aufmerksam gemacht, dass geistigbehinderte Schüler auch an der Planung und Kontrolle ihrer Tätigkeit beteiligt werden können und sollen, ja sogar an der Auswahl der Tätigkeit und der Festlegung ihrer Ziele. Seine Argumente für diese neue Orientierung zum Schüler hin hat Mühl wesentlich aus der Reformpädagogik bezogen; Piaget und die Aneignungstheorie der Kulturhistorischen Schule haben damals noch keine Rolle gespielt. Und dennoch hat der »Handlungsbezogene Unterricht« Einzug in die Schulen für Geistigbehinderte gehalten, ist auch als »Handlungsorientierter Unterricht« bekannt geworden und inzwischen weit verbreitet.

Trotz dieser hohen Bekanntheit und weiten Verbreitung trifft Mühls Handlungsbezogener Unterricht noch auf viele Verständnisprobleme. Wie weit soll die Beteiligung der Schüler reichen? Welche Festlegungen, welche Entscheidungen können ihnen überlassen werden? Macht solcher Unterricht den Lehrern nicht zusätzliche Arbeit? Neuere Untersuchungen weisen auf solche Probleme hin wie auch auf Unsicherheiten hinsichtlich der Unterrichtsplanung. Lehrer haben anscheinend immer dann besondere Schwierigkeiten, wenn Verlauf und Ergebnisse ihres Unterrichts nicht mit Sicherheit vorherzusehen sind. Auch aus diesem Grund wurde das Buch als Studienbuch konzipiert. Die an vielen Stellen im Buch formulierten Aufgabenstellungen stellen Impulse für die Leser dar, die theoretischen Ausführungen auf ihre Praxisrelevanz und ihre unterrichtliche Umsetzbarkeit hin zu überprüfen. Insofern erhebt das Buch den Anspruch, über die Anleitung zur aktiven Auseinandersetzung mit

---

[1] Wegen der besseren Lesbarkeit wird im Buch ausschließlich die männliche Schreibweise verwendet. Gemeint sind aber immer beide Geschlechter.

den Texten dazu beizutragen, dass Lehrkräfte lernen, handlungsorientiert zu planen und zu unterrichten.

Als zweites zentrales Anliegen verfolgen die Autoren das Ziel, in das Mühlsche Konzept das Verständnis von Handlung und Handeln der Kulturhistorischen Schule einzuarbeiten und damit zusätzliche Präzisierungen zu gewinnen. Die so gewonnenen Präzisierungen stellen bedeutsame Orientierungsmarken zur Planung handlungsorientierten Unterrichts dar und spiegeln sich in zunehmendem Maße auch in drei Unterrichtsentwürfen, in welchen Orientierung am Handeln zunächst keine, dann in Ansätzen, und letztlich konsequente Berücksichtigung findet. Die Kapitel 1 bis 14, 17 und 20 hat Hans-Jürgen Pitsch geschrieben, Kapitel 15, 16 und 19 Ingeborg Thümmel. Hannah Götzler (Heidelberg) hat den Entwurf zu Kapitel 18 sowie die dort abgebildete Brandcollage beigesteuert, Hans-Jürgen Pitsch die Bearbeitung und Kommentierung. Kapitel 21 mit den Lösungsvorschlägen zu den Arbeitsaufgaben haben Ingeborg Thümmel und Hans-Jürgen Pitsch gemeinsam erarbeitet.

Kapitel 21 ist aber nur erforderlich, weil immer wieder Aufgaben zur Bearbeitung durch den Leser in die einzelnen Kapitel eingearbeitet wurden. Diese Aufgaben sollen auch bei der Gliederung des Textes helfen, ebenso die Schattierungen, mit denen einzelne Textpassagen herausgehoben werden, die den Autoren als wichtig gelten. Von dieser Textgliederung und Hervorhebung erhoffen die Autoren, den Lesern das Einarbeiten zu erleichtern.

Heinz Mühls »Handlungsbezogener Unterricht mit Geistigbehinderten« war zwei Jahre vor der Übernahme seiner Professur für Geistigbehindertenpädagogik an der Universität Oldenburg erschienen. Die hier vorgelegte Weiterführung seines Ansatzes erscheint in dem Jahr, in dem er von seinen Verpflichtungen aus dieser Professur entbunden wird. Beide Bücher zusammen rahmen so eine Zeit wirkungsvoller Lehrtätigkeit Heinz Mühls ein, dem nicht nur die deutsche Geistigbehindertenpädagogik viele fruchtbare Impulse verdankt.

Walferdange (Luxemburg)
und Dillingen (Saar), im Juli 2005
Hans-Jürgen Pitsch

Koblenz, im Juli 2005
Ingeborg Thümmel

1 Methoden-Chaos

Desorientierungen

Dass »die überreiche Fülle der modernen pädagogischen Literatur und das Chaos der oft sich widerstreitenden pädagogischen Bestrebungen [...] auch für den Fachmann kaum noch zu übersehen« seien, beklagte August Messer – bereits 1925 (MESSER 1931, 7). Was damals galt, gilt zu Beginn des 21. Jahrhunderts um so mehr; auch heute herrscht bei Lehrern und Erziehern geistigbehinderter Kinder und Jugendlicher erhebliche Desorientierung. Der Markt der Fachbücher, Fachzeitschriften, Fortbildungsangebote ist überfüllt mit den unterschiedlichsten Methoden, Verfahren, Konzepten, Materialien, die häufig mit großem Werbeaufwand als alleine hilfreich und nützlich angeboten werden. So amüsiert sich der Kommentator Henry Gelhausen im Luxemburger »tageblatt« vom 23. Februar 2000 anlässlich einer Fortbildungsveranstaltung: »Wir finden hier [bei den Lehrern; d. Verf.] [...] Mystik, Irrationalität, Naivität und Beeinflußbarkeit. In ihrem aufrechten Bemühen, neue Methoden der Pädagogik zu finden, fallen die Lehrer [...] auf Scharlatane herein, die dazu noch vom Ministerium bezahlt werden, das sich oft als nicht weniger naiv erweist« (GELHAUSEN 2000, 14). Und weiter: »Manche pädagogischen Experten benehmen sich wie pseudoreligiöse Sekten. Sie haben Erfolg, wenn sie extravagante Begriffe einführen« (ebd.). Gelhausens Kritik gilt grundsätzlich und überall.

Viele Mitarbeiter in Einrichtungen, aber auch viele Eltern behinderter Kinder fordern »das« umfassend taugliche Verfahren zum Einsatz ein, häufig auch noch festgeschrieben im Stundenplan. Skeptische Kollegen dagegen lehnen solche Konzepte ab, die mit Verve vertreten werden, und unterstellen, dass derjenige viel Werbung machen muss, der Nutzloses und Überflüssiges zu verkaufen hat. Vergleiche mit der Pharma-Industrie drängen sich auf. Eine dritte Gruppe schließlich nimmt die Vielfalt der Konzeptangebote nur noch irritiert zur Kenntnis. Schließlich retten sich diese Kollegen aus ihrem Orientierungsdilemma, indem sie genau so unterrichten, wie sie es früher einmal gelernt hatten, aus Überforderung blind und konservativ geworden.

Diese Entwicklung ist sicher begünstigt worden durch die zunehmende Aufnahme schwerst und mehrfach behinderter Schüler und die dadurch bedingte zusätzliche und erhebliche Erweiterung des Verfahrensrepertoires in Schulen für Geistigbehinderte[2]. Für diese Schulform müssen wir heute die Spezifizierung der Methoden als zunehmende Größe feststellen. Die zunehmende schulische Betreuung schwerst- und schwerstmehrfachbehinderter Schüler hat die Grenzen der Tragfähigkeit der in den Gründerjahren der Schule für Geistigbehinderte eingesetzten Methoden längst gesprengt; die Bandbreite des methodischen Instrumentariums der Schule für Geistigbehinderte hat erheblich zugenommen und ist kaum noch überschaubar. Das Wimmelbild in Abbildung 1 mag davon einen Eindruck vermitteln, aber Achtung: Auf diesem Bild fehlen noch viele Methoden, Verfahren und Konzepte.

Methoden

Vieles wird unter dem sehr weiten Begriff »Methode« subsumiert: der Frontalunterricht, die Lehrerfrage, die Arbeitsschule, Montessori-Materialien, kleine Hilfen, Impulse, das entwickelnde Verfahren, Gruppenunterricht, handelnder Unterricht, die Festlegung kleiner Schritte, die Vertiefung und Besinnung, das Unterrichtsgespräch usw. Die Liste lässt sich beliebig fortsetzen. Ersichtlich ist jedoch, dass ganz unterschiedliche Bereiche angesprochen werden: Aktivitäten des Lehrers, Sozialformen, Materialien, Organisationskonzepte, didaktische Zubereitungen, Denkmethoden. So wundert es auch nicht, wenn H. A. Horn definiert:

> »M[ethode] bezeichnet allgemein den durch umfassende Überlegungen festgelegten Weg zu einem Ziel. Dabei werden alle notwendigen Schritte, Stufen oder Verfahren eingeschlossen, die den Verlauf des Voranschreitens zu dem Zielpunkt strukturieren« (HORN 1970, 367).

Horn weist uns darauf hin, dass wir zuerst ein Ziel brauchen, ehe wir uns eine Methode zum Erreichen dieses Ziels ausdenken oder aussuchen können.

> ARBEITSAUFTRAG 1.1:
> Notieren Sie sich aus dem Wimmelbild (Abb. 1) solche Verfahren, die von ihrer Bezeichnung her eindeutig auf ein Ziel hin ausgerichtet scheinen.

---

2 Wir bleiben in diesem Buch bei der traditionellen Bezeichnung »Schule für Geistigbehinderte« und vermeiden die länderspezifischen Neubezeichnungen, einmal um ein kleines Stück der in der föderalen Schulpolitik verlorenen Einheitlichkeit zu wahren, zum anderen wegen der besseren internationalen Verständigung.

Abb. 1: Ungeordnete Sammlung verschiedener Verfahren der Schule für Geistigbehinderte

Schulz (1995) benennt drei Ebenen, auf denen er »Methoden der Erziehung und des Unterrichts« nachgewiesen sieht:

- »als durchgängige Wegbahnungen der Gesellschaft und ihrer Institutionen für die nachwachsende Generation,
- als komplexe Handlungskonzepte für die pädagogische Interaktion in diesen Institutionen
- und als Elemente solcher Konzepte« (SCHULZ 1995, 53).

ARBEITSAUFTRAG 1.2:
Suchen Sie aus Abb. 1 solche Verfahren heraus, die eindeutig
1. der langfristigen Orientierung dienen,
2. komplexe Handlungskonzepte darstellen,
3. Einzelelemente komplexer Konzepte sind.

Das Ziel von Erziehung und Unterricht benennt Schulz mit »Mündigkeit« und »Emanzipation« (1995, 61). Unter diesen Zielsetzungen bekommt »Methode« eine besondere Bedeutung: »Methode ist dann im ganzen der zwischen Erziehern und ›Zöglingen‹ zu vereinbarende Weg zur Erlangung oder Wiedererlangung von Mündigkeit, ebenso wie im einzelnen der gemeinsame Entwurf von methodischen Strategien und Taktiken innerhalb von Erziehungs- und Unterrichtsprojekten« (SCHULZ 1995, 61). Wir schlagen vor, die Schulzsche Definition radikal zu kürzen auf

»Methode ist der Weg zur Erlangung oder Wiedererlangung von Mündigkeit«.

Wenn wir im Zusammenhang mit Erziehung und Unterricht von Menschen mit geistiger Behinderung die Methoden-Frage ventilieren, dann, um solche Handlungsverfahren für Erzieher und Lehrer ausfindig zu machen, die geeignet erscheinen, dem Ziel der Mündigkeit, der Selbstständigkeit, der Autonomie unserer Schüler näher zu kommen. Dieses Näherkommen versprechen wir uns von einer Form des Unterrichts, welche sich an den Ansprüchen der Projektarbeit wie denen der autonomen Handlungskompetenz orientiert: dem Handlungsbezogenen oder Handlungsorientierten Unterricht.

ARBEITSAUFTRAG 1.3:
Suchen Sie aus Abb. 1 solche Verfahren heraus, die in irgend einer Weise auf Handeln und Handlung hindeuten.

Leseempfehlungen zu Kapitel 1

Zur Leitidee »Handlungskompetenz« und zum Projektunterricht:

PITSCH, H.-J. (2002a): Zur Didaktik und Methodik des Unterrichts mit Geistigbehinderten. 3. Aufl., Oberhausen, 128–133

Zu »Methoden, Verfahren, Konzepte«:

PITSCH, H.-J. (2003a): Zur Theorie und Didaktik des Handelns Geistigbehinderter. Oberhausen, ausgewählte Abschnitte aus Kapitel 5, 277–350

Literaturverzeichnis zu Kapitel 1

GELHAUSEN, H. (2000): Der Lehrkörper tanzt. In: tageblatt (Luxemburg) vom 23.02.2000, 14

HORN, H. A. (1970): Methode, Methodik. In: HORNEY, W.; RUPPERT, J.; SCHULTZE, W. (Hg.): Pädagogisches Lexikon in zwei Bänden. Wissenschaftliche Beratung SCHEUERL, H. Zweiter Band: K – Z. Gütersloh, Bd. 2, Sp. 367–370

MESSER, A. (1931): Pädagogik der Gegenwart. 2. Aufl., Leipzig 1931 (1. Aufl. 1925)

SCHULZ, W. (1995): Methoden der Erziehung und des Unterrichts unter der Perspektive der Mündigkeit. In: OTTO, G.; SCHULZ, W. (Hg.): Methoden und Medien der Erziehung und des Unterrichts. Enzyklopädie Erziehungswissenschaft, Handbuch und Lexikon der Erziehung in 11 Bänden und einem Registerband, hg. v. D. LENZEN unter Mitarbeit von A. SCHRÜNDER, Bd. 4. Stuttgart, Dresden, 53–73

Lösungsvorschläge zu den Arbeitsaufträgen finden Sie am Ende des Buches.

2 Von den Quellen

Handlungsorientierter oder Handlungsbezogener Unterricht, wie Mühl (1979 et passim) ihn nennt, verdankt sein Aufkommen auffälligen Unzulänglichkeiten des jeweils real existenten Schulsystems, der Erkenntnis der negativen Auswirkungen des konventionellen Schulunterrichts auf Motivation, Arbeitsbereitschaft, Eigentätigkeit und Autonomie der Schüler, der Kritik an der Drill-und-Pauk-Schule des ausgehenden 19. und beginnenden 20. Jahrhunderts wie an der gleichen verkopften, frontal unterrichtenden Schule nach dem Zweiten Weltkrieg. Um die Wende vom 19. zum 20. Jahrhundert sammelte sich die Kritik am damaligen Schulsystem und daraus resultierender Veränderungswille vor allem in der reformpädagogischen Bewegung.

Die Reformpädagogik »dringt zu Beginn des 20. Jahrhunderts mit großem propagandistischen Elan in die europäische bildungspolitische Landschaft ein. Ihre Wurzeln liegen im 19. Jahrhundert. Reformpädagogik diskreditiert das Schulsystem des 19. Jahrhunderts als nicht kindgemäße *Lern-, Buch-, Pauk- und Drillschule*« (GRUNDER 1995, 275; H.i.O.). Zu den reformpädagogischen Grundforderungen gehörten »geistige Mündigkeit des Kindes, Menschenbildung (weniger Wissensvermittlung), Förderung von Interesse, Selbsttätigkeit und Selbstbestimmung, Lernen durch praktisches Tun, Ablösen von Spezialistentum zugunsten einer allgemeinen Bildung, Einsicht der Erwachsenen in die Grenzen der Lernschule, Überwinden der Kluft zwischen Schule und Leben« (ebd.). Handelndes Lernen und arbeitendes Handeln sind die zentralen Forderungen, die nicht nur aus der Kritik an der traditionellen Paukschule heraus erhoben werden, sondern ebenso aus der Kritik am Zustand der damaligen Gesellschaft heraus, welche als krank und auseinanderfallend gesehen wurde. Es waren durchaus auch nationalistische und sozialistische Interessen, welche einige der bekannteren Vertreter der Reformpädagogik geleitet hatten.

»Fünf Begriffe charakterisieren den reformpädagogischen Unterricht: Anschauung; Aktivität, Selbsttätigkeit; Lebensnähe, Kindgemäßheit; Individualisierung; Erfolgssicherung, Übung« (GRUNDER 1995, 276).

ARBEITSAUFTRAG 2.1:
Welche der von Grunder (1995) genannten reformpädagogischen Grundbegriffe finden Sie in der heutigen Geistigbehindertenpädagogik wieder?

Insbesondere der Einfluss Deweys führte zur Etablierung des Projektunterrichts, den wir als die Hochform des weitgehend selbstständigen Schülerhandelns ansehen und an dem und zu dem hin sich alle weniger elaborierten Unterrichtsformen orientieren können und sollen.

Wir werden weiter hinten sehen, dass der Ablauf eines Projekts der gleiche ist wie der Ablauf einer Handlung, dass bei Projekt und Handlung die gleichen kognitiven, emotionalen und motorischen Prozesse ablaufen, dass Projekt und Handlung von den gleichen Merkmalen gekennzeichnet sind. Projekt ist in inhaltlicher Komplexität, zeitlicher Erstreckung und Weite des sozialen Raums extrem ausgeweitete Handlung und somit in der Form, wie sie von Gudjons (1992) beschrieben wird, für Schüler der Schule für Geistigbehinderte in der Regel nicht zu bewältigen.

Handlungsorientierter Unterricht entstammt aber auch einer zweiten Quelle, über die unseres Wissens bisher nie gesprochen worden ist, die anscheinend als Qualifikations»mangel« der Gründerjahre der Schule für Geistigbehinderte stillem Vergessen anheimfallen sollte: der Kindergartenpädagogik.

Bereits vor dem Zweiten Weltkrieg waren die einstmals auch um Bildung bemühten Großanstalten für Kinder und Jugendliche mit geistiger Behinderung derart in die Vernichtungsaktionen der Nationalsozialisten verstrickt, dass sie nach Kriegsende völlig diskreditiert waren. Sie kamen für die ab 1945 geborenen Kinder einfach nicht mehr in Frage. Ein Neuanfang war erforderlich, und Förder- oder Bildungseinrichtungen für Geistigbehinderte mussten einige Jahre nach Ende des Zweiten Weltkriegs neu geschaffen werden. Sie etablierten sich als Sonderkindergärten und Tages(förder)stätten in den 1950er-Jahren, getragen von Elterninitiativen wie z. B. der Lebenshilfe für das geistig behinderte Kind, und unterstützt von einigen wenigen Medizinern und Pädagogen. Aus diesen Sonderkindergärten und Tages(förder)stätten heraus entwickelten sich dann die Schulen für Geistigbehinderte. In diesen aus der Not der Nachkriegsjahre heraus entstandenen Einrichtungen arbeiteten zunächst sozial engagierte Laien, häufig auch Kindergärtnerinnen. »Fachkräfte für die Erziehung Behinderter standen nicht zur Verfügung – woher sollten sie auch kommen in einer Zeit, in der behindertenspezifische Fortbildungen oder gar komplette Berufsausbildungsgänge erst in den Köpfen einiger engagierter Fachleute existierten. Soziales Engagement war damals gefragt, nicht Fachkompetenz; es ging nicht um ›Bildung‹, sondern um ›Betreuung‹« (PITSCH 1985, 102).

Kindergartenerzieher schienen für diese Betreuung am ehesten geeignet; sie organisierten auch die »Beschäftigung« als motorisch akzentuierte Tätigkeit, als Spielen, Basteln und Alltagsverrichtung, ohne über Definitionen und Begriffsinhalte von »Tätigkeit« und »Handeln« großartig nachzudenken. Praktisches Tun war gelebte Praxis ohne theoretische Reflexion. Diese theoretische Reflexion haben im Wesentlichen erst Speck (1970; 1977) und Pfeffer (1982; 1984), insbesondere aber Mühl (1979 et passim) nachgereicht.

ARBEITSAUFTRAG 2.2:
Jede Praxis versucht, sich irgendwann eine Theorie zu bilden oder sich wenigstens auf eine Theorie zu beziehen, um nachzuweisen, dass sie ja so ganz falsch nicht sein kann. Haben Sie einen Verdacht, welche Theorie benutzt worden sein kann, um eine Analogie zwischen Kindergarten- und Geistigbehindertenpädagogik zu begründen? (Lösungshinweis: Es hat irgend etwas mit Entwicklung zu tun.)

Leseempfehlungen zu Kapitel 2

Zur Reformpädagogik:

HILLENBRAND, C. (1994): Reformpädagogik und Heilpädagogik unter besonderer Berücksichtigung der Hilfsschule. Bad Heilbrunn

OELKERS, J. (1996): Reformpädagogik. Eine kritische Dogmengeschichte. 3. vollst. bearb. u. erw. Aufl., Weinheim, München

Zur Geschichte vor und Entwicklung nach dem II. Weltkrieg:

MÖCKEL, A.; ADAM, Heidemarie; ADAM, G. (Hg.) (1999): Quellen zur Erziehung von Kindern mit geistiger Behinderung. Band 2: 20. Jahrhundert. Würzburg. Darin verschiedene Beiträge.

SPECK, O. (1979): Geschichte. In: BACH, H. (Hg.): Pädagogik der Geistigbehinderten. Handbuch der Sonderpädagogik, Band 5. Berlin, 57–72

THESING, Th.; VOGT, M. (1996): Pädagogik und Heilerziehungspflege. Ein Lehrbuch. Freiburg i. Br., darin Abschnitt 2.1.4, 143–145.

Zum Einfluss der Kindergartenpädagogik auf die Geistigbehindertenpädagogik:

PITSCH 1985 (siehe Literaturverzeichnis)

Literaturverzeichnis zu Kapitel 2

GRUNDER, H.-U. (1965): Konzepte und Praxis der Heimerziehung im 19. und 20. Jahrhundert. Vierteljahresschrift für Heilpädagogik und ihre Nachbargebiete 64, 273–300

GUDJONS, H. (1992): Handlungsorientiert Lehren und Lernen. Schüleraktivierung – Selbsttätigkeit – Projektarbeit. 3. Aufl., Bad Heilbrunn/Obb.

MÜHL, H. (1979): Handlungsbezogener Unterricht mit Geistigbehinderten. Bonn-Bad Godesberg

MÜHL, H. (1980): Handlungsbezogenes Lernen mit geistig Behinderten. Lebenshilfe 19, H. 2, 69–79

MÜHL, H. (1993): Handlungsbezogener Unterricht in der Schule für Geistigbehinderte. Vierteljahresschrift für Heilpädagogik und ihre Nachbargebiete 62, 409–421

MÜHL, H. (2004): Handlungsbezogener Unterricht. In: FISCHER, E. (Hg.): Welt verstehen – Wirklichkeit konstruieren. Unterricht bei Kindern und Jugendlichen mit geistiger Behinderung. Dortmund, 53–74

PFEFFER, W. (1982): Aspekte eines handlungsorientierten pädagogischen Begriffs von Behinderung. In: SCHMIDTKE, H.-P. (Hg.): Sonderpädagogik und Sozialpädagogik. Bericht der 17. Arbeitstagung der Dozenten für Sonderpädagogik in deutschsprachigen Ländern zum Thema »Arbeit am Behinderten oder Arbeit mit Behinderten? Welchen Beitrag leisten Sonder- und Sozialpädagogen?« im Oktober 1980 an der Universität Essen. Heidelberg, 60–70

PFEFFER, W. (1984): Handlungstheoretisch orientierte Beschreibung geistiger Behinderung. Geistige Behinderung 23, H. 2, 101–111

PITSCH, H.-J. (1985): Perspektiven der schulischen Bildung Geistigbehinderter. Theorie und Praxis der sozialen Arbeit 36, 101–110

SPECK, O. (1970): Der geistigbehinderte Mensch und seine Erziehung. München, Basel

SPECK, O.; THALHAMMER, M. (1977): Die Rehabilitation der Geistigbehinderten. 2. Aufl., München, Basel

3 Selbsttätigkeit – Selbstständigkeit

Seit den 1970er-Jahren verbreitete sich in der Geistigbehindertenpädagogik die Überzeugung, dass Schüler im Unterricht tätig werden müssen, um etwas zu lernen.

Nun kann tätig werden auch heißen, Anweisungen des Lehrers zu folgen, auch ungern, auch widerwillig, auch ohne in deren Ausführung einen Sinn erkennen zu können. Das stark betonte Prinzip der Selbsttätigkeit stößt hier an seine Grenzen: Warum soll ich als Schüler etwas tun? Was nützt es mir? Macht es mir wenigstens Spaß? Spaß habe ich als Schüler eher an solchen Tätigkeiten, die der Lehrer nicht so sehr schätzt. Meine Bedürfnisse als Schüler sind nun mal zumeist andere als die des Lehrers; die Bedürfnis- und Motivsysteme von Schülern und Lehrern fallen auseinander (D. FISCHER 1999).

Die schlichte Betonung der eigenen Tätigkeit des Schülers, der Selbsttätigkeit, wirft also Fragen des Sinns und Zwecks auf. Aus Lehrersicht dient Unterricht dem Zweck, Schülern Neues zu vermitteln, dieses Neue zu üben, zu festigen, zu automatisieren und in unterschiedlichen Situationen und unterschiedlichen Verwendungszusammenhängen für das eigene Leben zu nutzen. Solche das eigene Leben berührenden Verwendungszusammenhänge sind geistigbehinderten Schülern jedoch in der Regel zunächst einmal nicht bekannt, und wenn schon, dann kaum einsichtig. Weshalb soll ich als Achtjähriger denn lernen, Geschirr zu spülen, wenn dies zuhause meine Mutter erledigt, und wenn sie dazu auch noch eine Maschine benutzt?

Aufgabe des Lehrers ist es dann, das im Unterricht zu vermittelnde Neue in einen für die Schüler einsichtigen Verwendungszusammenhang einzubinden. Verwendungszusammenhang heißt für mich als Schüler: Ich kann mit dem neu Gelernten etwas für mich Nützliches anfangen; es hilft mir, selbst etwas zu tun, das ich vorher noch nicht tun konnte, und nicht nur jetzt, in diesem Moment, sondern auch morgen, in der nächsten Woche, im nächsten Jahr. Die Anwendung des neu Gelernten erleichtert und verbessert nicht nur die Gegenwart, sondern öffnet auch – wenn auch nur einen Spalt breit – den Blick in und auf die Zukunft.

ARBEITSAUFTRAG 3.1:
Überlegen Sie bitte, womit und wodurch Schule für Geistigbehinderte ihren Schülern Verwendungszusammenhänge für neu Gelerntes vermitteln kann.

Der Sinn des möglichen Zukünftigen erschließt sich mir als Lernendem jedoch zuallererst in der Gegenwart. *Jetzt* muss ich etwas tun wollen, das ich noch nicht kann. *Jetzt* muss ich ein Bedürfnis empfinden, zu dessen Befriedigung ich etwas mir noch nicht Verfügbares neu lernen will. *Jetzt* muss ich beschließen, dieses Neue auch lernen zu wollen. Dabei kommt es gar nicht so sehr darauf an, ob dieser Beschluss aus mir selbst heraus geboren ist (intrinsisch motiviert), oder ob ich von jemand anderem, dem Lehrer zum Beispiel, dazu angeregt wurde. Eine solche Anregung kann ich aufnehmen, annehmen (extrinsisch motiviert) und zu meinem eigenen Anliegen machen, für mich selbst re-definieren (KANNHEISER 1992).

Wollen wir Lehrer aber neues Lernen so organisieren, dass damit Bedürfnisse der Schüler angesprochen werden, dass für die Schüler erkennbare und von ihnen gewollte Zwecke erreicht werden, und dass zum Erreichen solcher Zwecke etwas getan werden muss, dann organisieren wir Lernen als Handeln, dann organisieren wir eine Lernhandlung. Wir lernen also durch das Handeln, um in der Lernhandlung handeln zu lernen (ALLMER 1985). Lernen durch Handeln und Lernen zu handeln sind dann kein Widerspruch; es sind lediglich zwei Seiten der gleichen Medaille. Lernen zu handeln betont den Erwerb einer Kompetenz für künftige Tätigkeit, Lernen durch Handeln die Ausführung einer Tätigkeit zum Erwerb einer Kompetenz.

Ein Weiteres gilt es zu beachten: Selbsttätigkeit garantiert noch nicht die Unabhängigkeit, die Autonomie des Schülers. Diese hängt auch ab von der Möglichkeit, eigene Bedürfnisse und Wünsche zu haben, sich derer bewusst zu werden, über ihre Befriedigung bzw. Erfüllung selbst entscheiden zu können, zu wissen, was zur Befriedigung von Bedürfnissen und zur Erfüllung von Wünschen getan werden kann und dies auch zu tun, dabei auf die Bedürfnisse und Wünsche anderer Menschen Rücksicht zu nehmen, die Möglichkeiten zum eigenen Tun an den materialen wie personalen Bedingungen der Situation zu prüfen, erforderlichenfalls etwas anderes zu tun oder mit anderem Material, schließlich selbst zu beurteilen, ob die eigenen Bedürfnisse befriedigt oder die eigenen Wünsche erfüllt worden sind, und dies alles alleine, ohne Einwirkung anderer, also selbstständig.

Selbstständigkeit geht also weit über bloße Selbsttätigkeit hinaus, macht ein gut Stück unabhängig von Anderen und stellt den Menschen auf eigene Füße, nicht nur auf die der eigenen Aktivität, sondern auf die des eigenen Wünschens und Wollens, Informationssammelns, Planens und Prüfens. Und dies alles in Gemeinschaft mit anderen Menschen, die helfen können, auf die aber auch Rücksicht zu nehmen ist. So ist es Grundintention der Schule für Geistigbehinderte geworden, ihre Schüler so weit wie möglich zu solcher Selbstständigkeit zu führen, sie als künftige Bürger zur eigenständigen Wahrnehmung ihrer Rechte und Pflichten zu befähigen, so wie es den Schulgesetzen der Bundesländer zu entnehmen ist und wie es 1979 von der Kultusministerkonferenz zur Leitidee der Schule für Geistigbehinderte erklärt wurde: Selbstverwirklichung in sozialer Integration (SEKRETARIAT 1980).

> ARBEITSAUFTRAG 3.2:
> Selbstständigkeit ist mehr als Selbsttätigkeit. Nennen Sie einige der zusätzlichen Merkmale der Selbstständigkeit.

Selbstverwirklichung realisiert sich im Alltag zunächst in der Bewältigung alltäglicher Angelegenheiten. Aus eigenem Bedürfnis entstanden, selbst geplant, selbst durchgeführt und selbst auf Erfolg oder Misserfolg kontrolliert, sind solche Alltagsbewältigungen jedoch Handlungen (siehe auch Kapitel 6 und 7). Selbstständigkeit und Handeln-Können muss der Mensch jedoch lernen; das in der Erbmasse Mitgegebene reicht hierzu nicht aus. So wird es zur Aufgabe des Unterrichts, die hierfür notwendigen Fähigkeiten und Fertigkeiten nach und nach aufzubauen. Selbst etwas zu tun ist eine gute Möglichkeit, solche Fähigkeiten und Fertigkeiten zu erwerben. Aber auch dieses Lernen erfordert, wie Klauß sagt, »Menschen, die uns zeigen, wie etwas geht, wir können nicht alles selbst neu erfinden. Außerdem sind viele Dinge interessanter, wenn andere Menschen mitmachen oder unterstützen« (2005, 229).

Möglichkeiten der Selbstverwirklichung sind also Möglichkeiten zum Handeln. Handeln jedoch ist zu lernen, Stück für Stück, unter der Anleitung und Mitwirkung Erwachsener. Handeln zu lehren ist damit auch Auftrag der Schule für Geistigbehinderte. Handeln zu lernen ist dann einfacher, wenn man auch selbst handeln darf. Dies alles ruft nach einem Unterricht, der sich am Handeln orientiert, der wesentliche Momente des Handelns bewusst vermittelt und dabei die aktuellen Bedürfnisse der Schüler ebenso berücksichtigt wie die künftige Verwendung des Gelernten. Solcher am Handeln und an der Handlung orientierter Unterricht wird konsequenterweise »Handlungsorientierter Unterricht« genannt.

Solche Überlegungen haben auch längst in der Allgemeinpädagogik Einzug gehalten; Konzepte zur verstärkten Orientierung am Handeln der Schüler sind auch dort entwickelt worden und haben wiederum in die Geistigbehindertenpädagogik hineingewirkt.

Leseempfehlungen zu Kapitel 3

GRAMPP, G. (1980): Über die Notwendigkeit heilpädagogischer Prinzipien. Lebenshilfe 19, H. 2, 96–100

PITSCH, H.-J. (2002a): Zur Didaktik und Methodik des Unterrichts mit Geistigbehinderten. 3. Aufl., Oberhausen; darin das Kapitel 11 »Unterrichtsprinzipien«, 209–229.

Literaturverzeichnis zu Kapitel 3

ALLMER, H. (1985): Entwicklungspsychologie aus handlungstheoretischer Sicht: Implikationen für die Theoriebildung und Forschungskonzeption. Psychologische Rundschau XXXVI, H. 4, 181–190

KLAUß, G. (2005): Ein besonderes Leben. Grundlagen der Pädagogik für Menschen mit geistiger Behinderung. Ein Buch für Pädagogen und Eltern. 2. Aufl., Heidelberg

FISCHER, D. (1999): Eine methodische Grundlegung (Reihe: Neues Lernen mit Geistigbehinderten). Neuaufl., Würzburg

KANNHEISER, W. (1992): Arbeit und Emotion. Eine integrierende Betrachtung. München

SEKRETARIAT (1980) = Sekretariat der Ständigen Konferenz der Kultusminister der Länder der Bundesrepublik Deutschland (Hg.): Empfehlungen für den Unterricht in der Schule für Geistigbehinderte (Sonderschule). Beschluß der Kultusministerkonferenz vom 9.2.1979. Neuwied

4 Handlungsorientierter Unterricht – zum Ersten

Konzepte der Allgemeinpädagogik

Neben den unterschiedlichsten Alternativen zum Klippschulunterricht der Zeit vor dem Ersten Weltkrieg, die undifferenziert unter dem Etikett »Reformpädagogik« zusammengefasst werden, entstanden noch weitere Konzepte (oder wurden nach Ende des Zweiten Weltkrieges wieder entdeckt), die Schule und Lernen verändern sollten und verändert haben, zunächst eher im Bereich der nicht-staatlichen Schulen, um von dort aus ihren Weg auch in die staatlichen Schulen zu finden. Gudjons (1992) nennt als Beispiele

- das exemplarisch-genetische Lernen (Wagenschein) mit seiner Reduktion der komplexen Welt auf das »Exemplarische«;
- das entdeckende Lernen (Bruner) mit seiner Betonung der eigenständigen Informationsgewinnung durch die Schüler;
- das offene Curriculum und den offenen Unterricht in seinen verschiedenen Formen und mit der Betonung von Mündigkeit und Selbstständigkeit der Schüler;
- den erfahrungsbezogenen Unterricht mit seiner Betonung der konkreten Tätigkeit der Schüler und der Öffnung der Schule für ihre Umwelt;
- ja sogar den lehrzielorientierten Unterricht mit der ihm möglichen Verständigung von Lehrern und Schülern über anzustrebende Ziele;
- das soziale Lernen mit seiner Schülerorientierung und der Organisationsform des Gruppenunterrichts, der arbeitsteilig angelegt die Beteiligung der Schüler an der Arbeitsplanung erfordert und zu Kooperation und Kommunikation nötigt;
- sowie die Freinet-Pädagogik mit ihrer Betonung der Sinnhaftigkeit von Schülerprodukten, der selbstverantworteten Arbeitsplanung und der selbsttätigen praktischen Arbeit der Schüler.

ARBEITSAUFTRAG 4.1:
Welche dieser von Gudjons (1992) genannten Beispiele neuerer Konzepte finden Sie auch in Schulen für Geistigbehinderte realisiert?

Mühls Konzept für die Geistigbehindertenpädagogik

Bei geistigbehinderten Schülern kann ein am Handeln orientierter Unterricht in seinem Umfang und in seiner zeitlichen Erstreckung nur weitaus bescheidener aussehen als der für die Allgemeinpädagogik konzipierte Projektunterricht.

Die einzelnen Arbeitsschritte und die Zeit müssen überschaubar bleiben. Mühl folgt dieser Forderung der Bescheidenheit und bietet ein Konzept, das trotzdem handlungs- und zielorientiert bleibt und sich weitaus besser für die Schule für Geistigbehinderte eignet. Er bezieht sich dabei sowohl auf den Projektunterricht als auch auf andere Konzepte aus der Reformpädagogik. Sein Konzept will er auch auf die Gruppe der schwer Geistigbehinderten übertragen: »Immer, wenn es gelingt, sie in soziale Interaktion zu ›verwickeln‹, wird ihre soziale Handlungsfähigkeit angesprochen und gefordert« (MÜHL 1979, 72).

ARBEITSAUFTRAG 4.2:
Wessen Aufgabe ist es wohl, die Schüler in soziale Interaktion zu verwickeln?

Mühl zieht die Formulierung »handlungsbezogener Unterricht« vor, da sie der Gefahr vorbeuge, die mit dem Begriff »Projekt« verbundenen hohen Ansprüche an die selbstständige Mitarbeit der Schüler auch auf die geistigbehinderten Schüler zu übertragen, ohne deren eingeschränkte Handlungsfähigkeit zu berücksichtigen.

Das Ziel der vollen »Handlungsfähigkeit« ist, wenn überhaupt, nur für wenige geistigbehinderte Schüler umfassend[3] erreichbar, wenn unter Handeln bewusstes, kontrolliertes und zielgerichtetes Tun verstanden wird. Dennoch bleibt »Handlungsfähigkeit« in der Zielsetzung der Geistigbehindertenpädagogik von hoher Bedeutung. Für geistigbehinderte Schüler meint dieses Ziel, dass diese zu einem wenigstens teilweisen, ihren Möglichkeiten entsprechenden selbstständigen Handeln innerhalb der Gesellschaft geführt werden sollen.

[3] Erreicht einer unserer Schüler dieses hochgesteckte Ziel tatsächlich, dann dürfen wir ihn jedoch nicht mehr »geistigbehindert« nennen.

Im handlungsbezogenen Unterricht soll selbstständiges Handeln dadurch gefördert werden, dass er

»• Bedürfnisse, Interessen, Erfahrungen und Fragen der Schüler berücksichtigt,
- die Schüler an der Formulierung von Handlungszielen beteiligt, ihnen nicht nur Aufträge erteilt, sondern sie Aufgabenstellungen und Aufgabenlösungen finden läßt,
- die Schüler an der Planung und Realisierung *nach Maßgabe ihrer Möglichkeiten beteiligt* oder sie zumindest über geplante Ziele informiert,
- die Schüler in der Partner- und Gruppenarbeit *angemessene* Aufgaben eigenständig erfüllen läßt und nicht jede Aufgabe in ›Häppchen‹ zerlegt,
- den Schülern mehr Freiheit läßt, nicht um den eigenen Egoismus auszuleben, sondern um Grenzen der physischen und sozialen Umwelt *selbsttätig* zu erkennen und zu erfahren« (MÜHL 1979, 71; H. d. Verf.).

Im Hinblick auf das Ziel der Handlungsfähigkeit sollte der Lehrer die geistigbehinderten Schüler in möglichst »reale Lebens- bzw. Handlungssituationen« (MÜHL 1979, 70) bringen.

Das Handeln hat in der Regel für den einzelnen Schüler individuelle und soziale Bedeutungen, was eine Lernerfahrung an sich darstellt. Zu sehr isoliertes Lernen verhindert dieses individuell und sozial bedeutsame Erlebnis. Die Schule muss daher der Zersplitterung der Lernprozesse in allzu isolierte Einheiten entgegenwirken, indem einfache, sinnvolle Lernsituationen geschaffen werden, die in bedeutsamen Lebenszusammenhängen stehen.

ARBEITSAUFTRAG 4.3:
Überlegen Sie bitte, ob handlungsorientierter Unterricht eher auf die Form des Einzelunterrichts zielt oder eher auf den Klassen- und Gruppenunterricht.

Förderung der Handlungsfähigkeit ist so lange erforderlich, bis der Schüler in der Lage ist, tatsächlich gegenständlich zu handeln.

Diese Handlungsfähigkeit, Handlungskompetenz, beschreibt Mühl mit dem Erfordernis folgender Fähigkeiten:

»• Eigene Interessen und Bedürfnisse wahrnehmen und anderen mitteilen
- Bedürfnisse und Interessen anderer wahrnehmen und berücksichtigen
- Einschätzung der sozialen und sachlich-technischen Situation
- Vorstellungsfähigkeit
- Planungsfähigkeit, Probehandeln
- Kommunikations- und Interaktionsfähigkeit
- Psychomotorische Fertigkeiten und Techniken
- Fähigkeit zur Selbsteinschätzung und zur Kontrolle« (MÜHL 1979, 69).

ARBEITSAUFTRAG 4.4:

Notieren Sie bitte, welche der von Mühl aufgelisteten Fähigkeiten, die er zur Handlungskompetenz zählt, sich auch den Vorstellungen vom selbstständigen und vom autonomen Schüler zuordnen lassen.

Wenn die Schule für Geistigbehinderte das Ziel der Handlungsfähigkeit ihrer Schüler verfolgt, hat Unterricht diese zu ermöglichen. Unsere Schüler lernen dann am effektivsten zu handeln, wenn sie es in der Realität unter der Aufsicht und dem Schutz des Lehrers erproben können. Insoweit handelt es sich zunächst um ein *Lernen zu handeln*, welches unmerklich in ein *Lernen durch Handeln* übergeht. Damit beschreibt Mühl als Konstituenten eines handlungsbezogenen Unterrichts bereits wesentliche Merkmale der schülereigenen Handlungsorientierung, Handlungsplanung, Handlungsausführung und Handlungskontrolle, wie wir sie als Komponenten und Ablaufphasen der »Handlung« kennen, und die genau so den Ablauf eines Projekts kennzeichnen. Mühl füllt auch bereits alle Phasen einer Handlung (die weiter hinten noch genauer erörtert werden) und setzt sich damit von solchem Unterricht ab, der den Schüler nur in der Handlungsausführung tätig werden lässt (Tab. 1).

Konzept	**Handlungs-orientierung**	**Handlungs-planung**	**Handlungs-ausführung**	**Handlungs-kontrolle**
Prinzip der Selbsttätigkeit	beim Lehrer	beim Lehrer	darf der Schüler	beim Lehrer
Schüleranteile beim handlungsbezogenen Unterricht (Mühl)	eigene Bedürfnisse und Interessen Berücksichtigung der Bedürfnisse und Interessen anderer	Situation einschätzen Vorstellungsfähigkeit Planungsfähigkeit	psychomotorische Fertigkeiten und Techniken	Fähigkeiten zur Selbsteinschätzung und zur Kontrolle

Tab. 1: Erweiterte Schülerbeteiligung beim Handlungsbezogenen Unterricht nach Mühl

Kritisches

Im Zusammenhang mit handlungsorientierten Konzepten in der Allgemeinpädagogik weist Gudjons (1992) allerdings auch auf die dürftige handlungstheoretische Begründung dieser Ansätze hin, eine Mängelrüge, die gleichermaßen für handlungsorientierte Ansätze in der Sonderpädagogik gilt. Ferner macht Gudjons ausdrücklich darauf aufmerksam, dass beim handlungsorientierten Unterricht ebenfalls »die *Ergänzung durch Elemente des Lehrganges* nötig [sei], um Einzelerfahrungen in systematische Zusammenhänge einzuordnen, vorliegende ›Forschungsergebnisse‹ mit eigenen Erfahrungen und Erkenntnissen zu vergleichen, ja auch um den Anschluß an den vom Lehrplan vorgesehenen Kanon von Fachinhalten zu halten« (GUDJONS 1999, 22–23; H.i.O.).

> ARBEITSAUFTRAG 4.5:
> Beurteilen Sie nach diesen kritischen Anmerkungen die Reichweite des Geltungsanspruchs für handlungsorientierten Unterricht.

Gudjons' letzter Hinweis auf Lehrplanvorgaben ist für die Schule für Geistigbehinderte von geringerer Relevanz, seine übrigen Hinweise von um so größerer, insbesondere sein Hinweis auf die Notwendigkeit einer umfassenderen theoretischen Begründung. Dürfen die Handlungstheorien westeuropäisch-nordamerikanischer Provenienz und die Motivations- und Volitionstheorien aus dem gleichen Raum noch als hinreichend bekannt gelten, so kann Gleiches von osteuropäischen Konzepten und Theorien noch nicht gelten, obwohl wir dort ein Verständnis von Handeln und Handlung vorfinden, welches uns die Orientierung unserer Arbeit in der Schule für Geistigbehinderte erheblich erleichtern kann und welches uns die Einbettung in übergreifende Zusammenhänge gestattet. Gemeint sind die Aneignungstheorie, die Theorie der dominierenden Tätigkeit und die Handlungsregulationstheorie der so genannten Kulturhistorischen Schule, welche in den folgenden Abschnitten ausgeführt werden sollen.

Das nachfolgende Kapitel 5 gibt in Form einer Tabelle (Tab. 2) einen Überblick über die zu besprechenden Aspekte.

Leseempfehlungen zu Kapitel 4

Zum Projektunterricht:

GUDJONS, H. (1992): Handlungsorientiert Lehren und Lernen. Schüleraktivierung – Selbsttätigkeit – Projektarbeit. 3. Aufl., Bad Heilbrunn/Obb.

FREY, K. (1998): Die Projektmethode. Der Weg zum bildenden Tun. 8. Aufl., Weinheim, Basel. Frey erörtert die Projektmethode von einem anderen Denkansatz, vom bildungstheoretischen Ansatz her. Er bietet so gegenüber dem von uns gewählten Ansatz eine Alternative und Ergänzung.

Literaturverzeichnis zu Kapitel 4

GUDJONS, H. (1992): Handlungsorientiert Lehren und Lernen. Schüleraktivierung – Selbsttätigkeit – Projektarbeit. 3. Aufl., Bad Heilbrunn/Obb.

GUDJONS, H. (1999): Handelnder Unterricht. In: MANN, Iris (Pseudonym für Christel MANSKE): Schlechte Schüler gibt es nicht. Hilfen für die Grundschule. Lizenzausgabe, Augsburg, 7–25

MÜHL, H. (1979): Handlungsbezogener Unterricht mit Geistigbehinderten. Bonn-Bad Godesberg

MÜHL, H. (1980): Handlungsbezogenes Lernen mit geistig Behinderten. Lebenshilfe 19, H. 2, 69–79

MÜHL, H. (1993): Handlungsbezogener Unterricht in der Schule für Geistigbehinderte. Vierteljahresschrift für Heilpädagogik und ihre Nachbargebiete 62, 409–421

MÜHL, H. (2004): Handlungsbezogener Unterricht. In: FISCHER, E. (Hg.): Welt verstehen – Wirklichkeit konstruieren. Unterricht bei Kindern und Jugendlichen mit geistiger Behinderung. Dortmund, 53–74

5 Theorie-Rahmen für Handlungsorientierten Unterricht

Auf den nächsten Seiten sind diejenigen Stichworte zur theoretischen Begründung des Handelns und damit auch des handlungsorientierten Unterrichts zusammengestellt, die wir in Ergänzung zu westeuropäisch-nordamerikanischen Konzepten für wichtig halten. Selbstverständlich sind auch westliche Konzepte mit aufgeführt; der Schwerpunkt liegt jedoch eindeutig auf den Erträgen aus der Kulturhistorischen Schule.

Wir werden in folgender Weise weiter argumentieren:

- Zunächst ist Handeln mit Leontjew in den Zusammenhang menschlicher Tätigkeit einzuordnen (Kapitel 6).
- Anschließend erörtern wir die vier Typen des Handelns, die Max Weber vorgestellt und die Heinz Mühl aufgegriffen hat, und diskutieren ihre mögliche Bedeutung für die Schule für Geistigbehinderte (Kapitel 7).
- Der Mensch verändert im Laufe seiner Ontogenese die Arten und Formen seiner Tätigkeit, was Leontjew in seiner Theorie der dominierenden Tätigkeiten beschreibt (Kapitel 8).
- Dann skizzieren wir den Prozess des neuen Lernens, den Aneignungsprozess, so wie Galperin ihn beschrieben hat (Kapitel 9).
- Danach stellen wir die Entwicklung der einzelnen Komponenten Handlungsorientierung, Handlungsplanung, Handlungsausführung und Handlungskontrolle angelehnt an westliche Konzepte dar (Kapitel 10).
- Das Ineinandergreifen dieser Komponenten und ihre wechselseitige Abhängigkeit macht die Erläuterung des Konzepts der Handlungsregulation erforderlich, die hier in Anlehnung an Hacker erfolgt (Kapitel 11).
- Nun sprechen wir über den Projektunterricht, ausgehend von der Reformpädagogik bis hin zu den von Gudjons beschriebenen Schritten und Merkmalen. Aus diesen leiten wir Anforderungen ab, auf welche die Schule für Geistigbehinderte ihre Schüler vorzubereiten hat (Kapitel 12).
- Diese Anforderungen führen zu einer weiteren, differenzierten Beschäftigung mit dem Konzept des handlungsorientierten Unterrichts, welches weiter konkretisiert wird (Kapitel 13).

- Kapitel 14 dient dann der Zusammenfassung derjenigen Überlegungen, die handlungsorientierten Unterricht von anderem Unterricht unterscheiden und die in dessen Planung einzugehen haben.

Literaturverzeichnis zu Kapitel 5

AEBLI, H. (1993): Denken: Das Ordnen des Tuns. Band I: Kognitive Aspekte der Handlungstheorie. 2. Aufl., Stuttgart

ELKONIN, D. (1980): Psychologie des Spiels. Köln (Original: Moskau 1978)

ERLEBACH, E.; IHLEFELD, U.; ZEHNER, K. (1966): Psychologie für Lehrer und Erzieher. Berlin (DDR) (2. Aufl. 1972)

GALPERIN, P. J. (1972): Die geistige Handlung als Grundlage für die Bildung von Gedanken und Vorstellungen. In: GALPERIN, P. J.; LEONTJEW, A. N. u. a. (1972): Probleme der Lerntheorie. 3. Aufl., Berlin (DDR), 33–49

GALPERIN, P. J.; SAPOROSHEZ, A. W.; ELKONIN, D. B. (1972): Probleme des Erwerbs von Kenntnissen und Fertigkeiten und neue Unterrichtsmethoden in der Schule. In: GALPERIN, P. J.; LEONTJEW, A. N. u. a. (1972): Probleme der Lerntheorie. 3. Aufl., Berlin (DDR), 66–81; (4. Aufl. 1974, 66–81)

HACKER, W. (1986): Arbeitspsychologie. Psychische Regulation von Arbeitstätigkeiten. Bern, Stuttgart, Toronto

JANTZEN, W. (1983): Galperin lesen. Anmerkungen zur Entwicklung einer historisch-materialistischen Theorie schulischen Lernens. Demokratische Erziehung 9, H. 5, 30–37

KOSSAKOWSKI, A.; OTTO, K. (1977): Persönlichkeit – Tätigkeit – psychische Entwicklung. In: KOSSAKOWSKI, A.; KÜHN, H.; LOMPSCHER, J.; ROSENFELD, G. (Redaktion): Psychologische Grundlagen der Persönlichkeitsentwicklung im pädagogischen Prozeß. Köln, 15–63

LEONTJEW, A. N. (1973): Probleme der Entwicklung des Psychischen. Frankfurt

LEONTJEW, A. N. (1977): Tätigkeit, Bewußtsein, Persönlichkeit. Stuttgart

LEONTJEW, A. N. (1980): Probleme der Entwicklung des Psychischen. 3. Aufl., Königstein

MÜHL, H. (1979): Handlungsbezogener Unterricht mit Geistigbehinderten. Bonn-Bad Godesberg

OESTERREICH, R. (1987): Handlungspsychologie, Kurseinheit 1: Handlungsregulationstheorie. Hagen: FernUniversität, Studienbrief 3275-2-01-S1

PITSCH, H.-J. (2003a): Zur Theorie und Didaktik des Handelns Geistigbehinderter. Oberhausen

RUBINSTEIN, S. L. (1977a): Grundlagen der Allgemeinen Psychologie. 9. Aufl., Berlin (DDR)

RUBINSTEIN, S. L. (1977b): Sein und Bewußtsein. Die Stellung des Psychischen im allgemeinen Zusammenhang der Erscheinungen in der materiellen Welt. 8. Aufl., Berlin (DDR)

WILHELMER, B. (1979): Lernen als Handlung. Psychologie des Lernens zum Nutzen gewerkschaftlicher Bildungsarbeit. Köln

Arbeitsempfehlung zu Kapitel 5

Kopieren oder vergrößern Sie sich die nachstehende tabellarische Übersicht (S. 30/31) und benutzen Sie diese bei Ihrer weiteren Lektüre als orientierende Übersicht.

Einheit der Tätigkeit (Leontjew)	**Differenzierungen**	**Komponenten bzw. Phasen**
Verhalten = Wechselwirkung zwischen Organismus und Umwelt		
Tätigkeit = bewusste Wechselwirkung eines menschlichen Individuums mit seinen Umweltbedingungen und mit sich selbst • durch ein Motiv/Ziel veranlasst • willensgesteuert	**Dominierende Tätigkeit** (Leontjew): • Arbeit • (schulisches) Lernen • Spiel • gegenständliche T. • manipulative T. • perzeptive T. differenzierter: Piaget	
Handlung • bewusste zielgeleitete kleinste geschlossene Einheit der willensmäßig gesteuerten Tätigkeit • umfaßt Anfang und Ende • zeitliche Struktur • logische Struktur Aebli: • zielgerichtet • bewusst	**Handlungstypen** (Max Weber): • zweckrational • wertrational • affektuell • traditional	**Handlungsorientierung** • Bedürfnis • Motivation • Zielfindung
Operation unselbständiger Bestandteil der Tätigkeit	Aebli: Schema; Aufbau einer Operation	
Einzelbewegung sensumotorische Funktionseinheit		

Tab. 2: Theorie-Rahmen für Handlungsorientierten Unterricht (linke Hälfte)

<table>
<tr><th colspan="3">Komponenten bzw. Phasen</th><th>Anmerkungen</th></tr>
<tr><td colspan="3"></td><td></td></tr>
<tr><td colspan="3"></td><td>Im Gegensatz zu selektiven Schulen finden sich in der SfG auch Schüler auf dem Tätigkeitsniveau des Spiels, der gegenständlichen, manipulativen und perzeptiven Tätigkeit. Sie sind in die Zone der nächsten Entwicklung zu fördern.</td></tr>
<tr><td>Handlungsplanung
(Aebli):
• top-down
• bottom-up
Galperin:
Orientierungsgrundlage
• Typ 1: Ergebnisvorgabe
• Typ 2: Ergebnis + Ausführung vorgegeben
• Typ 3: selbst erarbeitet</td><td>Handlungsausführung
(Galperin):
• materiell
• materialisiert
• äußere Sprache
• verkürzte Sprache
• innere Sprache
Beschreibt dem Weg vom Konkreten zum Abstrakten, vom Tun zum Denken (Aebli), der Interiorisation (Galperin)</td><td>Handlungskontrolle
• formativ (Verlaufskontrolle)
• summativ (Ergebniskontrolle) = Motivation postaktional</td><td>Beispiele für Unterrichtsformen:
• Projekt-Unterricht
• Handelnder Unterricht
• Handlungsorientierter oder Handlungsbezogener Unterricht
• Handlungseinheit
• Simulation
• Rollenspiel
• Planspiel
• Entdeckendes Lernen</td></tr>
<tr><td colspan="3">Handlungsregulation (Hacker):
• intellektuelle Handlungsregulation – bewusstseinspflichtig
• begrifflich-perzeptive Handlungsregulation – bewusstseinsfähig
• sensomotorische Handlungsregulation – nicht bewusstseinspflichtig</td><td>Neuaneignung (Lernen) erfordert Bewusstseinsbeteiligung und ist daher auf der Ebene der bewussten Handlung zu organisieren.</td></tr>
<tr><td colspan="3"></td><td></td></tr>
<tr><td colspan="4"></td></tr>
</table>

Tab. 2: Theorie-Rahmen für Handlungsorientierten Unterricht (rechte Hälfte)

6 Tätigkeit und Handeln

Verstehen wir den Zusammenhang von Lernen und Handeln so, wie von Allmer (1985) ausgearbeitet, dann müssen wir klären, was wir unter »Handeln« und unter »Handlung« verstehen wollen. Für unsere Lehrertätigkeit in der Schule für Geistigbehinderte bieten uns die Arbeiten aus der Kulturhistorischen Schule eine gute Orientierung. Bei dieser Betrachtung wird die einzelne Handlung in den Gesamtzusammenhang menschlicher Tätigkeit eingeordnet, was eine ausschließliche Betrachtung einer einzelnen Handlung zu vermeiden hilft. Handlungen stehen immer in einem übergeordneten Zusammenhang, sind Abfolgen »von Episoden in der Zeit« (AEBLI 1993, 83), etwas entlang des linear aufgefassten Zeitpfeils ständig Fließendes.

> Der Kern des Handelns ist eine Tätigkeit, eine Aktivität, die mit einem Verb zu kennzeichnen ist. »Tätigkeit« beschreibt »alle Arten der weitgehend bewußten Wechselwirkung eines menschlichen Individuums mit seinen Lebensbedingungen sowie [...] mit sich selbst« (KOSSAKOWSKI/OTTO 1977, 37).

Tätigkeit ist also zunächst einmal ein Merkmal menschlichen Lebens. Tätigkeit erfordert zum zweiten die Beteiligung des Bewusstseins in erkennbarem Ausmaß, wenn auch nicht immer den Einsatz der vollen Bewusstheit. Tätigkeit beschreibt zum dritten eine Wechselwirkung. Solche Wechselwirkungen entstehen durch unsere Einwirkung auf die Welt und die daraus entstehende Rückkopplung aus der Welt an uns. Leontjew beschreibt dies anschaulich als Übergänge:

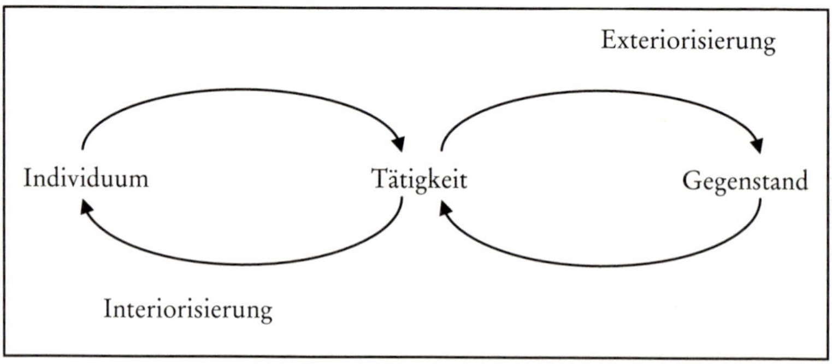

Abb. 2: Ringstruktur der Tätigkeit und Übergänge nach Leontjew (nach PITSCH 2003b, 23)

Ich beeinflusse, steuere, verändere meine Tätigkeit; meine Tätigkeit beeinflusst, verändert ein kleines Stück Welt. Dieses Stückchen Weltveränderung wirkt wiederum auf meine Tätigkeit zurück, die ich gegebenenfalls verändere, und über die Veränderung meiner Tätigkeit auch auf mich: ich korrigiere, ich passe mich an die Umstände meiner Tätigkeit an, ich lerne dazu.

ARBEITSAUFTRAG 6.1:
Bisher ist nur vom »Ich«, vom Individuum, die Rede gewesen. Erziehung heißt aber, dass der Erwachsene, der Lehrer, Einfluss auf das Kind nimmt. Überlegen Sie bitte anhand der Abbildung 2, an welcher Stelle oder an welchen Stellen der Erwachsene Einfluss ausüben kann. Es ist durchaus erwünscht, dass Sie hierzu die Zeichnung verändern.

Dabei wird Tätigkeit in langer zeitlicher Erstreckung gesehen: Der Erwachsene verrichtet Berufstätigkeit, Arbeitstätigkeit, über viele Jahre hinweg. Innerhalb solcher Tätigkeit wird nicht stets das Gleiche verrichtet, sondern es sammeln sich ganz unterschiedliche Verrichtungen an, die jedoch alle zur langfristig gesehenen Tätigkeit gehören. Studierende und Schüler verrichten Lerntätigkeit, zu der ebenso die unterschiedlichsten Verrichtungen gehören, die aber alle der übergeordneten Tätigkeit untergeordnet sind.

Nebenbei: Handelt es sich bei dem Individuum, bei dem wir eine Wechselwirkung mit seiner Umwelt (oder mit sich selbst) beobachten, nicht um einen Menschen, sondern um ein anderes Lebewesen, sprechen die Kulturhistoriker nicht von »Tätigkeit«, sondern von »Verhalten«.

»Verhalten« wird damit zum Oberbegriff für die Wechselwirkungen eines Lebewesens mit seiner Umwelt, die nicht unter Beteiligung eines menschlichen Bewusstseins erfolgen. »Tätigkeit« ist dann derjenige Spezialfall des Verhaltens von Organismen, den ein Mensch mehr oder weniger bewusst zeigt.

Menschliche Tätigkeit wird durch ein bestimmtes Motiv ins Leben gerufen: Ich will das Geld für meine Lebensführung selbst verdienen, also werde ich berufstätig und verrichte Arbeitstätigkeit. Ich will in einem (bestimmten) Beruf tätig werden, also bereite ich mich durch Studiertätigkeit oder Lerntätigkeit darauf vor. Lerntätigkeit, Studiertätigkeit, bereitet also auf Arbeitstätigkeit vor, ebenso wie andere Tätigkeitsarten den Menschen auf die Lerntätigkeit vorbereiten. Wir werden darauf zurückkommen. Leontjew (1977) geht davon aus, dass Tätigkeiten stets auf einen Gegenstand gerichtet sind. Dabei ist es nach seiner Auffassung unwesentlich, ob es sich um einen stofflichen (materiellen) oder um einen gedanklichen (ideellen) Gegenstand handelt. Wichtig ist ihm allerdings, dass hinter dem Tätigkeitsgegenstand stets ein Bedürfnis steht, das zum Motiv der Tätigkeit wird.

Wie bereits angedeutet, realisiert sich Tätigkeit in unterschiedlichen Verrichtungen, die als »Handlungen« bezeichnet werden. Tätigkeiten werden »durch eine Gesamtheit von Handlungen verwirklicht, die Teilzielen untergeordnet sind, welche aus dem gemeinsamen Ziel abgeleitet werden können« (LEONTJEW 1979, 103 f.; zit. n. HACKER 1986, 73).

> Die Handlung wird so »die kleinste Einheit der willensmäßig gesteuerten Tätigkeit«, die sich als selbstständige Einheit innerhalb der menschlichen Tätigkeit »nur Kraft ihres Ziels« (KOSSAKOWSKI/OTTO 1977, 37) abgrenzen lässt.

Richtet also ein Motiv die Tätigkeit aus, so wird eine Handlung durch ihr Ziel geleitet. Eine Handlung vollzieht sich stets über eine gewisse Zeitspanne und ist durch einen eindeutigen Anfangspunkt (die Ziel- oder Aufgabenstellung) und durch ein eindeutiges Ende (das Erreichen des antizipierten Resultats) markiert sowie »durch eine zeitliche und logische Struktur gekennzeichnet« (KOSSAKOWSKI/OTTO 1977, 37). Die zeitliche Struktur beschreibt dabei die Abfolgereihe der einzelnen zur Handlung gehörigen Aktionen, die logische Struktur deren inhaltlichen Zusammenhang. Zeitliche und logische Struktur können übereinstimmen, was wir vor allem bei einfachen linearen Abfolgen beobachten können.

Handlung: Tür öffnen
Zur Tür gehen
Arm heben
Hand auf die Klinke legen
Klinke herunterdrücken
Tür aufdrücken
Klinke loslassen

Abb. 3: Handlungsalgorithmus am Beispiel »Tür öffnen« (nach PITSCH 2003a, 328)

Solch ein Handlungsalgorithmus soll am Beispiel »Tür öffnen« erläutert werden. Um die Handlung zu vollziehen, sind folgende Operationen notwendig (s. Abb. 3):

Die Handlung wurde hier in verschiedene Operationen aufgeteilt, deren Reihenfolge bei der Handlungsausführung strikt eingehalten werden muss. Wir sprechen dann von einem Algorithmus. Zeitliche und logische Struktur können aber bei komplexeren Handlungen auseinanderfallen, wenn z. B. mehrere Handlungsstränge zusammenfließen müssen, um das eigentliche Handlungsziel zu erreichen. Arbeitsteiliger Gruppenunterricht kann als Beispiel hierfür gelten wie auch das Zubereiten einer Mahlzeit, wobei verschiedene Lebensmittel nebeneinander auf unterschiedliche Weise so bearbeitet werden müssen (Spaghetti kochen und gleichzeitig eine Hackfleischsoße zubereiten), dass die verschiedenen Teilhandlungen zur gleichen Zeit beendet sind und in das eigentlich gewünschte Endergebnis (Spaghetti Bolognese) zusammengeführt werden können.

ARBEITSAUFTRAG 6.2:
Versuchen Sie bitte, den glatten linearen Handlungsablauf in Abbildung 3 dadurch zu komplizieren, dass Sie erschwerende Bedingungen einführen:

1. Die Tür ist abgeschlossen, aber der Schlüssel steckt im Schloss.
2. Die Tür ist abgeschlossen, aber der Schlüssel steckt nicht im Schloss. Unser Schüler weiß zunächst nicht, ob der Schlüssel am Schlüsselbrett hängt, oder ob der Lehrer ihn eingesteckt hat.

Ihre Lösung wird dazu führen, dass Sie in das einfache Flussdiagramm in Abb. 3 Kontrollfragen und ein oder zwei Nebenprogramme (Unterprogramme) einfügen.

Eine Handlung selbst kann also aus verschiedenen Abschnitten oder Teilhandlungen bestehen, welche als »Operationen« bezeichnet werden. Operationen sind in der Systematik der Kulturhistoriker »unselbständige Bestandteile der Tätigkeit, da ihre Resultate nicht als Ziele bewußt werden« (HACKER 1986, 74).

Die Hackfleischsoße alleine erfüllt nicht das Ziel »Spaghetti Bolognese«, trägt aber zum Erreichen dieses Zieles bei. Das Herunterdrücken einer Türklinke alleine gestattet mir noch nicht das Verlassen eines Raums, ist aber unerlässlicher, wenn auch untergeordneter, Teil meiner Tätigkeit, wenn ich zum Verlassen eines Raums eine geschlossene Tür öffnen will. Nun verläuft das Herunterdrücken der Türklinke bei einem routinierten Türöffner automatisch, ohne gedankliche Planung und ohne bewusstes Nachdenken. Zum Nachdenken komme ich erst, wenn sich die Klinke nicht bewegen lässt, oder wenn gerade an dieser Tür überhaupt keine Klinke vorhanden ist. Dann wird meine automatische Routine unterbrochen, dann erfahre ich Widerstand, dann muss ich mein Bewusstsein einsetzen und die Situation neu erforschen (Schiebetür? Knauf statt Klinke?). Operationen sind also nicht bewusstseinspflichtig, weil zumeist automatisch ausgeführt, aber bewusstseinsfähig, was uns immer dann bewusst wird, wenn es irgendwo hakt.

Solche – meist automatisch ausgeführten – Operationen bestehen aus Abfolgen einzelner Bewegungen, die sich je einzeln beobachten lassen.

Ebenso lassen sich diese Bewegungen einzeln einüben und zu einer Bewegungsfolge zusammenschleifen (vgl. das Konzept des chaining, der Verhaltensformung durch Verkettung). Bei Problemen beim Lernen und Ausführen einzelner Bewegungen kann es sogar wichtig werden, noch eine Analysestufe tiefer zu gehen und die neurale Steuerung und einzelne Muskelreaktionen getrennt zu betrachten. Hierbei ist Pädagogik allerdings auf die Medizin angewiesen, weshalb diese Thematik nicht weiter verfolgt werden soll.

Folgen wir der bisher dargestellten Einbettung der Handlung in übergreifende Bezüge, dann erhalten wir folgende Systematik (KOSSAKOWSKI/OTTO 1977, 37–38):

Verhalten:	allgemeinster Begriff für die Wechselbeziehung zwischen Organismus und Umwelt
Tätigkeit:	übergreifende Bezeichnung für alle Arten der weitgehend bewussten Wechselwirkung eines Menschen mit seiner Umwelt und mit sich selbst; gesteuert durch ein Motiv
Handlung:	in sich geschlossene Einheit der Tätigkeit; kleinste Einheit der willensmäßig gesteuerten Tätigkeit, abgegrenzt durch ein bewusstes Ziel; besitzt Anfang und Ende sowie eine zeitliche und eine logische Struktur
Operation:	unselbstständige Teilhandlung, nicht bewusstseinspflichtig, aber bewusstseinsfähig
Einzelbewegung:	beobachtbarer Teilprozess einer Operation.

Mit dieser Systematik wird »Handlung« eingebettet in ein Gesamtkonzept der Auseinandersetzung des menschlichen Individuums mit seiner Umwelt, welches es gestattet, innerhalb sinnvoller Handlungszusammenhänge einzelne Handlungselemente bis hin zu einzelnen Bewegungen zu analysieren und für die Diagnostik der Handlungsfähigkeit sowie zu deren Förderung nutzbar zu machen.

Leseempfehlungen zu Kapitel 6

PITSCH, H.-J. (2002a): Zur Didaktik und Methodik des Unterrichts mit Geistigbehinderten. 3. Aufl., Oberhausen; darin Kapitel 4 »Die Orientierung am Handeln«, 74–89.

Literaturverzeichnis zu Kapitel 6

AEBLI, H. (1993): Denken: Das Ordnen des Tuns. Band I: Kognitive Aspekte der Handlungstheorie. 2. Aufl., Stuttgart

ALLMER, H. (1985): Entwicklungspsychologie aus handlungstheoretischer Sicht: Implikationen für die Theoriebildung und Forschungskonzeption. Psychologische Rundschau XXXVI, H. 4, 181–190

HACKER, W. (1986): Arbeitspsychologie. Psychische Regulation von Arbeitstätigkeiten. Bern, Stuttgart, Toronto

KOSSAKOWSKI, A.; OTTO, K. (1977): Persönlichkeit – Tätigkeit – psychische Entwicklung. In: KOSSAKOWSKI, A.; KÜHN, H.; LOMPSCHER, J.; ROSENFELD, G. (Redaktion): Psychologische Grundlagen der Persönlichkeitsentwicklung im pädagogischen Prozeß. Köln, 15–63

LEONTJEW, A. N. (1977): Tätigkeit, Bewußtsein, Persönlichkeit. Stuttgart

PITSCH, H.-J. (2003a): Zur Theorie und Didaktik des Handelns Geistigbehinderter. Oberhausen

PITSCH, H.-J. (2003b): Zur Methodik der Förderung der Handlungsfähigkeit Geistigbehinderter. Oberhausen

7 Typen des Handelns

Bei der Vorstellung seines Konzepts eines handlungsorientierten Unterrichts greift Mühl (1979) Max Webers »vielkritisierte, aber auch vielbenutzte Typologie des Handelns« (LUCKMANN 1986, 29) auf:

»• *zweckrationales Handeln* als nach Zweck, Mitteln und Nebenfolgen orientiertes Handeln
- *wertrationales Handeln* als überzeugtes Handeln ohne Rücksicht auf vorauszusehende Folgen
- *affektuelles Handeln* als bedürfnisbezogenes Handeln
- *traditionelles Handeln* als durch eingelebte Gewohnheit bestimmtes Handeln« (MÜHL 1979, 69; H. d. Verf.).

Traditionales Handeln

Das *traditionale* Handeln beschreibt Weber als *Alltagshandeln*, d. h. gewohnheitsbedingtes Handeln, das nach seiner Ansicht nicht immer als sinnhaft orientiertes Handeln gelten kann und einem »Reagieren auf gewohnte Reize« (WEBER 1972a, 12) gleicht. Die Aktion steht im Vordergrund eines Handelns, welches *so* erfolgt, *wie* es schon immer und *weil* es schon immer *so* erfolgt ist. Handlungssteuernd sind im Wesentlichen Algorithmen, eindeutige Verfahrensvorschriften, denen der Mensch nur zu folgen braucht, um zu einem Ergebnis zu kommen.

Auch in der Schule für Geistigbehinderte spielen algorithmische Methoden eine Rolle beim Aufbau von Gewohnheiten und damit bei der Ausformung von traditionalem Handeln im Sinne Webers. Bei der algorithmischen Methode wird der Schüler in der Lernphase weder in die Handlungsorientierung noch in die Handlungsplanung mit einbezogen (Tab. 3). Das Eintrainieren der Handlungsausführung soll dem Schüler ermöglichen, die Handlung in Zukunft selbstständig auszuführen. Am Anfang ist der Schüler jedoch nur im Ausführungsteil selbst tätig, d. h. er führt automatisiertes motorisches Handeln aus. Da dieses Handeln von außen gesteuert wird, bezeichnen Kossakowski und Otto (1977) es als »gelenkte Selbsttätigkeit«. Werden geistigbehinderten Menschen nur algorithmische Methoden angeboten, um einen Handlungsablauf zu erlernen, so wird diese Handlung nur schwer in eine selbstständige Handlung übergehen können, weil die automatisierte Handlung an ein bestimmtes, konditioniertes Auslöser-Signal gebunden ist.

Handlungs-orientierung	Handlungs-planung	Handlungs-ausführung	Handlungs-kontrolle
• Handlung wird von außen (Anweisung, Befehl, Bitte) • oder von innen (Wahrnehmung eines Bedürfnisses) initiiert.	• Handlungsplan ist zunächst von außen vorgegeben, dann gelernt und automatisiert worden. • Danach kann er aus dem Gedächtnis abgerufen werden.	• Ausführung zu Beginn mit Hilfe des Erziehers (Lehrers), • später selbstständige Handlungsausführung. • Streng nach den Vorschriften für den Handlungsablauf.	• In der Lernphase mit Hilfe des Erziehers/Lehrers. • Zu einem späteren Zeitpunkt selbstständige Kontrolle anhand der Ablauf-Vorschriften.

Tab. 3: Beitrag algorithmischer Methoden zu den vier Handlungskomponenten

Affektuelles Handeln

Affektuelles Sich-Verhalten sei nach Weber nur selten sinnhaft orientiert und stelle zumeist eine Reiz-Reaktion dar. Wichtig seien hierbei nicht das Handlungsziel, sondern das Motiv und die Aktion.

Die typische Affekthandlung wird häufig als *antriebsunmittelbare Tätigkeit* beschrieben. Von manchen Autoren werden »auch die *Erfahrungshandlungen*« (KANNHEISER 1992, 166; H.i.O.) zu dieser Gruppe rechnet, da sie eher emotional und damit die Kognition entlastend gesteuert werden. Als Auslöser gelten »innere oder äußere Veränderungen: Ein Motiv oder eine Gefährdung eines Persönlichkeitskonzepts [...] lösen unmittelbar eine Handlung aus« (KANNHEISER 1992, 167), für welche kein Ziel festgelegt werden muss.

Der Verzicht auf die Zielbildung erhöht die Schnelligkeit, mit der solche Handlungen ablaufen.

Auch automatisierte Teilhandlungen, Operationen auf dem Niveau der sensomotorischen Handlungsregulation, zählt Kannheiser zu dieser Gruppe, da sie ebenfalls keine Zielfindung erfordern; er hält es für denkbar, dass solche Teilhandlungen innerhalb einer hierarchisch-sequentiellen Handlungsstruktur emotional kodiert und ausgelöst werden.

An affektiven Handlungen ist das kognitive System nicht beteiligt. Mit affektuellem Handeln wird Emotionalität angesprochen, die Pinker zunächst negativ wertet, wenn er sagt: »Man bezeichnet eine Handlung häufig dann als ›emotional‹, wenn sie der sozialen Gruppe schadet, das Glück des Handelnden langfristig beeinträchtigt, Argumenten nicht zugänglich ist oder einer Selbsttäuschung entspringt« (PINKER 1998, 457–458). Gefühle, so Pinker, sind jedoch keineswegs nur »nicht-adaptiver Ballast«, sondern »ein weiterer Teil des menschlichen Geistes« (1998, 458). Auf die positiven, nützlichen Auswirkungen von Gefühlen macht insbesondere Damasio (1998) aufmerksam.

Wertrationales Handeln

Wertrationale Orientierung des Handelns meint die Überzeugung von der Wichtigkeit einer Sache ohne Rücksicht auf abschätzbare Folgen. Gekennzeichnet ist dieser Handlungstyp also nicht durch die Orientierung am Erfolg, sondern durch seine Orientierung am Handeln selbst.

Ein Beispiel für solche Wertorientierung gibt Heinrich Spoerl in seinem Roman »Der Maulkorb«, in welchem der Staatsanwalt Treskow auch dann noch weiter ermittelt, als er sich längst bewusst ist, dass er selbst der gesuchte Täter ist – und er ermittelt weiter auch noch gegen den Rat seines Vorgesetzten (SPOERL 1992).

Wertrationales Handeln kann als antriebsregulatorisch initiierte Tätigkeit gelten. Unter *antriebsregulatorisch initiierten Tätigkeiten* versteht Kannheiser, über Hacker (1986) hinausgehend, zwei Arten:

1. Ein emotional erlebtes Bedürfnis führt zu einer ungerichteten Handlungsauslösung (Beispiel: Man fühlt sich unwohl und sucht nach Ursache und Abhilfe.).
2. Das Erleben eines Motivs, also eines gerichteten Bedürfnisses, »führt ohne Orientierungsleistungen – aufgrund der Erfahrung – zu einer Zielbildung« (KANNHEISER 1992, 167).

An beiden Handlungsformen ist – im Gegensatz zur antriebsunmittelbaren Handlung – das kognitive System mit beteiligt, sei es bei der Zielbildung, sei es bei der vorausgehenden Orientierung.

Zweckrationales Handeln

Der *zweckrationale* Handlungstyp orientiert sich an Zweck, Mitteln und Nebenfolgen und schließt ein Gegeneinanderabwägen der Zwecke und der Folgen mit ein.

Durch dieses Abwägen werden Entscheidungen mit beeinflusst. Dieser zweckrationale Handlungstyp wird gelegentlich als die Idealform des Handelns bezeichnet; Langewand setzt dieses zweckrationale Verhalten schlicht mit »Handeln« gleich (1995, 429), wie auch Weber die Zweck-Mittel-Relation mit »Sinn« gleichgesetzt hatte. Erst Habermas löst diese Gleichsetzung mit seiner Unterscheidung der Kategorien »Arbeit« und »Interaktion« auf. Aber auch bei Habermas fallen Arbeit und zweckrationales Handeln zusammen, wenn Arbeit als die Realisierung »definierte[r] Ziele unter gegebenen Bedingungen« (HABERMAS 1968; nach LANGEWAND 1995, 430) verstanden wird. Demgegenüber sei »Interaktion stets symbolisch vermitteltes und [...] kommunikatives Handeln« (LANGEWAND a.a.O.), welches er als allein »sinnerhaltend und sinnstiftend« (ebd.) ansieht. »Sinn« bekommt durch die Bindung an Kommunikation eine soziale Dimension.

Nach Weber hat sich die Rationalisierung im okzidentalen Raum entwickelt und nicht in viel älteren Kulturen, wofür Weber den Kapitalismus als die »schicksalsvollste [...] Macht unseres modernen Lebens« (WEBER 1972b, 38) verantwortlich macht sowie dessen zentrale Kriterien, den bürgerlichen Betriebskapitalismus mit seiner rationalen Organisation der freien Arbeit »und die Entstehung des abendländischen Bürgertums« (KÄSLER 1972a, 11). Besonders deutlich wurde der Prozess zunehmender Rationalisierung für Weber am »Vordringen bürokratischer Herrschaftsformen in alle Lebensbereiche« (KÄSLER 1972a, 15).

Rationales Handeln ist für Weber bürokratisches Verwaltungshandeln, welches vollzogen wird vom »menschlich unbeteiligten, daher streng ›sachlichen‹ *Fachmann*« (WEBER 1964, 718; zit. n. KÄSLER 1972a, 15; H.i.O.), dem »Fachbeamten«, den Weber beschreibt als »den Eckpfeiler des modernen Staats und der modernen Wirtschaft des Okzidents« (WEBER 1972b, 38). Weber sah jedoch klar, dass diese formale rationale Sachlichkeit mit dem »Ethos« – also mit Werten – kollidiert. »Ethos« orientiert nach Weber seine Forderungen nach materieller Gerechtigkeit »am konkreten Fall und der konkreten Person« und stößt »mit dem Formalismus und der regelgebundenen kühlen ›Sachlichkeit‹ der bürokratischen Verwaltung unvermeidlich zusammen« (WEBER 1964, 721;

zit. n. KÄSLER 1972a, 16). Mit Käsler ist festzuhalten, »daß dieser Begriff der »Rationalisierung« für Weber eine weit größere Fragwürdigkeit besaß, als es bei seinen Kritikern gemeinhin anerkannt wird« (KÄSLER 1972a, 16).

Rationales Handeln dient nach Weber dem kapitalistischen Erwerb und ist an der »*Kapitalrechnung*« (WEBER 1972b, 39; H.i.O.) orientiert, »eingeordnet in eine planmäßige Verwendung von sachlichen oder persönlichen Nutzleistungen als Erwerbsmitteln« (WEBER 1972b, 39). Rationales Handeln ist also planmäßiges Handeln, was Weber am Beispiel des kaufmännischen Handelns erläutert (vgl. WEBER 1972b, 39–40). Habermas versteht rationales, erfolgskontrolliertes Handeln als Funktionskreis, als »die Vereinigung von rationaler Entscheidung und instrumentalem Handeln« (HABERMAS 1972, 94). Auch geht er davon aus, dass die Struktur solchen Handelns »der Struktur der *Arbeit* entspricht« (HABERMAS 1972, 94; H.i.O.). Sein Verständnis von »Arbeit« legt Habermas im gleichen Beitrag dar:

> »Unter »Arbeit« oder *zweckrationalem Handeln* verstehe ich entweder instrumentales Handeln oder rationale Wahl oder eine Kombination von beiden. Instrumentales Handeln richtet sich nach *technischen Regeln*, die auf empirischem Wissen beruhen. [...] Zweckrationales Handeln verwirklicht definierte Ziele unter gegebenen Bedingungen« (HABERMAS 1972, 98; H.i.O.).

Mit dieser Bestimmung von »Arbeit« = »zweckrationales Handeln« durch Habermas wird deutlich, dass

> auch Menschen mit geistiger Behinderung zu »zweckrationalem Handeln« fähig sein können, fähig
> - zur »rationalen Wahl« des größeren Nutzwerts, was die Förderung ihres Wahl- und Entscheidungsverhaltens erfordert (vgl. z. B. MIESSLER/BAUER 1994);
> - zum »instrumentalen Handeln« bei selbst gewähltem wie bei vorgegebenem Ziel, wenn die Handlungsmittel und die Handlungswege bekannt oder vorgegeben sind. Kossakowski und Otto sprechen dann vom »gelenkt-reproduktiven« und vom »selbständig-reproduktiven« Handeln (KOSSAKOWSKI/OTTO 1977, 37), wobei sie ihr »empirisches Wissen« (HABERMAS 1972) als Prozesswissen, Handlungswissen, »prozedurales Wissen« (BREDENKAMP 1998) aus wiederholten Erfahrungen gewinnen.

So verstanden sind geistigbehinderte Menschen grundsätzlich zu rationalem, berechnetem – und berechnendem – Handeln fähig. Diese Berechnung bezieht sich bei Menschen mit geistiger Behinderung allerdings nicht nur auf das gegenständliche Handeln, das Herstellen, Verändern, Zerstören von Dingen, sondern insbesondere auch auf das interpersonale Handeln, das soziale Handeln.

Auf solcher »Berechnung« beruht denn auch Juttas Wunsch, nunmehr Lesen und Schreiben zu lernen (siehe Kasten S. 44).

ARBEITSAUFTRAG 7.1:
Auf die Bedeutung des Aufbaus von Ritualen im Unterricht der Schule für Geistigbehinderte wird in jüngster Zeit vermehrt hingewiesen. Überlegen Sie bitte, welcher Handlungstyp bei dieser Unterrichtsform gefördert wird.

ARBEITSAUFTRAG 7.2:
Eine neue Lehrkraft wird in einer Mittelstufenklasse der Schule für Geistigbehinderte eingesetzt. Nach zehn Minuten bemerkt sie, dass eine autistische Schülerin wohl unbemerkt die Klasse verlassen hat. Diese Schülerin wird später im Lehrerzimmer aufgefunden, wo sie sich unauffällig in der Nähe einer ihr bekannten Lehrkraft aufhielt.
Ordnen Sie das Weglaufen der Schülerin einem Handlungstyp zu.

Geistige Behinderung und Webers Handlungstypologie

Pädagogisch bedeutsam erscheint Webers Typologie des Handelns als zweckrationales, wertrationales, affektuelles und traditionelles Handeln (vgl. MÜHL 1979, 69), welche bereits auf Besonderheiten des Handelns Geistigbehinderter hinweist, die vielbeschriebenen Schwächen der Rationalität, die Bindung an das Affektuelle und die Gewohnheitsbildungen. Wichtig ist auch die von Habermas vorgenommene Gleichsetzung von »zweckrationalem Handeln« mit »Arbeit« (1972, 93), welche dem Handeln-Lernen Geistigbehinderter eine Lebensorientierung im Sinne der Kulturhistorischen Schule gibt. Auch die von Leontjew beschriebene Ontogenese menschlicher Tätigkeit findet ihren Gipfelpunkt in der »Arbeit«. Arbeit ist in der Regel innerhalb einer Gruppe, eines Teams, in Gemeinschaft auszuführen. Dies berücksichtigt auch Mühl, wenn er unter dem Ziel »Handlungsfähigkeit« versteht, »daß der Geistigbehinderte zu einem entsprechenden selbständigen Handeln innerhalb der Gesellschaft geführt werden soll« (MÜHL 1979, 66). Damit wird *Ziel der Handlungsförderung* das *soziale Handeln.*

Dass diese vier Weberschen Handlungstypen nicht säuberlich getrennte Kategorien darstellen, sondern eng miteinander verflochten sind, sei an einem Beispiel aus des Verfassers früherem Arbeitsbereich dargestellt.

Die frühere Schülerin einer Schule für Geistigbehinderte, Jutta, inzwischen 35 Jahre alt, lebt in einem Appartementhaus für Behinderte mit nur noch dezenter erzieherischer Betreuung. Ende 2000 sprach sie ihre Bezugserzieherin darauf an, sie wolle jetzt ernsthaft Lesen und Schreiben lernen, und bat um Unterricht. Das folgende Gespräch brachte zu Tage:

- Jutta möchte ihren langjährigen Freund heiraten. Dies ist sicherlich ein Handlungsplan, der sich auf Emotionen gründet, aber ebenso aus gesellschaftlich vermittelter Tradition heraus verstanden werden kann. Gerade in ländlichen Gegenden hat die bürgerlich-rechtliche Formalisierung einer Lebensgemeinschaft noch hohen Stellenwert (⇨ Wertrationalität).
- Zum Traditionalen gehört auch, dass Jutta mit ihrem künftigen Ehemann gemeinsam eine eigene Wohnung beziehen möchte. Auch Emotionales schwingt bei diesem Wunsch mit: die Unzufriedenheit mit den Lebensbedingungen in ihrem Appartementhaus für Behinderte.
- Jutta weiß aber auch, dass zum Anmieten und Betreiben einer eigenen Wohnung vielerlei Schriftverkehr erforderlich ist, das Lesen und Ausfüllen von Formularen und Verträgen, Schriftverkehr mit Vermieter, Kostenträger, Stadtwerken, Telefongesellschaft, Banken usw. Dieses Wissen, diese »Überzeugung« (ASTINGTON 2000) bildet den rationalen Teil ihres Handlungsplans, der bewertet wird durch ihre subjektive Einschätzung, diese Anforderungen derzeit noch nicht zu erfüllen.
- Konsequent und völlig rational zieht Jutta nunmehr den Schluss, sie müsse Lesen und Schreiben lernen, um ihrem – emotional, traditional, wertorientiert – selbst gesteckten Ziel näherkommen zu können.

Jetzt erst hat die Schriftsprache für sie sowohl einen Tauschwert (Sie wird außerhalb der Behinderteneinrichtung nicht mehr als ganz so schwer behindert angesehen.) als auch einen Gebrauchswert (Mit Kornmann (1988, 4) kann die Schriftsprache »ihre Kommunikationsmöglichkeiten erweitern und ihre Handlungsmöglichkeiten verbessern«.). (Quelle: PITSCH 2003a, 91–92)

ARBEITSAUFTRAG 7.3:
Versuchen Sie bitte, die vier Handlungstypen am Beispiel Jutta den einzelnen Handlungsphasen zuzuordnen. Mehrfachzuordnungen erscheinen möglich.

Handlungs-orientierung	Handlungs-planung	Handlungs-ausführung	Handlungs-kontrolle
z. B. Heirats-wunsch:	z. B. Woh-nungssuche:	...	...
...	...		

ARBEITSAUFTRAG 7.4:
Das Addieren und Subtrahieren selbst im Zahlenraum bis 10 fällt Peter schwer. Er möchte mit einem Taschenrechner zu rechnen lernen und begründet dies damit, dass er mit Hilfe des Taschenrechners die Verwaltung der Klassenkasse übernehmen könnte.
Welcher Handlungstyp ist hier angesprochen?

ARBEITSAUFTRAG 7.5:
Die autistische Schülerin Jenny wird jeden Morgen mit einem Einzeltransport zur Schule gebracht, und jeden Morgen ist die gleiche Situation zu beobachten: Der Wagen stoppt. Jenny greift der Begleitperson in die Haare, zieht diese an den Haaren zu sich und verbeißt sich in deren Körper bzw. in deren Kleidung. Nur mit erheblicher Kraftanstrengung kann sich die Begleitperson von Jenny lösen und diese aus dem Wagen bugsieren. Den gesamten Schultag über zeigt sich Jenny dann relativ unauffällig.

a) Welcher Handlungstyp passt zu dieser Beschreibung?
b) Stellen Sie einfach einmal Hypothesen darüber auf, warum Jenny möglicherweise genau diesen Handlungstyp gewählt haben könnte.

Leseempfehlungen zu Kapitel 7

Wenn Sie sich mit Emotionen näher beschäftigen möchten, empfehlen wir Ihnen insbesondere

DAMASIO, A. R. (1998): Descartes' Irrtum: Fühlen, Denken und das menschliche Gehirn. 3. Aufl., München

GREENSPAN, S. J.; BENDERLY, Beryl Lieff. (1999): Die bedrohte Intelligenz. Die Bedeutung der Emotionen für unsere geistige Entwicklung, München

LEDOUX, J. (1998): Das Netz der Gefühle. Wie Emotionen entstehen. München

Literaturverzeichnis zu Kapitel 7

ASTINGTON, Janet W. (2000): Wie Kinder das Denken entdecken. München, Basel

BREDENKAMP, J. (1998): Lernen, Erinnern, Vergessen. München

DAMASIO, A. R. (1998): Descartes' Irrtum: Fühlen, Denken und das menschliche Gehirn. 3. Aufl., München

HABERMAS, J. (1972): Technik und Wissenschaft als »Ideologie«. In: KÄSLER (Hg.), 89–127

HACKER, W. (1986): Arbeitspsychologie. Psychische Regulation von Arbeitstätigkeiten. Bern, Stuttgart, Toronto

KÄSLER, D. (1972a): Einleitung. In: KÄSLER (Hg.), 7–34

KÄSLER, D. (1972b) (Hg.): Max Weber. Sein Werk und seine Wirkung. München

KANNHEISER, W. (1992): Arbeit und Emotion. Eine integrierende Betrachtung. München

KOSSAKOWSKI, A.; OTTO, K. (1977): Persönlichkeit – Tätigkeit – psychische Entwicklung. In: KOSSAKOWSKI, A.; KÜHN, H.; LOMPSCHER, J.; ROSENFELD, G. (Redaktion): Psychologische Grundlagen der Persönlichkeitsentwicklung im pädagogischen Prozeß. Köln, 15–63

KORNMANN, R. (1988): Diagnostisch indizierte und evaluierte Hilfen zur Förderung emotionaler Voraussetzungen für den Schriftspracherwerb bei Oberstufenschülern aus Sonderschulen für Lernbehinderte. Forschungsprojekt Dokumentation und Auswertung förderungsbezogener Fallstudien, Arbeitsbericht 2. Heidelberg: Pädagogische Hochschule, Fachbereich Sonderpädagogik

LANGEWAND, A. (1995): Handeln. In: LENZEN D.; MOLLENHAUER, K. (Hg.): Theorien und Grundbegriffe der Erziehung und Bildung. Bd. 1 der Enzyklopädie Erziehungswissenschaft, hg. von LENZEN, D. unter Mitarbeit von SCHRÜNDER, A. Stuttgart, Dresden, 427–431

LUCKMANN, Th. (1986): Grundlagen der Soziologie: Strukturen sozialen Handelns. Kurseinheit 1. Studienbrief 3764-7-01-S1 der FernUniversität Hagen, (Ausgabe 1998)

MIESSLER, M.; BAUER, I. (1994): Wir lernen denken (Reihe: Neues Lernen mit Geistigbehinderten). 4. Aufl., Rheinbreitbach

MÜHL, H. (1979): Handlungsbezogener Unterricht mit Geistigbehinderten. Bonn-Bad Godesberg

PINKER, St. (1998): Wie das Denken im Kopf entsteht. München

PITSCH, H.-J. (2003a): Zur Theorie und Didaktik des Handelns Geistigbehinderter. Oberhausen

SPOERL, H. (1992): Der Maulkorb. 14. Aufl., München

WEBER, M. (1972a): Wirtschaft und Gesellschaft. 2. Aufl., Tübingen

WEBER, M. (1972b): Vorbemerkungen zu den Gesammelten Aufsätzen zur Religionssoziologie. In: KÄSLER (Hg.), 36–49

8 Dominierende Tätigkeit

Menschliche Tätigkeit ist bei Geburt nicht voll entfaltet, sondern entwickelt sich im Verlauf von Kindheit und Adoleszenz. Diese Entwicklung beschreibt Leontjew als Ausführung und Einwirkung unterschiedlicher Arten von Tätigkeit. Kernpunkt seiner Analyse ist die Arbeit, der in der Entwicklung des Individuums Perioden anderer Tätigkeit vorgelagert sind, die jedoch aus der Struktur der Arbeit begriffen werden, die Perioden des Spiels, des Lernens und weiterer vorgelagerter Tätigkeiten.

Die Einteilung dieser Tätigkeitsentwicklung in erkennbare Schwerpunkte orientiert sich am Konzept der dominierenden Tätigkeit. Dominierende Tätigkeit ist nicht zwingend diejenige, die ein Kind am häufigsten ausführt.

Als dominierende Tätigkeit wird vielmehr diejenige Tätigkeit betrachtet,

- in der sich neue Tätigkeitsarten andeuten,
- die zur »Bildung und Umgestaltung psychischer Vorgänge« (JANTZEN 1992, 198) führt, also zur Aneignung von Neuem, und
- die damit »zu den *zentralen und grundlegenden Veränderungen der kindlichen Persönlichkeit* auf der jeweiligen Entwicklungsstufe« (JANTZEN 1992, 198; H.i.O.) führt, weshalb Jantzen lieber von der »führenden« Tätigkeit spricht.

Diesen Überlegungen zur dominierenden Tätigkeit liegen nicht wie bei Piaget Gleichgewichtszustände zugrunde, nach denen das Kind sucht, sondern Widersprüche und krisenhafte Übergänge. Der Übergang von einem Entwicklungsstadium zum anderen und demnach die Ablösung einer dominierenden Tätigkeit durch eine andere ist gekennzeichnet durch neue Aufgaben, die dem Kind durch die Erziehung gestellt werden, »und die seinen veränderten Möglichkeiten und seinem neuen Bewußtsein angemessen sind« (LEONTJEW 1973, 405). Die verschiedenen Entwicklungsstufen durchlaufend entwickelt sich das Kind nach und nach zum Mitglied der Gesellschaft und hat jeweils auch bestimmte Pflichten zu erfüllen.

ARBEITSAUFTRAG 8.1:
Überlegen Sie bitte, welche formalen Übergänge gemeint sein können, z. B. beim Übergang
1. von der gegenständlichen zur Spieltätigkeit,
2. von der Spieltätigkeit zum organisierten Lernen,
3. vom organisierten Lernen zur Arbeit.

Perzeptive Tätigkeit

Das neugeborene Kind besitzt bereits eine Grundausstattung an Reflexen und Verhaltensprogrammen, Fähigkeiten, deren Einsatz biologisch programmiert ist. In den ersten Lebenswochen hat das Kind dieses Repertoire an die Bedingungen der Umwelt anzupassen, es zu differenzieren, verbunden mit Bewegung.

Anpassung und Ausdifferenzierung der Verhaltensmöglichkeiten ermöglicht zunehmend differenzierte Wahrnehmung, welche die weitere Tätigkeit des Kindes im ersten Lebensjahr beeinflusst. Die Aneignung von Wahrnehmungsfähigkeit, die *perzeptive Tätigkeit,* gilt als dominierende Tätigkeit dieser Lebensphase.

In Piagets Systematik entspricht diese Etappe der perzeptiven Tätigkeit den Stadien 1 und 2 der sensomotorischen Entwicklungsphase: Betätigung und Übung der Reflexe (0;00–0;01) und erworbenes Anpassungsverhalten und primäre Zirkulärreaktionen (0;01–0;04).

Manipulative Tätigkeit

Die Orientierung des Kindes richtet sich immer mehr auf Gegenstände, an denen es Interesse findet. Dabei entwickeln sich zunehmend die sensorischen und motorischen Koordinationen. Nach der Ausbildung des Greifakts tritt eine neue Phase ein, deren dominierende Tätigkeit die Entwicklung neuer psychischer Prozesse hervorruft: die *manipulative Tätigkeit.* Das Greifen gewinnt nun immer mehr an Bedeutung. Unterschiedliche Gegenstände werden ergriffen und verschieden gehandhabt; andere Greifschemata werden angewandt. In dieser manipulierenden Tätigkeit werden die Handlungsmuster erweitert und komplexer.

Entwicklungsziel dieser Tätigkeitsform ist die Gebrauchsfähigkeit der Hände als Werkzeug.

Bei Piaget wird diese Etappe in den Stadien 3 und 4 der sensomotorischen Entwicklung beschrieben als die sekundären Zirkulärreaktionen und das Andauernlassen interessanter Ereignisse sowie als Koordination der sekundären Verhaltensschemata und ihre Anwendung auf neue Situationen.

Gegenständliche Tätigkeit

Mit der Zeit merkt das Kind, dass es die Gegenstände verändern und dass es etwas produzieren kann. Die übliche Funktion, die Gebrauchsform des Gegenstands, wird dadurch gelernt.

> Das Kind beginnt sich die gesellschaftliche Bedeutung des Gegenstands, seine übliche Funktion anzueignen.

Hierbei handelt es sich um *gegenständliche Tätigkeit,* die durch andere Menschen vermittelt wird. Durch die Vermittlung des Erwachsenen lernt das Kind also, die Dinge in seiner Umwelt so zu gebrauchen, wie es deren üblichem Verwendungszweck entspricht. Die Kinder »eignen sich die menschlichen Umgangsformen an« (LEONTJEW 1968, 177). Ihre Handlungen werden zunehmend bewusster, zielgerichteter. Sie lassen sich von Motiven lenken.

> Gegenständlich handeln heißt also, ein Motiv zu haben, ein Ziel mit Hilfe von Gegenständen erreichen, wobei das Motiv selbst auch ein Gegenstand sein kann. Gegenständliche Tätigkeit wird von bewussten Bedürfnissen ausgelöst und anhand von Gegenständen bewusst befriedigt.

Elkonin geht davon aus, dass der erwachsene Mensch »Träger der gegenständlichen Handlung« (1980, 233) ist. Das Kind erlernt die gesellschaftliche Bedeutung der Gegenstände unter der Anleitung der Erwachsenen; das Kind und der Erwachsene sind gemeinsam tätig, handeln gemeinsam mit Gegenständen.

> Im Verlauf dieser gemeinsamen Tätigkeit kann der Erwachsene »dem Kind allmählich die gesellschaftlich erarbeiteten Gebrauchsverfahren der Gegenstände vermitteln« (ELKONIN 1980, 233f). Das Kind erhält sozusagen eine Gebrauchsanweisung für die Gegenstände seines Umfelds. Die Handlung wird zuerst gemeinsam ausgeführt, dann zieht der Erwachsene sich nach und nach zurück und überlässt dem Kind die Ausführung des Handlungsprozesses.

Gegenständliche Tätigkeit zielt auf die Fähigkeit zur Bewältigung des Alltags hin; sie ist lebenspraktische Aneignung, und zwar in schlichten Handlungen, wie wir sie jeden Tag ausführen: Einen Wasserhahn aufdrehen, die Zahnpaste aus der Tube auf die Zahnbürste drücken gehören ebenso dazu wie den Mixer benutzen.

ARBEITSAUFTRAG 8.2:
Sehen Sie jetzt einen Sinn im Arbeitsauftrag 8.1? Welchen?

Bei Piaget umfasst diese Etappe die Stadien 5 und 6 der sensomotorischen Entwicklung sowie den ersten Abschnitt der Entwicklungsstufe des präoperativen Denkens, also die Stadien der tertiären Zirkulärreaktionen (= des aktiven Experimentierens), der Erfindung neuer Mittel durch geistige Kombination und des vorbegrifflich-anschaulichen Denkens. Gegenständliche Tätigkeit ist eine Weiterentwicklung der manipulativen Tätigkeit hin zum Umgang mit den Gegenständen, so wie er in der Gesellschaft gefordert wird und wie er den weiteren Verlauf des Lernens vorbereitet.

Spieltätigkeit

Zunehmend beginnt das Kind seine Handlungen gemeinsam mit anderen Kindern durchzuführen. »Im Spiel löst das Kind die inneren Widersprüche, die sich aus seinen rasch zunehmenden Bedürfnissen und Forderungen (die die Motivation seiner Tätigkeit bestimmten) und den begrenzten Handlungsmöglichkeiten ergeben. Indem sich das Kind im Spiel mit seiner Umwelt aktiv auseinandersetzt, lernt es die Eigenschaften und die gesellschaftliche Bedeutung von Gegenständen und Menschen kennen. Im Spiel entwickeln sich psychische Prozesse und Eigenschaften sowie die sozialen Beziehungen« (ERLEBACH/IHLEFELD/ZEHNER 1972, 196–197).

Im Spiel werden Ersatzgegenstände verwendet. Immer mehr werden soziale Regeln beachtet; die Ordnung des Spiels dient der zunehmenden Anpassung an Regeln. Anschließend werden Spiele verwendet, die bereits Regeln enthalten. Das *Spiel* stellt also die dominierende Tätigkeit dieses Lebensabschnitts dar, insbesondere der Kindergartenzeit.

Im Spiel lernt das Kind z. B. physikalische Gesetze, gesellschaftliche Regeln, soziale Verhaltensweisen usw. kennen und macht Erfahrungen mit unterschiedlichen Gegenständen; es lernt, was es mit diesen tun darf und lassen muss usw.

Dabei unterscheidet sich das Spiel vom Lernen in der Schule dadurch, dass es sich um ein in der Regel »noch nicht beabsichtigtes, bewußtes und systematisches Lernen handelt« (ERLEBACH/IHLEFELD/ZEHNER 1966, 178).

Das Spiel des Kindes wird geleitet von unmittelbaren Interessen und Bedürfnissen. Der Spielende führt nur solche Spielhandlungen aus, »deren Ziel [...] ihrem eigentlichen Inhalt nach bedeutsam sind« (RUBINSTEIN 1977a, 729): Motiv und Ziel fallen zusammen.

Als die für die weitere Entwicklung des Kindes wesentlichsten Spielformen gelten das Konstruktionsspiel, das Rollenspiel und das Regelspiel, welche es ermöglichen, »die Welt im Abbilden umzubilden« (JANTZEN 1992, 200); das Kind stellt im Spiel ein Stückchen Welt dar und verändert, gestaltet diese gleichzeitig, so dass es »die symbolische Repräsentanz der Welt« (ebd.) ausbauen kann. Die verschiedenen Spielformen bieten ihm die Möglichkeit, reale Beziehungen zu seinen Mitspielern einzugehen und so wesentliche Voraussetzungen für das systematische Lernen in der Schule herauszubilden.

Das Kind lernt, sich im Rollenspiel in andere Menschen hineinzuversetzen, und es lernt Regeln kennen, zu beachten, zu verändern und selbst aufzustellen.

ARBEITSAUFTRAG 8.3:
Welche weitere Tätigkeitsform(en) wird (werden) dadurch vorbereitet, dass das Kind lernt, sein Handeln mit dem anderer Menschen abzustimmen und zu koordinieren?

Lerntätigkeit

Darauf folgt das *Lernen* als dominierende Tätigkeit, und zwar als Lernen *in der Schule*. Wir lernen zwar unser ganzes Leben lang, aber unter anderen Bedingungen. Der Phase des schulischen, organisierten Lernens folgt in der Regel die *Arbeit*.

Die Kulturhistorische Schule sieht schulisches Lernen in engem Zusammenhang mit der Arbeit: jede Arbeit muss gelernt werden, und Lernen geht der Arbeit voraus (LJUBLINSKAJA 1973).

An den Anforderungen der Arbeit orientiert soll das Kind lernen, Aufgaben zu erfüllen, Disziplin zu halten und eine Arbeitshaltung zu erwerben. Lernen als Aneignung der »Ergebnisse der gesellschaftlichen Arbeit« (RUBINSTEIN 1977a, 741) unterscheidet sich von der eigentlichen Arbeit dadurch, dass nicht das hergestellte Produkt von primärem Interesse ist, sondern das Verfahren seiner Herstellung, das Ausführungsverfahren.

Lernen bestimmt Rubinstein als ein Handeln, »das zum Ziel hat, sich die Ausführungsverfahren einer Handlung anzueignen« (1977a, 742), wobei der Lehrer die Inhalte des Anzueignenden vermittelt.

Vermittlung und Aneignung stellen nach dieser Auffassung den Bildungsvorgang dar »als einen einheitlichen Prozeß, der sowohl den Lehrer wie den Schüler umfaßt – beide sind durch bestimmte wechselseitige Beziehungen verbunden« (RUBINSTEIN 1977a, 741).

Organisiertes Lernen vollzieht sich über die Vermittlung. Die auf anspruchsvollem Niveau sicherlich effektivsten Formen stellen die *Sprache* und die *Schrift* dar. Damit das Kind sich fremde Erfahrungen aneignen kann, muss es zuerst das Instrumentarium zu ihrem Zugang (das Lesen und Schreiben) erwerben.

Diese Lerntätigkeit ist fremdgesteuert, berücksichtigt die eigenen situativen Bedürfnisse nur wenig und findet im Kollektiv statt. Bedeutung und Sinn des zu Lernenden erschließen sich nicht unmittelbar. In der Schule ist nicht freigestellt, sondern *vorgegeben*, was das Kind lernt; die Erwartungen der Gesellschaft sind in Lehrplänen festgelegt.

Schüler werden fremden Anforderungen unterworfen, die für jedes Kind dieses Alters gelten. Was das Kind lernen soll, sind Erfahrungen anderer Menschen, die vorher erworben wurden – also Fremderfahrungen. Lernen in der konventionellen Schule bedeutet das Aneignen vergangener und fremder menschlicher Erfahrungen in Unabhängigkeit von eigenen Sinneserfahrungen.

Damit das Aneignen von Fremderfahrungen möglichst schnell, ökonomisch und effektiv geschehen kann, muss dieser Prozess *didaktisch aufgearbeitet* sein.

Das Fremdvorgegebene bezieht sich nicht nur auf den Inhalt, sondern auch auf die Art der Vermittlung, die vom Lehrer organisiert wird. Als Mittel des schulischen Lernens gelten *geistige Handlungen* wie zuhören, lesen, schreiben, rechnen, beobachten usw., und nicht die praktischen Handlungen des Spiels. Damit beschreiben die Kulturhistoriker eine Schule, die für geistigbehinderte Schüler denkbar ungeeignet ist und die gleichen Merkmale aufweist wie das alte westeuropäische Schulsystem, welches die oppositionelle Reformpädagogik hervorgerufen hat. Konsequenzen für die Schule für Geistigbehinderte werden im Anschluss erörtert.

ARBEITSAUFTRAG 8.4:
Überlegen Sie bitte, welches diese Konsequenzen sein können, so dass auch in der Schule für Geistigbehinderte sinnvoll und effektiv gelernt werden kann.

Arbeitstätigkeit

Nach Ende der Schulzeit übernehmen Jugendliche zunehmend Funktionen der Erwachsenen, als deren herausragende die Arbeit gilt. Die Arbeit hat im System der Aneignungspsychologie einen ganz besonderen Stellenwert. Rubinstein bringt das Aufkommen menschlichen Bewusstseins mit der Entwicklung der Arbeitstätigkeit in ursächliche Verbindung (1977a, 173).

Arbeit kennzeichnet er als »auf bestimmte Ziele, auf die Erzeugung eines bestimmten Produkts, auf ein bestimmtes Resultat gerichtet« und als »immer planmäßiger reguliert« (RUBINSTEIN 1977a, 173).

Diese Zielgerichtetheit der Arbeitshandlung habe zur Herausbildung der Bewusstheit insbesondere durch die Arbeitsteilung geführt. Rubinstein fasst diese Überlegungen in die beiden Sätze: »Die Arbeit schuf den Menschen, sie schuf auch sein Bewußtsein.« und: »Das Bewußtsein, als Voraussetzung der spezifisch menschlichen Formen der Arbeitstätigkeit, ist auch ihr Produkt« (1977a, 195).

»Arbeit« bestimmt Rubinstein als »die grundlegende, historisch ursprüngliche Form menschlicher Tätigkeit« (1977a, 706), mit welcher auch die Tätigkeiten des Spielens und des Lernens verbunden und von der diese abhängig seien. In Arbeit, Spiel und Lernen kommen nach seiner Meinung »alle psychischen Prozesse« (RUBINSTEIN 1977a, 707) zum Vorschein.

Marx hat Arbeit charakterisiert »als bewußte, *zielgerichtete* Tätigkeit, die sich auf die Verwirklichung eines Resultats richtet, das vor der Handlung in der *Vorstellung* des Arbeitenden gegeben ist und durch den *Willen* entsprechend ihrem bewußten Ziel reguliert wird« (zit. n. RUBINSTEIN 1977a, 707; H.i.O.).

Arbeitstätigkeit erfordert Planung, Ausführungskontrolle, das Einhalten von Verpflichtungen wie auch Disziplin, Anstrengung, das Überwinden von Hindernissen, Willen und willkürliche Aufmerksamkeit. »Arbeit« entspricht somit in Anforderungen und Ablauf der »Handlung« mit den Phasen Zielbildung (Orientierung) – Planung – Ausführung – Kontrolle.

Um Arbeit verrichten zu können, benötigt der Mensch neben Materialien und Werkzeugen »*Kenntnisse* und *Fertigkeiten*«, erstere »für kompliziertere Arbeitsformen«, letztere »für die stärker mechanisierten Zweige und Formen der Arbeit, bei denen die wesentlichen Handlungen weitgehend standardisiert und einförmig sind und leicht automatisiert werden können« (RUBINSTEIN 1977a, 709, H.i.O.), eine Feststellung, die nicht nur für den von Rubinstein gemeinten Fabrikarbeiter gilt, sondern auch für den geistigbehinderten Mitarbeiter in einer Werkstatt für behinderte Menschen. Aber auch für diese gilt

Rubinsteins Forderung: »Die Arbeit des Arbeiters darf nicht nur auf automatisierten immer gleichbleibenden mechanisch angewandten Verfahren aufbauen« (RUBINSTEIN 1977a, 711).

Rubinstein fordert, die Arbeit müsse geradezu »die anthropologische und insbesondere auch die psychologische Basis für das System der Pädagogik sein« (RUBINSTEIN 1977a, 105). Dieses System der Pädagogik ist insbesondere gefragt, um den (geistigbehinderten) Menschen auf seine (künftige) Arbeitstätigkeit vorzubereiten.

Arbeitsauftrag 8.5:

Es dürfte jetzt deutlich sein, wie »Handlung« und »Arbeit« übereinstimmen und weshalb wir Lernen als Handeln organisieren wollen. Notieren Sie Übereinstimmungen zu den vier Phasen:

1. Orientierung/Zielfindung,
2. Planung,
3. Ausführung,
4. Kontrolle.

Synopse Leontjew – Piaget

Der Übergang von einem Entwicklungsstadium zum anderen und die Ablösung einer dominierenden Tätigkeit durch eine andere ist nach Leontjew gekennzeichnet durch neue Aufgaben, die dem Kind durch die Erziehung gestellt werden, »und die seinen veränderten Möglichkeiten und seinem neuen Bewußtsein angemessen sind« (LEONTJEW 1973, 405). Dieses Konzept der dominierenden Tätigkeiten hat durchaus strukturelle Gemeinsamkeiten mit Piagets Beschreibung der Entwicklung der Intelligenz[4], so dass sich eine tabellarische Gegenüberstellung lohnt (Tab. 4). Trotz Ähnlichkeiten im Aufbau, in den Altersangaben und in der Struktur verfolgen die beiden Theorien unterschiedliche Sichtweisen. Während Piaget die innerpsychischen Prozesse des Kindes darlegt, befassen sich die Aneignungstheoretiker mit der vom Kind ausgeführten Tätigkeit und der pädagogischen Vermittlung.

Für geistigbehinderte Kinder gilt die Abfolge der dominierenden Tätigkeit nur bedingt. Leontjews Altersangaben können für sie noch weniger gelten. Geistigbehinderte Kinder unterliegen der gesetzlichen Schulpflicht nach ihrem Lebensalter und nicht erst dann, wenn sie die Lernaufgaben z. B. der gegenständlichen Tätigkeit und der Spieltätigkeit bewältigt haben. Viele von ihnen befinden sich bei Eintritt in die Schule noch im Stadium der manipulativen Tätigkeit, schwerst- und mehrfach behinderte Kinder unter Umständen noch im Stadium der basalen perzeptiven Tätigkeit.

All das, was irreguläre und dramatisch verzögerte Entwicklung geistigbehinderten Kindern in ihren ersten sechs Lebensjahren vorenthalten hat, müssen sie nunmehr in der Schule lernen. Sie lernen also im Schwerpunkt nicht Abstraktes, sondern ganz Konkretes, Körper- und Lebensnahes: die Dinge wahrzunehmen, die Dinge zu gebrauchen, Perspektiven

---

[4] Piagets Rekonstruktion der kindlichen Entwicklung, insbesondere der Entwicklung des Denkens, setzen wir an dieser Stelle als bekannt voraus. Daher verzichten wir auf jegliche Piaget-Zitation wie auch auf Literaturnachweise. Der interessierte Leser sei auf die zehnbändige Studienausgabe (Stuttgart 1975) verwiesen.

Dominierende Tätigkeit nach Leontjew	**Entwicklungsniveau nach Piaget**
Wahrnehmungstätigkeit (bis ca. 4 Monate)	1. Sensomotorische Entwicklung • Stadium 1: Betätigung und Übung der Reflexe (0 – ca. 1 Monat) • Stadium 2: Erworbenes Anpassungsverhalten und primäre Zirkulärreaktionen (einfache Gewohnheiten) (ca. 1 – ca. 4 Monate)
Manipulative Tätigkeit (bis ca. 1 Jahr)	• Stadium 3: Sekundäre Zirkulärreaktionen und das Andauernlassen interessanter Ereignisse (aktive Wiederholung) (ca. 4 – ca. 10 Monate) • Stadium 4: Koordination der sekundären Verhaltensschemata und ihre Anwendung auf neue Situationen (Verknüpfung von Mittel und Zweck) (ca. 7 Monate – ca. 1 Jahr)
Gegenständliche Tätigkeit (bis ca. 3 Jahre)	• Stadium 5: Tertiäre Zirkulärreaktionen (aktives Experimentieren) (ca. 10 Monate – ca. 18 Monate) • Stadium 6: Erfindung neuer Mittel durch geistige Kombination (ca. 18 Monate – ca. 2 Jahre)
	2. Präoperative Denkoperationen • Vorbegrifflich-anschauliches Denken) (ca. 2 – ca. 4 Jahre)
Spieltätigkeit (ca. 3 – ca. 6 Jahre)	• Anschauliches Denken (ca. 4 – ca. 7 Jahre)
Schulisches Lernen (ca. 7 – ca. 13/14 Jahre)	3. Konkrete Denkoperationen (ca. 7 – ca. 11 Jahre) 4. Abstrakte Denkoperationen (ab ca. 11 Jahre)
Arbeit (ab ca. 14/15 Jahre)	• Piaget gibt kein weiteres Niveau an.

Tab. 4: Dominierende Tätigkeiten und Piagets Stufen der Intelligenzentwicklung (nach MAJERES/ORIGER 1998, 6; aus PITSCH 2002b, 164 und 2003a, 163)

anderer Menschen zu beachten, Regeln zu beachten, zu verändern und selbst aufzustellen.

Schule für Geistigbehinderte führt somit aus der manipulativen, zuweilen sogar aus der perzeptiven über die gegenständliche Tätigkeit unmittelbar zur Arbeit. Rollen und Regeln, welche das nichtbehinderte Kind sich im Spiel aneignet, erwerben geistigbehinderte Kinder unmittelbar in der konkreten gegenstandsbezogenen Tätigkeit, welche das Arbeiten vorbereitet.

Dass dabei das Spielen häufig zu kurz kommt, ist ein beklagenswerter Mangel vieler Schulen für Geistigbehinderte.

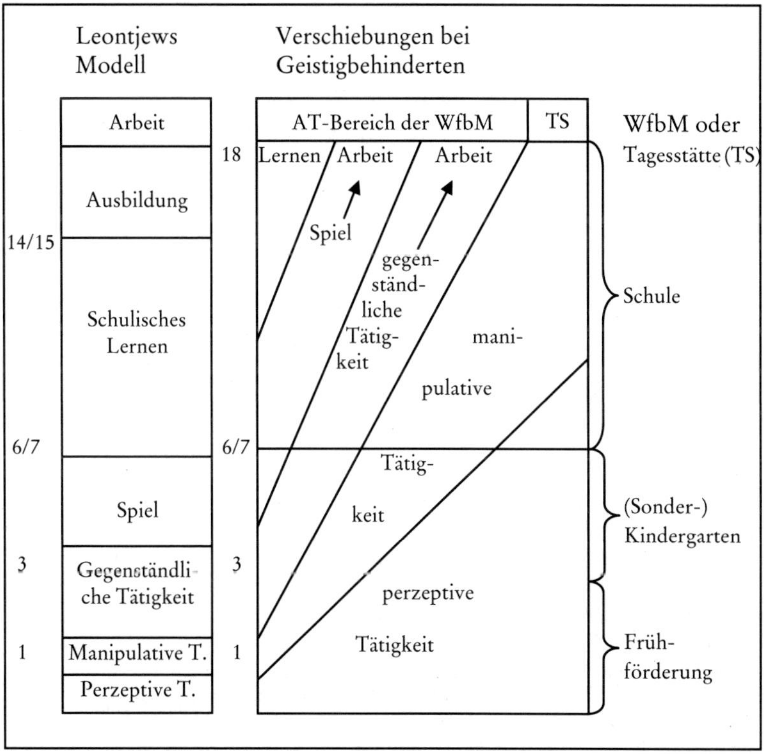

Abb. 4: Verschiebungen der dominierenden Tätigkeiten bei Geistigbehinderten (nach PITSCH 2002b, 165)

Die Schule für Geistigbehinderte wie daran anschließende Ausbildungs- bzw. Bildungseinrichtungen haben daher auch und vordringlich die dem regulären Säuglings-, Kleinkind- und Vorschulalter zugeordneten Entwicklungsbereiche der perzeptiven, manipulativen, gegenständlichen Tätigkeit und der Spieltätigkeit zu fördern und aus diesen Tätigkeiten heraus unmittelbar in die Arbeitstätigkeit zu führen.

Der Schüleranteil an dieser Förderung wird gemeinhin »Lernen« genannt, von den Kulturhistorikern »Aneignung«.

Leseempfehlungen zu Kapitel 8

PITSCH, H.-J. (2002b): Zur Entwicklung von Tätigkeit und Handeln Geistigbehinderter. Oberhausen

Literaturverzeichnis zu Kapitel 8

ELKONIN, D. (1980): Psychologie des Spiels. Köln (Original: Moskau 1978)

ERLEBACH, E.; IHLEFELD, U.; ZEHNER, K. (1966): Psychologie für Lehrer und Erzieher. Berlin (DDR) (2. Aufl. 1972)

JANTZEN, W. (1992): Allgemeine Behindertenpädagogik, Band 1: Sozialwissenschaftliche und psychologische Grundlagen. 2. Aufl., Weinheim, Basel

LEONTJEW, A. N. (1968): Psychologische Probleme der Persönlichkeitsentwicklung im Vorschulalter. In: KITTLER, G.; DOWE, G.; GÖBEL, R.; KRÜGER, H. (Hg.) (1968): Psychologische STudientexte. Berlin (DDR), 176–183

LEONTJEW, A. N. (1973): Probleme der Entwicklung des Psychischen. Frankfurt

LJUBLINSKAJA, A. (1973): Kinderpsychologie. 2. Aufl., Köln; (Original Moskau 1971)

MAJERES, M.; ORIGER, M. (1998): Der Einfluß des tätigkeitsorientierten Aspektes der Spielentwicklung des Kindes im Alter von zwei bis sechs Jahren. Mémoire d'intérêt scientifique présenté en vue de l'obtention du diplôme d'éducateur gradué. Fentange-Livange (G. D. de Luxembourg): Institut d'Etudes Educatives et Sociales

PITSCH, H.-J. (2002b): Zur Entwicklung von Tätigkeit und Handeln Geistigbehinderter. Oberhausen

PITSCH, H.-J. (2003a): Zur Theorie und Didaktik des Handelns Geistigbehinderter. Oberhausen

RUBINSTEIN, S. L. (1977a): Grundlagen der Allgemeinen Psychologie. 9. Aufl., Berlin (DDR)

RUBINSTEIN, S. L. (1977b): Sein und Bewußtsein. Die Stellung des Psychischen im allgemeinen Zusammenhang der Erscheinungen in der materiellen Welt. 8. Aufl., Berlin (DDR)

9 Der Aneignungsprozess

Menschliches *Denken* wird als *Orientierungstätigkeit auf der Ebene psychischer Abbilder* verstanden. Das »Abbild« entspricht in etwa einem »kognitiven Schema«. Wie Piaget unterscheidet auch die Aneignungspsychologie zwischen der *Ausweitung der Operationen* (Assimilation) und dem *Erwerb neuer geistiger Operationen* (Akkomodation), wobei die Aneignung neuer geistiger Operationen zunächst die konkrete Ausführung einer Handlung verlangt. Der Übergang von der konkret ausgeführten äußeren Handlung in die innere Vorstellung wird von Galperin »Interiorisierung« genannt.

Konsequenterweise bezieht sich auch die Lerntheorie Galperins auf

- die *Orientierung in den Dingen* als Voraussetzung der Handlung (die Handlungsplanung),
- die *Arbeitshandlung* selbst (die Handlungsausführung) und schließlich auf
- die *Kontrollhandlung* (die Handlungskontrolle), deren entwickelte Form die Aufmerksamkeit ist.

Mit diesem Ansatz versucht Galperin, den Bereich der *Zone der nächsten Entwicklung* (WYGOTSKI) systematisch zugänglich zu machen.

Vom Bedürfnis zum Ziel: Handlungsorientierung

Bevor ein Mensch handelt, orientiert er sich. Orientierung ist eine aktive Tätigkeit der Wahrnehmung eines Kontextes, einer Situation, ihrer Elemente, Möglichkeiten, Bedrohungen, die es angezeigt erscheinen lassen, selbst aktiv zu werden. Wahrnehmung führt so zu einer Absicht, die eine Entscheidung verlangt. In Gang gebracht wird diese Orientierung durch nicht zwangsläufig bewusst wahrgenommene Bedürfnisse, durch bewusste Motive, auch durch Neugier, was wiederum Wachheit und Aufmerksamkeit voraussetzt. Folgend beschließt der Mensch, sein Bedürfnis oder seine Neugier zu befriedigen, und entscheidet sich, dies wirklich auch zu tun. Es hat sich also ein durch den Willen gesteuerter Entschluss herausgebildet, etwas zu tun.

Alle innerpsychischen Vorgänge bis zum Handlungsentschluss rechnen wir zur Phase der Handlungsorientierung. Diese Phase geht mit der Entscheidung uber das konkrete Handlungsziel und den Weg zum Ziel in die Phase der Handlungsplanung über.

Jeder Mensch hat seine eigene, individuelle Handlungsorientierung, gewachsen aus seinen bisherigen Tätigkeiten und Erfahrungen. Sie bildet die Grundlage seines Handelns, also auch des Lernhandelns, der Aneignung. Über eine elementare, undifferenzierte Handlungsorientierung verfügt der Mensch von Geburt an; sie ist ererbt und Voraussetzung zur Planung von Handlungen, wie sie Galperin als »Schaffung einer Orientierungsgrundlage« beschreibt.

⇨ Achtung: Was wir dann »Handlungsplanung« nennen, heißt bei Galperin »Schaffung der Orientierungsgrundlage«.

Handlungsplanung: Schaffung der Orientierungsgrundlage

Die Planung einer Handlung schafft eine *Orientierungsgrundlage*, welche das Bezugssystem umfasst, »auf das sich das Kind bei der Durchführung einer Handlung orientiert« (GALPERIN/SAPOROSHEZ/ELKONIN 1974, 69): die Gesamtheit der für die Analyse des Objekts und die Planung der Handlung wesentlichen Umstände.

Die Orientierungsgrundlage erlaubt es dem Schüler, Schritt für Schritt die neue Handlung in einzelnen, ihm angemessenen Teiloperationen auszuführen. Bereits hier begegnen wir einem bekannten sonderpädagogischen Prinzip, dem der kleinsten Schritte (JOSEF 1974), dem Strukturierungsprinzip (SPECK 1993).

Jeder Lernprozess beginnt nach Galperin mit einer vorläufigen Vorstellung von der Aufgabe und der durchzuführenden Tätigkeit.

Bei der Schaffung der Orientierungsgrundlage gibt der Lehrer einen Teil seines eigenen Informationsvorsprungs an die Schüler ab; er vermittelt einen Handlungsplan, zumeist im abstrahierten Symbolsystem der Sprache. Was allerdings dem Schüler völlig neu ist, muss ihm vorsprachlich, konkret-gegenständlich vermittelt werden: »Lieber mit der Tat als mit Worten« (COMENIUS 1657).

Der Schüler soll die vorgeführte Handlung nicht nur imitieren, vielmehr soll er sie als *Muster* erfassen, um sie auch mit anderem Material wiederholen zu können. Er soll die allgemeinen Bedingungen und Gesetzmäßigkeiten erkennen, die sich auch an anderem Material wiederfinden. Die Handlung muss hierzu so in ihre Teile zerlegt werden (Handlungsanalyse; Prinzip der kleinsten Schritte), dass der Schüler sie in jedem Schritt selbstständig verfolgen und ausführen kann (Selbsttätigkeit, JOSEF 1974; Aktivierungsprinzip, SPECK 1977). Bei neuem Material ist zusätzlich erforderlich, auch dessen Merkmale zu ermitteln oder sie dem Schüler bekannt zu machen.

> »Die Orientierungsgrundlage bezieht sich also auf ein System der subjektiven und objektiven Bedingungen für die dem Lerngegenstand adäquate Handlungsausführung [...], und setzt sich selbst aus einem System von Hinweisen auf den künftigen Lerngegenstand zusammen, mit denen sich diese Handlung vollziehen läßt« (WILHELMER 1979, 200).

Galperin unterscheidet drei Typen der Orientierungsgrundlage.

Typ 1: Unvollständige Orientierungsgrundlage (Modellvorgabe)

> Die einfachste Form ist das *Beobachten fremder Handlungen.* Ein Muster der Handlung und ihres Produkts wird ohne Hinweis auf die richtige Ausführung vorgegeben.

Das Lernen am Modell erfolgt nach Versuch und Irrtum; der Schüler sucht die Lösung auf's Geradewohl. *Möglicher Vorteil:* Der Schüler lernt, aufgetretene Fehler künftig zu vermeiden. *Nachteil:* Er kann überflüssige Operationen nicht immer vermeiden. Dadurch, dass nur das Endziel und nicht die einzelnen Bedingungen der Handlung im Auge behalten werden, ist das Lernergebnis instabil und kann kaum auf andere Situationen übertragen werden.

> ARBEITSAUFTRAG 9.1:
> Wie werden Ihre Schüler wohl reagieren, wenn Sie ihnen ein aus Lego-Steinen fertig gebautes Häuschen hinstellen und daneben einen Karton voller Lego-Steine?

Typ 2: Vollständige Orientierungsgrundlage
(vorgegebener Handlungsplan)

> Die vollständige Orientierungsgrundlage des Typs 2 enthält neben dem »›Muster‹ der Handlung und ihres Ergebnisses [...] auch alle Hinweise darauf, wie die Handlung mit neuem Material richtig auszuführen ist« (GALPERIN 1959; nach JANTZEN 1983, 33). OG Typ 2 bietet die Schritte zur Lösung an Beispielen.

Die Vorgabe von Ziel-Mittel(Weg)-Systemen, etwa in Form festgelegter Handlungsalgorithmen, bezieht die wesentlichen Merkmale des Gegenstands und die Reihenfolge der Operationen ein, die zur Zielerreichung erforderlich sind. Damit verläuft der Lernprozess wohl auf einem höheren Bewusstseinsniveau, die fertig vorgegebene Orientierungsgrundlage wird jedoch vom Lernenden nur übernommen. *Probleme* treten bei der Übertragung der erworbenen Lösungsmechanismen auf neue Aufgaben auf. Bei der Beachtung der Hinweise des Lehrers lernt der Schüler jedoch wesentlich fehlerfreier und schneller.

ARBEITSAUFTRAG 9.2:
Die Aufgabe bleibt gleich: Aus Lego-Steinen ist ein Häuschen zu bauen. Aber Sie gehen jetzt nach Galperins Orientierungsgrundlage Typ 2 anders vor. Skizzieren Sie bitte dieses Vorgehen.

Typ 3: Vollständige Orientierungsgrundlage, selbst geschaffen

Eine vollständige OG wird durch die planmäßige Unterweisung in der Analyse neuer Aufgaben geschaffen. Der Schüler soll sich an den grundlegenden Materialeigenschaften und den Gesetzmäßigkeiten ihrer Verbindungen orientieren.

In der Geistigbehindertenpädagogik wird dies als »Objekterkundung« (MIESSLER/BAUER 1994; D. FISCHER 1999; PITSCH 2002a; 2003b) beschrieben. »Dabei gilt es vor allem Methoden zu finden, um diese Einheiten und Gesetze zu bestimmen sowie die Orientierungsgrundlage der Handlung für konkrete Objekte selbständig aufzubauen« (GALPERIN 1959; nach JANTZEN 1983, 33). Mit Jantzen fassen wir zusammen: »Planmäßige Unterweisung in der Analyse neuer Aufgaben ist Voraussetzung ihrer begrifflich gründlichen Erschließung« (1983, 33).

An den ersten Objekten eines neuen Gebiets soll sich der Schüler aneignen
»1. die Analyse wesentlicher Bestimmungsstücke und Merkmale konkreter Objekte [...] sowie
2. die Charakterisierung der Kombination dieser Bestimmungsstücke und Merkmale in den Objekten« (GALPERIN 1969; nach JANTZEN 1983, 33).

Die OG Typ 3 zielt also auf *Verfahren der Lösung* und nicht auf die Lösung selbst.

Zu Beginn der Aufgabenlösung an anderem Material werden wohl Fehler bei der Analyse der Voraussetzungen für die neue Aufgabe auftreten. Der *Vorteil* liegt jedoch darin, dass Schüler die folgenden Aufgaben schneller selbstständig und richtig ausführen können, wenn sie nach den ersten Aufgaben die vorläufige Analyse der Voraussetzungen genügend beherrschen. Dadurch kann das Lerntempo beschleunigt werden.

ARBEITSAUFTRAG 9.3:
Und wiederum würden Sie anders vorgehen, wenn Sie zum Lego-Häuschen-Bauen eine Orientierungsgrundlage vom Typ 3 vermitteln wollen. Wie wohl?
⇨ Hinweis: Wenn Ihnen dazu wirklich nichts einfällt, sehen Sie doch bitte in der angegebenen Literatur zum Stichwort »Objekterkundung« nach.

Nach Galperin können mit den ersten beiden Typen der Orientierungsgrundlage nur allgemeine Schemata von Dingen gelernt werden, während Typ 3 die »konkreten Tatsachen und Gesetzmäßigkeiten des Unterrichtsgebiets, das konkrete Material der Wissenschaft« (GALPERIN 1969; nach JANTZEN 1983, 33) umfasst. Die entscheidende Bedeutung der Orientierungsgrundlage liegt nach Jantzen darin, »daß hier und nirgendwo anders im wesentlichen die Zone der nächsten Entwicklung aufgespannt wird, also jener intersubjektive, kooperative Prozeß sich ereignet, der dann [...] zur Herausbildung der geistigen Operationen, der Begriffe führt« (1983, 33).

Handlungsausführung: die Arbeitshandlung

Die Ausführung einer Handlung ist eine Aktivität, erfordert – außer bei der Denkhandlung – die Ausführung beobachtbarer Bewegungen, wobei Denken mit Sensomotorik ausdrücklich verknüpft wird.

Im Verlauf des Aufbaus einer Handlung unterscheidet Galperin verschiedene Phasen, die er »Etappen« nennt:

1. die materielle Handlung und als deren Sonderform die materialisierte Handlung;
2. die Handlung auf der Ebene der äußeren Sprache ohne Gegenstand;
3. die Handlung auf der Ebene der äußeren Sprache »für sich«;
4. die Handlung auf der Ebene der inneren Sprache als automatisierte Handlung.

Diese Etappen entsprechen dem für die Geistigbehindertenpädagogik von Josef (1974) beschriebenen Prinzip der zunehmenden Abstrahierung und Symbolisierung, welches von Walburg (1982) weiter ausgearbeitet wurde.

Erste Etappe: Materielle und materialisierte Handlung

Materielle Handlung ist die ganz konkrete Handlung an und mit den in die Handlung einbezogenen Gegenständen. Galperin weist ausdrücklich darauf hin, »daß nur die materielle Form dazu dienen könne, sich eine Handlung anzueignen« (JANTZEN 1983, 34).

Beim schulischen Lernen sind jedoch häufig materielle Handlungen (z. B. im Geografieunterricht) oder materielle Formen (z. B. in der Mathematik) nicht bekannt oder nicht möglich. Auch wird mit älteren Schülern nicht zwingend mit materiellen Handlungen begonnen, sondern auf die Sonderform der *materialisierten* Handlung zurückgegriffen, die nicht immer eine genaue Kopie der Originalhandlung sein kann, jedoch in ihrer Begriffsstruktur und wesentlichen Eigenschaften der Objekte mit der materiellen Handlung übereinstimmen muss. Materialisierte Handlungen stützen sich auf Kopien, Modelle, Darstellungen, Beschreibungen (vgl. WALBURG 1982).

Galperin begreift die Stufe der materiellen und materialisierten Handlung »lediglich als quantitative Vorstufe zum verballogischen Begriff (Symbolbedeutung)« (STRÜVER 1992, 107). Von daher fordert Strüver mit Jantzen, »die Stufe der bildhaften Darstellung der ›Handlung‹ (Materialisation) als eigene Lernstufe zu konzipieren« (1992, 108) und nähert sich insoweit den Repräsentationsstufen von Bruner an: enaktiv – ikonisch – symbolisch.

Zweite Etappe: Äußere Sprache ohne Gegenstand

Äußere Sprache ist eine lautsprachliche Handlung. Der gegenständliche Inhalt des materiellen Handlungsvollzugs wird vollständig und genau in Sprache übertragen; damit erst wird er nach Galperin Besitz des Bewusstseins, ist jedoch »nur sprachlich ausgelöste Vorstellung der Handlung« (JANTZEN 1983, 34). Äußere Sprache ist sowohl Widerspiegelung der materiellen und materialisierten Handlung (aktionsbegleitendes Sprechen; SPECK 1977; 1993) als auch Mittel der Mitteilung über Handlung.

Alle Bestandteile der materiellen oder materialisierten Handlung sollen ohne Bezug (z. B. Hinsehen) auf die ursprünglichen Gegenstände sprachlich ausgedrückt und mittels lautem Sprechen eingeübt werden.

Im Unterricht ist diese Etappe nicht immer von den vorhergehenden zu trennen; auch hier wird begleitend gesprochen, wobei die Sprache auf Erscheinungen der unmittelbaren Wahrnehmung verweist. Jetzt aber wird die Sprache kommunikativ; sie dient der Mitteilung über Gegenstände. Für Galperin hat die Sprache im Aneignungsprozess entscheidende Bedeutung: »Ohne Übung in den Kategorien der Sprache kann eine materielle Handlung überhaupt nicht in Form der Vorstellung widergespiegelt werden« (GALPERIN 1959; nach JANTZEN 1983, 35).

Dritte Etappe: Äußere Sprache für sich

Sobald die sprachlichen Handlungen so gut beherrscht werden, dass sie verkürzt werden können, ändert sich die Funktion der Sprache »vom Kommunikationsmittel zum Mittel des Denkens, zu einem Verfahren, das vorliegende Material nach und nach gedanklich zu verändern« (GALPERIN 1972, 40). Hierbei wird der Handlungsablauf reduziert; der Schüler teilt nur noch die Ergebnisse der Operationen mit, die er nur noch gedanklich ausführt. Die Sprache wird umgestaltet; das innere Lautbild des Worts wird Bestandteil des Denkprozesses. »Äußere Sprache für sich bedeutet z. B. lautes Sprechen während der Lösung einer Aufgabe, Verkürzung auf wichtige Aspekte des Vorgangs« (JANTZEN 1983, 35) – oder aber auch die Anweisung zur Tätigkeit in Stichworten.

Vierte Etappe: Innere Sprache

Innere Sprache bleibt als Rest der verkürzten äußeren Sprache für sich, wird automatisiert und damit nicht mehr Gegenstand des Bewusstseins. Für Galperin sind die Übergänge zwischen der dritten und der vierten Etappe fließend. Die Handlung wird abermals verkürzt, erhält ihre innere geistige Form und entzieht sich dem außenstehenden Beobachter. Folglich können auf dieser Etappe keine unterschiedlichen Parameter mehr angegeben werden.

Parameter des Lernprozesses

Handlungen, also auch Lernhandlungen, können nach Galperin mit Hilfe von *vier Parametern* beschrieben werden: Entfaltung, Verallgemeinerung, Beherrschung (Aneignungsgrad) und Verkürzung.

Entfaltung

Die Handlung ist so in einzelne Operationen aufzugliedern, dass der Schüler jede Operation und die Verbindung zwischen Operationen verfolgen kann – zunächst mit Hilfe des Lehrers, dann selbstständig. Die Entfaltung haben wir in der Abfolge materielle Handlung – materialisierte Handlung – äußere Sprache ohne Gegenstand – äußere Sprache für sich – innere Sprache beschrieben.

Verallgemeinerung

»Eine Handlung verallgemeinern heißt, aus vielfältigen Eigenschaften ihres Objekts gerade die auszugliedern, die einzig und allein für ihre Durchführung notwendig sind« (GALPERIN 1959; nach JANTZEN 1983, 34), Wesentliches von Unwesentlichem zu trennen, was dann am besten gelingt, wenn von Beginn an mit sehr unterschiedlichem Material gearbeitet wird. Die Geistigbehindertenpädagogik spricht vom »Generalisieren« (JOSEF 1974) oder vom »Übertragungsprinzip« (SPECK 1977).

Beherrschung

Hinweise auf unterschiedliche Grade der Beherrschung liefert Galperin kaum; sie ergeben sich »durch die Befolgung der Parameter der Entfaltung und Verallgemeinerung« (JANTZEN 1983, 34). Anders ist es bei motorischen Leistungen, bei denen das Wiederholen und Üben zur flüssigen, nicht mehr bewusstseinspflichtigen Automatisierung führt.

Verkürzung

Sie hat ihren Stellenwert insbesondere in der Etappe der äußeren Sprache für sich; sie beschleunigt die Handlung. Verkürzung ist bewusst einzuüben, um dem Schüler den Zusammenhang zwischen entfalteter und verkürzter Handlung zu verdeutlichen; so kann er zu der entfalteten Handlung zurückkehren, wenn die verkürzte Handlung nicht genügend beherrscht wird.

Die Parameter Vollständigkeit, Verallgemeinerung und Beherrschung sind keine Etappen im Aneignungsprozess, aber sie müssen auf jeder Niveaustufe des Aneignungsprozesses erreicht werden, um auf die nächsthöhere Etappe gelangen zu können. Lurija (2002, 217) weist darauf hin, dass die Herausbildung und Entfaltung psychischer »Fähigkeiten«, zu denen er auch willkürliches Handeln zählt, in einem langdauernden Prozess geschieht.

Zusammenfassung und Bewertung

Galperins Überlegungen zum Ablauf des Interiorisationsprozesses sind in Abbildung 5 zusammengefasst.

	A B C D	A B C D	A B C D	A B C D	A B C D	
	I	II	III	IV	V	VI
Handlungsstruktur	Orientierungsgrundlage	Materielle Handlung	Materialisierte Handlung	Lautsprachliche Handlung	Äußere Sprache für sich	Innere Sprache (und Denken)
	unter sprachlicher Begleitung					

(A, B, C, D als Parameter der Qualität der Lernhandlung:
A = Entfaltung, B = Verallgemeinerung, C = Beherrschung, D = Verkürzung)

Abb. 5: Galperins Etappen der Interiorisierung, modifiziert (nach PITSCH 2003a, 240, 244)

Galperins Theorie der Interiorisation beschreibt eine Abfolge einzelner Lernschritte, die es erlaubt, das Lernniveau eines Menschen bezüglich einer Aufgabe durch die Angabe der Etappe zu bestimmen, auf der er jeweils tätig ist. Dies ermöglicht, bei Schwierigkeiten auf die davor liegende Etappe zurückzukehren. In der unterrichtlichen Praxis dürften sich die einzelnen Etappen überlappen. Galperin erklärt nicht, für welchen Unterricht seine Etappentheorie gelten soll. Da sie jedoch Sprachverständnis voraussetzt, kann sie in ihrer vollen Entfaltung erst ab einer bestimmten Entwicklungsstufe sinnvoll angewandt werden. Davor verbleibt Aneignung/Lernen auf der Ebene der konkret-materiellen Handlung und erreicht höchstens noch das Niveau der Materialisierung, des Umgangs mit Modellen, Bildern usw.

Die drei Arten der Orientierungsgrundlage Galperins zusammen mit der Etappenabfolge können für praktische Lernvorhaben sinnvoll sein, wie sie für die Schule für Geistigbehinderte typisch sind (PITSCH 2002a). Wenn sie jedoch auf jeglichen Unterricht angewandt werden sollen, geht didaktische und methodische Vielfalt verloren. Die Galperinschen Etappen können deshalb nicht als generelles Unterrichtsmodell gelten. Sie erklären nicht motorisches Lernen und das Lernen von Sozialverhalten, für welches auf Elkonin (1980) verwiesen sei. Das Konzept gibt aber Hinweise auf individuelle Prozessabfolgen, die dem Lehrer als Orientierung dienen können.

Als abschließende Zusammenfassung folgt nun eine Übersicht über die vier Phasen einer Handlung. Beachten Sie bitte, dass Galperins Konzept insbesondere die Phasen der Handlungsplanung (= Schaffung einer Orientierungsgrundlage) und der Handlungsausführung mit weiteren Inhalten füllt, wobei er insbesondere die Handlungsausführung in solche Schritte aufteilt, die den Übergang von der konkreten Tätigkeit zur abstrakten, gedanklichen Begriffsbildung erleichtern können.

Handlungsfähigkeit			
Handlungsorientierung	**Handlungsplanung**	**Handlungsausführung**	**Handlungskontrolle**
Bedürfnisse Motive Wachheit Neugier Aufmerksamkeit Wahrnehmung als aktive Exploration des Kontextes • visuell • auditiv • olfaktorisch • gustatorisch • vestibulär • propriozeptiv • kinästhetisch • taktil	Zielauswahl Zielsetzung Auswahl der • sächlichen • personalen Handlungsmittel ⇨ Sachwissen Auswahl der Handlungsstrategien • unbewusst/ automatisch • bewusst ⇨ Prozesswissen ⇨ Änderungswissen	Steuerung der motorischen Abläufe gemäß dem Handlungsziel und Handlungsplan • Bewegungen • Kopplung von Bewegungen (Operationen) • Kopplung von Operationen • Beenden geplanter Bewegungen • Verändern geplanter Bewegungen	Ablaufkontrolle/ Prozesskontrolle • vergleichen • bewerten • entscheiden • rückmelden an HA und HP Ergebniskontrolle/ Erfolgskontrolle • vergleichen • bewerten • entscheiden: Erfolg oder Misserfolg • rückmelden an HP und HO

Tab. 5: Phasen und Komponenten des Handelns (nach PITSCH 2003a, 209)

Leseempfehlungen zu Kapitel 9

JANTZEN, W. (1983): Galperin lesen. Anmerkungen zur Entwicklung einer historisch-materialistischen Theorie schulischen Lernens. Demokratische Erziehung 9, H. 5, 30–37.

PITSCH, H.-J. (2002a): Zur Didaktik und Methodik des Unterrichts mit Geistigbehinderten. 3. Aufl., Oberhausen; darin Kapitel 5 »Lernen als Aneignung«, 90–111.

Literaturverzeichnis zu Kapitel 9

COMENIUS, J. A. (1960): Große Didaktik. Übers. u. hg. v. A. FLITNER. 2. Aufl., Düsseldorf, München

GALPERIN, P. J. (1972): Die geistige Handlung als Grundlage für die Bildung von Gedanken und Vorstellungen. In: GALPERIN, P. J.; LEONTJEW, A. N. u. a. (1972): Probleme der Lerntheorie. 3. Aufl., Berlin (DDR), 33–49

GALPERIN, P. J.; SAPOROSHEZ, A. W.; ELKONIN, D. B. (1972): Probleme des Erwerbs von Kenntnissen und Fertigkeiten und neue Unterrichtsmethoden in der Schule. In: GALPERIN, P. J.; LEONTJEW, A. N. u. a. (1972): Probleme der Lerntheorie. 3. Aufl., Berlin (DDR), 66–81; (4. Aufl. 1974, 66–81)

JANTZEN, W. (1983): Galperin lesen. Anmerkungen zur Entwicklung einer historisch-materialistischen Theorie schulischen Lernens. Demokratische Erziehung 9, H. 5, 30–37

JOSEF, K. (1974): Lernen und Lernhilfen bei geistig Behinderten. 3. Aufl., Berlin

MIESSLER, M.; BAUER, I. (1994): Wir lernen denken (Reihe: Neues Lernen mit Geistigbehinderten). 4. Aufl., Rheinbreitbach

PITSCH, H.-J. (2002a): Zur Didaktik und Methodik des Unterrichts mit Geistigbehinderten. 3. Aufl., Oberhausen

SPECK, O. (1993): Menschen mit geistiger Behinderung und ihre Erziehung. 7. akt. u. erg. Aufl. München, Basel

SPECK, O.; THALHAMMER, M. (1977): Die Rehabilitation der Geistigbehinderten. 2. Aufl., München, Basel

STRÜVER, P. (1982): Lernen von sogenannten geistig behinderten Menschen über Motorik. Solms-Oberbiel

WALBURG, W.-R. (1982): Lebenskundliche Orientierung (Lebenspraktische Förderung bei Geistigbehinderten II, Kurseinheit 1). Hagen: FernUniversität – Gesamthochschule, Drucksache 3514-1-01-S1

WILHELMER, B. (1979): Lernen als Handlung. Psychologie des Lernens zum Nutzen gewerkschaftlicher Bildungsarbeit. Köln

WYGOTSKI, L. S. (1993): Denken und Sprechen. Frankfurt

10 Entwicklung der Handlungsorientierung, -planung, -ausführung und -kontrolle

Die Entwicklung vom frühkindlichen zum erwachsenen Handeln vollzieht sich allmählich. Als wesentliche Unterschiede benennen Stemme und von Eickstedt (1998):

- Der Säugling handelt in der unmittelbaren Gegenwart.
- Das Handeln des Erwachsenen ist eher zukunftsorientiert und strategisch aufgebaut: zielgerichtet, wertorientiert, plangeleitet.

Die Autorinnen beschreiben die basale Entwicklung der Handlungsfähigkeit in vier Abschnitten, in welchen auch die Ausdifferenzierung von Handlungsorientierung, -planung, -ausführung und -kontrolle stattfindet, welche in Anlehnung an Schulte-Peschel und Tödter (1996) dargestellt wird.

Handlungsausführung aus undifferenzierter Handlungsorientierung

Die angeborenen Haltungs- und Bewegungskompetenzen des Kindes dienen der Neuanpassung an nunmehr veränderte Umweltbedingungen. Das Handeln des Säuglings folgt »inneren Plänen oder Programmen« (STEMME/VON EICKSTEDT 1998, 101). So programmierte sensomotorische Handlungen lassen sich wohl von außen anregen, können jedoch auch »aus sich selbst heraus« (a.a.O.; auch SCHMIDT/WIESENDANGER 1993) vollzogen werden. Handlungen entstehen aus dem jeweiligen Moment heraus und haben absolut gegenwärtigen Charakter.

Das Kind zeigt zu diesem frühen Zeitpunkt keine bewussten Wiederholungen, keinen Vergangenheitsbezug, keine Planung und keinen Zukunftsbezug.

Das angeborene Verhaltensrepertoire wird durch die Tätigkeit des Kindes aktiviert und geübt (Piaget-Stadium SME 1, ca. 0;00 bis ca. 0;01: Betätigung und Übung der Reflexe). Dabei kommen erste Lernprozesse in Gang. Durch dauernde Übung kommt das Kind »von einem starren Reflexmechanismus zu einem angepassten Stimulus-Reaktionsverhalten« (BIGGER 1993, 45), wobei es auf immer mehr Reize reagiert, die mit der ursprünglichen Tätigkeit in Zusammenhang stehen. Gleichzeitig werden auch seine Reaktionen immer komplexer.

Bei Geburt angelegte und aktivierbare Handlungsprogramme zeigen noch keine Ausdifferenzierung der Handlungsplanung (HP) und Handlungskontrolle (HK). Vielmehr müssen wir von einer einheitlichen, undifferenzierten Handlungsorientierung (HO) des Kindes ausgehen, die sich für den Beobachter lediglich in ihrem Ausführungsteil (Handlungsausführung: HA) darstellt.

Schulte-Peschel und Tödter wählen hierfür die Darstellung in Abb. 6:

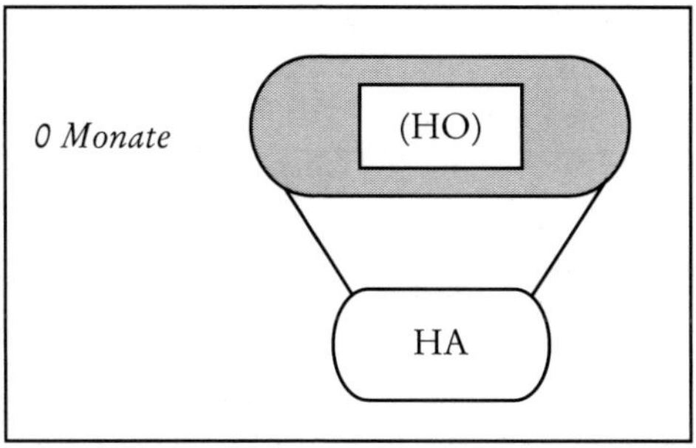

Abb. 6: Handlungsausführung als erste Ausdifferenzierung der bei Geburt ganzheitlichen Handlungsorientierung (nach SCHULTE-PESCHEL/TÖDTER 1996, 34; 203; aus PITSCH 2002b, 69)

Die ersten Handlungen des Kindes sind jedoch intentional in dem Sinne, dass sie der Anwendung und Übung der angeborenen Programme dienen. Von dieser Zweckhaftigkeit her ist es zulässig, von unspezifischen, unbewussten, aber zweckgerichteten »Handlungen« zu sprechen, wobei der »Handlung«sbegriff in einem weiten Sinne gebraucht wird.

ARBEITSAUFTRAG 10.1:

Wenn menschliche Handlungsfähigkeit ihre »letzte Quelle« in der Geburtsausstattung an Reflexen und Verhaltensprogrammen hat, dürfen wir dann irgend einem Menschen Handlungsfähigkeit grundsätzlich absprechen?

- ❑ Ja. Wenn Ja: Wem?
- ❑ Nein.
- ❑ Da bin ich immer noch unsicher.

Nunmehr wendet das Kind seine Aufmerksamkeit denjenigen Informationen zu, welche seine Sinnesorgane ihm liefern. Sobald die Greiffunktion mit ca. 3½ – 4 Monaten (HOLLE 1993, 212) verfügbar ist, wird das Ergriffene zum Mund geführt und dort exploriert.

Bereits kurz nach der Geburt sind Neugeborene in der Lage, sich in dem ihnen möglichen Handlungsraum auditiv zu orientieren. So ist bereits »eine Synchronisierung von Lautäußerungen der Erwachsenen und der Motorik des Kindes« (FURTADO 1992, 141) zu beobachten.

> Kommunikative – also bedeutungstragende – Signale Erwachsener können Verhaltensformen des Säuglings bewirken, welche von Erwachsenen als Antwort auf deren eigene Signale gedeutet und mit entsprechender Bedeutung belegt werden.

Kontakt zwischen Eltern und neugeborenem Kind entsteht durch das Erfassen dessen, was der andere »braucht«. Es ist müßig, in einem solchen Kreislauf darüber zu spekulieren, wer »angefangen« hat. Wesentlich ist, dass es zum Dialog, zum »Baby-Talk«, kommt. Zum Dialog wird auch der Kontakt mit Gegenständen: Durch Hantieren erlebt das Kind Veränderlichkeit auch an Gegenständen.

> ARBEITSAUFTRAG 10.2:
> Welche Konsequenzen hat es wohl, wenn dieser »Dialog« zwischen Erwachsenem und Kind nicht zustande kommt, wenn sich Erwachsene dem Kind verweigern?
> Kennen Sie Beispiele – auch aus der Fachliteratur?

Erstes Auftreten von Handlungsplan und Handlungskontrolle

Beim Kind sind im SME-Stadium II nach Piaget (ca. 0;01 bis 0;04) nun immer komplexere Verhaltensweisen zu beobachten, die seine Anpassung an die Umwelt widerspiegeln, z. B. das Ersetzen der ursprünglich reflexhaften Saugbewegung durch das Daumenlutschen. Wiederholt ein Kind solche Tätigkeiten mehrmals, spricht Piaget von einer primären Zirkulärreaktion.

> Das Kind versucht, körperliche Empfindungen, die subjektiv angenehm waren (Erinnerung), erneut auftreten zu lassen. Hiermit beginnt die Ausdehnung des Bewusstseins in die zunächst noch nahe Vergangenheit hinein. Im sich herausbildenden Gedächtnis bilden sich Abläufe von Handlungen ab, die als Widerspiegelungen gedeutet werden können.

Vielfache Wiederholungen derselben Handlung mit jeweils demselben Ergebnis führen dazu, dass dieses Ergebnis gedanklich vorweggenommen, d. h. erwartet wird. Jantzen spricht im Anschluss an Anochin

(1978) von »vorgreifender Widerspiegelung« (1992, 157): Ketten von äußeren Ereignissen führen zu »Ketten von inneren Ereignissen [...], in denen sich die Reihenfolge der äußeren Ereignisse [...] so widerspiegelt, daß dieses [innere Geschehen; H.-J. P.] sich bereits auf ein Ereignis bezieht, bevor es eingetreten ist« (JANTZEN 1992, 159). Anochin schematisiert dies so (s. Abb. 7):

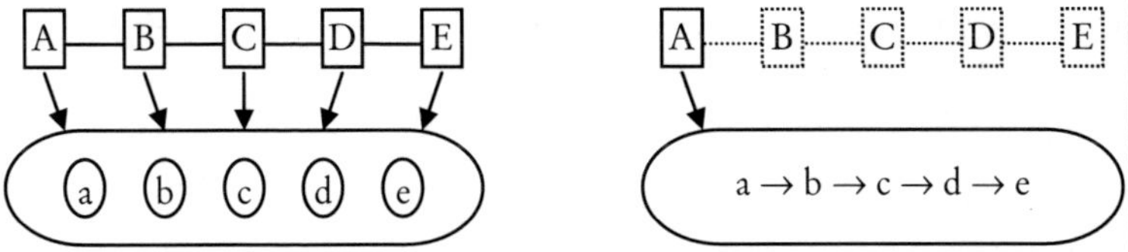

A, B, C, D, E = äußere, sich nacheinander abspielende Ereignisse in verschiedenen Zeitintervallen.

a, b, c, d, e = Protoplasmareaktionen, die durch zahlreiche Wiederholungen eine Reaktionskette gebildet haben. Diese Reaktionskette tritt »schließlich schon auf das erste Ereignis der Außenwelt (A) hin« auf, wobei das innere »Ereignis e bereits aufgetreten ist, während E als äußeres Ereignis erst in Zukunft auftritt« (JANTZEN 1992, 159).

Abb. 7: Vorgreifende Widerspiegelung nach Anochin (nach JANTZEN 1992, 159; aus PITSCH 2002b, 78)

Diese »vorgreifende Widerspiegelung der Wirklichkeit« (ANOCHIN 1978) ist eine erste, unbewusste »Planung«; mit ihr beginnt »die Herausbildung zielgerichteter, willkürlicher und später auch durchdachter und vernünftiger Handlungen« (LJUBLINSKAJA 1973, 192). Diese Überlegungen verweisen auf den zeitlichen Vorrang der Handlungsplanung (HP) vor der Handlungskontrolle (HK). Angelehnt an die Darstellungsform von Schulte-Peschel und Tödter bietet sich folgende grafische Darstellung (Abb. 8) an:

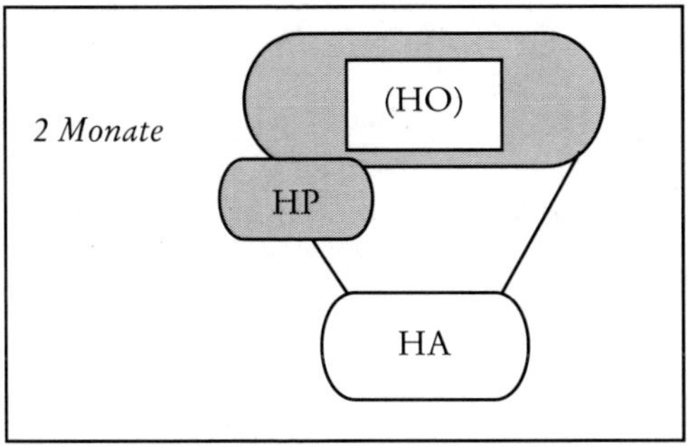

Abb. 8: Beginnende Ausdifferenzierung der Handlungsplanung als vorgreifende Widerspiegelung (aus PITSCH 2002b, 78)

Erste Ansätze der Nachahmung sind im SME-Stadium II nach Piaget (ca. 0;01 bis 0;04) zu beobachten. Aus der Beobachtung der Hände des Erwachsenen heraus beginnt das Kind auch, solche Bewegungen nachzuahmen, soweit diese einem ihm verfügbaren Schema entsprechen. Die Vorrangstellung der Hände prägt sich aus. Ins Blickfeld geratene Gegenstände geben Anlass zum Greifen. Leontjew und Elkonin sprechen nunmehr von *manipulativer Tätigkeit.* Die einzelnen Tätigkeiten lassen sich in unendlich vielfältiger Weise miteinander kombinieren. Das Kind erfährt so, wie sich etwas anfühlt, das es sieht, und wie etwas aussieht, das es ertastet hat.

ARBEITSAUFTRAG 10.3:
Solche Handlungskerne aus vorgreifender Widerspiegelung heraus lassen sich mit einem der Handlungstypen Max Webers (affektuelles, traditionales, wertrationales und zweckrationales Handeln) in Verbindung bringen. Ihre Annahme?
In der Schule für Geistigbehinderte wird genau dieser Handlungstyp bewusst aufgebaut und gepflegt. Das zugehörige methodische Konzept?

Solche Erfahrungen werden durch die anderen Sinnesmodalitäten ergänzt. »Es beginnt schon früh in der Entwicklung eine Art von Einordnung und Klassifizierung akustischer und visueller Phänomene« (FURTADO 1992, 143). Hinzu kommt die Bedeutung der taktilen Wahrnehmung als Grundlage zur Feinsteuerung von Hand und Fingern in deren Werkzeugfunktion (Greifen, Halten, Loslassen). Ohne ausgebaute Werkzeugfunktion der Hand gibt es keine gegenständliche Tätigkeit. Zu beachten ist auch die kinästhetische Wahrnehmung, die wir zur Steuerung und Kontrolle unserer Bewegungen benötigen. Und ohne »gekonnte« Bewegungssteuerung gibt es noch nicht einmal eine manipulative Tätigkeit.

Mit all diesen Erfahrungen des Kindes beginnt auch die Ausdifferenzierung der Handlungskontrolle (HK) aus der ursprünglich undifferenzierten Handlungsorientierung (HO). Angelehnt an Schulte-Peschel und Tödter (1996, 204–205) bietet sich folgende Darstellung (s. Abb. 9) an.

Von ganz besonderem Interesse sind nunmehr auch Effekte der unterschiedlichsten Art, vor allem dann, wenn das Kind sie selbst erzeugen kann.

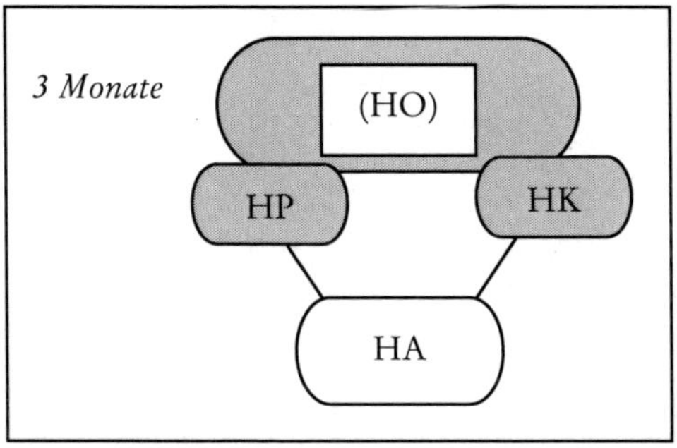

Abb. 9: Beginnende Ausdifferenzierung der Handlungskontrolle (aus PITSCH 2002b, 81)

Das bewusste Wiederholen von Tätigkeiten, die mit einem Effekt verbunden waren, geschieht in der Erwartung, dass dieser Effekt (Erfolg) erneut eintreten wird. Damit lösen sich Handlungen aus der unmittelbaren Gegenwart, greifen in die Vergangenheit hinein (Handlungserfahrung gespeichert als Handlungsplan) und dehnen sich in die Zukunft aus (vgl. Anochin: Vorgreifende Widerspiegelung).

Wesentlich hierbei ist, dass das Kind den Zusammenhang zwischen Ursache und Wirkung erkennt, wobei Wirkungen sich sowohl auf den eigenen Körper (körperliche Empfindungen, Wahrnehmungen von Geräuschen, Lichtreizen usw.) als auch auf die Welt außerhalb des eigenen Körpers, auf Reaktionen anderer Menschen beziehen können. Das Kind kann nunmehr etwas in Gang setzen, was außerhalb seiner selbst seinen Verlauf nimmt. Dadurch bekommt es selbst Bedeutung als Bewirker, und die Selbstzuschreibung von Bedeutung dient wiederum der Ich-Bildung, der Herausbildung einer eigenen Identität.

Ausformung der Handlungsplanung und Kontrolle am Ziel

Bewegung und Aufrichten erlauben dem Kind, seinen Standort und seine Position im Raum selbst zu bestimmen.

Die bekannten Gegenstände regen nunmehr dazu an, »sie intensiv bezüglich ihres Verhaltens und ihrer Funktion zu erproben« (STEMME/VON EICKSTEDT 1998, 111). Solche Funktionen sind dem Kind von einigen Dingen bereits bekannt. Hierauf kann es aufbauen, um Neues zu erproben und seine Erfahrungen zu erweitern. Hierbei erkennt es Zusammenhänge und Gesetzmäßigkeiten und lernt, innerhalb eines gewissen Rahmens die Folgen seines Handelns abzusehen. Mit diesen Entwicklungen bildet sich auch das aus, was wir Denken nennen: Das

Kind erinnert sich an seine Handlungen und an deren Konsequenzen und kann bei Wiederholungen die Konsequenzen voraussehen. Handelt es um solcher Konsequenzen (Effekte) wegen, so handelt es intentional (zielgerichtet).

Zielgerichtetheit heißt aber auch: gewollt und zukunftsorientiert. Von einem *bewusst* vorweggenommenen Handlungsergebnis kann in diesem Stadium sicherlich noch nicht gesprochen werden. Mit Anochin darf jedoch angenommen werden, dass ein Handlungsergebnis als Endglied einer vorgreifenden Widerspiegelung vorbewusst repräsentiert ist. Das Wiederholen-Wollen solcher Erscheinungen, das Wieder-Erzeugen-Wollen von Effekten wird der *Handlungsplanung* (HP) zugeordnet. So ergibt sich die grafische Darstellung (s. Abb. 10):

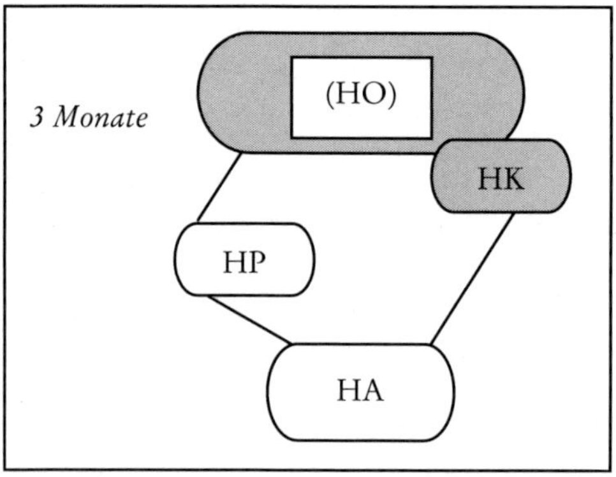

Abb. 10: Ausdifferenzierung der Handlungsplanung als vorgreifende Widerspiegelung aus Wiederholungen (aus PITSCH 2002b, 97)

Ein antizipiertes Ergebnis ist ein im weitesten Sinne geplantes Ergebnis. Die Handlungskontrolle (HK) bleibt zunächst auf das Ergebnis bezogen, noch nicht auf die Steuerung des Handlungsablaufs.

Mit der Zeit werden einzelne Handlungen miteinander zu quasi ritualhaften Handlungsfolgen verbunden, die vielfach wiederholt werden können. Ein weiterer Entwicklungsschritt erfolgt, wenn das Kind in solchen Handlungsfolgen beginnt, »die Reihenfolge zu verändern, neue Handlungen einzuflechten, andere wegzulassen etc.«.

Nunmehr bilden Handlungen »Teile eines größeren zyklischen Geschehens«. Solche Aneinanderreihungen vermitteln dem Kind Ordnungsprinzipien: Handlungsabfolgen – Reihenfolgen, später auch das Erkennen von »Unterschieden in der Wichtigkeit einzelner Handlungsschritte« (STEMME/VON EICKSTEDT 1998, 113) und damit die

Grundlage zum Setzen von Prioritäten. Prioritäten setzen hat mit Bewerten und Entscheiden zu tun; das Kind entwickelt auch die Fähigkeit, sich für eine Sache oder für eine Handlung zu entscheiden. Solche Entscheidungen sind von Zielen geleitet, denen das Kind seine Tätigkeiten nunmehr unterzuordnen beginnt. Vom Ziel her entdeckt es damit die Mittel zum Zweck.

Im Alter von etwa acht bis zwölf Monaten kommt es zur »Koordination der sekundären Zirkulärreaktionen« mit der »Verknüpfung von Mittel und Zweck. [...] Das Kind verfolgt ein Ziel, das nicht mehr direkt zugänglich ist, durch dazwischen geschaltete Mittel (Hindernis auf dem Weg beseitigen)« (SCHULTE-PESCHEL/TÖDTER 1996, 35).

Die bereits auf der dritten Etappe nach Piaget einsetzende Handlungsplanung erweitert sich um notwendige Schritte zum Ziel, von der Zielplanung zur *Ziel- und Wege-Planung;* das Kind richtet nunmehr sein Handeln auch an der Wegeantizipation aus und lernt so, die Handlungsausführung (HA) am Handlungsplan (HP) zu kontrollieren. Der eigentliche Neuerwerb in dieser vierten Etappe nach Piaget ist die Handlungskontrolle als Ziel- *und* Ablaufkontrolle (vgl. Abb. 11).

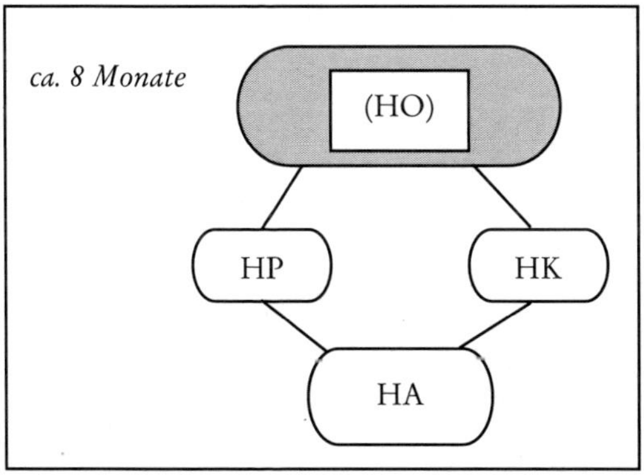

Abb. 11: Ausdifferenzierung der Handlungskontrolle (HK) als Kontrolle auch des Handlungsablaufs (aus PITSCH 2002b, 99)

⇨ Mittel zu einem vorher bestimmten Zweck einzusetzen bedeutet, dass das Kind im voraus zu planen lernt. Eine Handlung im voraus zu planen bedeutet aber, das Vorhaben gezielter und zweckmäßiger ausführen zu können.

Zeitstrukturen und ausgeformte Handlungsregulation

Das Kind beginnt, sich den dreidimensionalen Raum zu erobern. Als »erkannt« gilt der Raum, »der beim eigenen Handeln entsteht« (STEMME/VON EICKSTEDT 1998, 117).

> Zyklische Wiederholungen von – auch ritualisierten – Handlungsfolgen lassen das Kind zudem ein Zeitgefühl entwickeln. Solche zyklischen Wiederholungen setzen einen Rahmen von außen (Paul Moor: äußerer Halt), indem sie z. B. den Tagesablauf gliedern.

Dabei erfährt das Kind zeitliche Reihenfolgen: »Erst das, dann das, dann das etc.«, und die Zeitdauer, z. B. von der »Idee über die Ausführung zum Erfolg einer Handlung« (STEMME/VON EICKSTEDT 1998, 117). Auch bei der Beobachtung der Dinge, ihres Funktionierens und ihrer Eigendynamik erlebt das Kind eine zeitliche Struktur: Anfang – Verlauf – Ende.

> In der Sitzposition beginnt das Kind nun, die Verwendungsmöglichkeiten, die »Gebrauchswerteigenschaften« (STEMME/VON EICKSTEDT 1998, 118), die »gesellschaftliche Bedeutung« (LEONTJEW) der Dinge zu erfassen und bereitet so den Übergang zur »gegenständlichen Tätigkeit« (LEONTJEW) vor.

Dabei entspricht das, was man mit den Dingen machen kann, durchaus nicht immer deren gesellschaftlicher Bedeutung, hat für das Kind jedoch seinen eigenen, subjektiven Sinn. Die Beschaffenheit der Dinge kann das Kind nun in der Form des Ausprobierens, des »Experiments« systematisch erkunden.

> Dieses bewusste Experimentieren führt zu neuen Erkenntnissen, auch, wie die »Dinge als Werkzeuge einzusetzen« (STEMME/VON EICKSTEDT 1998, 119) sind, wodurch der Wahrnehmungs- und Denkhorizont und der Handlungsspielraum des Kindes erheblich ausgeweitet werden.

In neuen Situationen und gegenüber neuen Dingen werden zunächst die bisher bekannten Handlungsmittel und Handlungsstrategien eingesetzt. Führen die gewohnten Handlungsschemata nicht zum Erfolg oder zu völlig unerwarteten Ergebnissen, bleibt der antizipierte Effekt aus. Diese Diskrepanz zwischen Erwartung und Ereignis (kognitive Dissonanz) erweckt Staunen, Neugier (epistemische Neugier) und veranlasst das Kind, diesen Phänomenen bewusst nachzugehen, sie planmäßig, analytisch und bewusst zu untersuchen, mit Handlungen und Wirkungen zu experimentieren, die Zusammenhänge zwischen Handlungen und Wirkungen zu untersuchen wie auch zu prüfen, worin und wie sich die Dinge unterscheiden.

Damit verfügt das Kind über eine voll ausgebildete Handlungsplanung wie Handlungskontrolle in wechselseitiger Beeinflussung (s. Abb. 12).

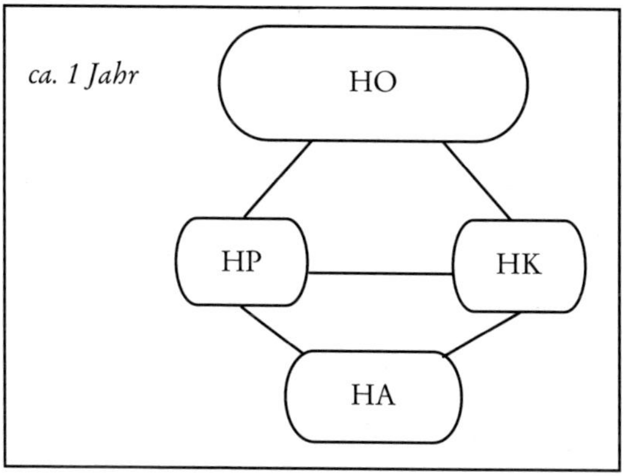

Abb. 12: Handlungskontrolle und Handlungsplanung steuern sich gegenseitig (aus PITSCH 2002b, 104)

⇨ Mit dieser wechselseitigen Steuerung von Handlungsplanung, Handlungsausführung und Handlungskontrolle sind diejenigen Phänomene angesprochen, die Hacker (1986) als »Handlungsregulation« bezeichnet.

Leseempfehlungen zu Kapitel 10

PITSCH, H.-J. (2002b): Zur Entwicklung von Tätigkeit und Handeln Geistigbehinderter. Oberhausen (zusammenfassend)

SCHULTE-PESCHEL, D.; TÖDTER, R. (1996): Einladung zum Lernen. Geistig behinderte Schüler entwickeln Handlungsfähigkeit in einem offenen Unterrichtskonzept. Dortmund

STEMME, G.; VON EICKSTEDT, D. (1998): Die frühkindliche Bewegungsentwicklung. Vielfalt und Besonderheiten. Düsseldorf

Literaturverzeichnis zu Kapitel 10

ANOCHIN, P. K. (1968): Physiologie und Kybernetik. In: KITTLER, G.; DOWE, G.; GÖBEL, R.; KRÜGER, H. (Hg.): Psychologische Studientexte. Berlin (DDR), 59–76

BIGGER, A. (1993): Förderdiagnostik Schwer- und Schwerstbehinderter. Diagnostik und Förderung unter dem Aspekt der Kognition. 2. Aufl., Luzern

FURTADO, E. F. (1992): Die Entwicklung der kommunikativen Kompetenz im Säuglingsalter. Praxis der Kinderpsychologie und Kinderpsychotherapie 44, H. 4, 139–145

HACKER, W. (1986): Arbeitspsychologie. Psychische Regulation von Arbeitstätigkeiten. Bern, Stuttgart, Toronto

HOLLE, B. (1992): Die motorische und perzeptuelle Entwicklung des Kindes. Ein praktisches Lehrbuch für die Arbeit mit normalen und retardierten Kindern. 2. Aufl., Weinheim

JANTZEN, W. (1992): Allgemeine Behindertenpädagogik, Band 1: Sozialwissenschaftliche und psychologische Grundlagen. 2. Aufl., Weinheim, Basel

LJUBLINSKAJA, A. (1973): Kinderpsychologie. 2. Aufl., Köln (Original Moskau 1971)

PITSCH, H.-J. (2002b): Zur Entwicklung von Tätigkeit und Handeln Geistigbehinderter. Oberhausen

SCHMIDT, R. F.; WIESENDANGER, M. (1993): Motorische Systeme. In: SCHMIDT, R. F.; THEWS, G. (Hg.): Physiologie des Menschen. 25. korr. Aufl., Berlin u. a., 87–131

SCHULTE-PESCHEL, D.; TÖDTER, R. (1996): Einladung zum Lernen. Geistig behinderte Schüler entwickeln Handlungsfähigkeit in einem offenen Unterrichtskonzept. Dortmund

STEMME, G.; VON EICKSTEDT, D. (1998): Die frühkindliche Bewegungsentwicklung. Vielfalt und Besonderheiten. Düsseldorf

11 Handlungsregulation

Die gegenseitigen Beeinflussungen von Handlungsplan, Handlungsausführung und Handlungskontrolle können als »Handlungssteuerung« bezeichnet werden oder mit Rubinstein als »Handlungsregulation«.

Rubinstein unterscheidet dabei

- die Antriebs- oder Anregungsregulation und
- die Ausführungsregulation.

Die *Antriebsregulation* beeinflusst die Art der Handlung, also welche Handlung ausgeführt wird.

Etwas regt den Menschen zum Handeln an und bestimmt die Richtung des Handelns. Ihr Ziel besteht darin, »die erforderliche Anregungskraft der notwendigen Ideen zu entwickeln« (RUBINSTEIN 1977b, 286), womit diese Antriebsregulation in unserem Vier-Phasen-Raster der Handlungsorientierung, der Motivation und Zielbildung, zuzuordnen ist. Rubinstein weist in diesem Zusammenhang auf ein gerade für Geistigbehinderte äußerst wichtiges Moment hin: Die Antriebsregulation spricht vor allem die »›affektiven‹ Prozesse wie Emotion und Gefühle« (1977b, 287) an.

»Die *Ausführungsregulation* bringt das Handeln in Übereinstimmung mit den Bedingungen, unter denen es abläuft« (RUBINSTEIN 1977b, 287; H.i.O.).

Die Ausführung der Handlung wird von den jeweils herrschenden Bedingungen und Umständen beeinflusst, an die sich der handelnde Mensch Moment für Moment neu anpassen muss. An dieser Ausfuhrungsregulation sind wesentlich Kognitionen (Handlungspläne, Sachwissen, Prozesswissen) und sensorische Rückmeldungen über die Wahrnehmung beteiligt.

Hacker (1986) beschreibt drei Ebenen möglicher Handlungsregulation:

- die intellektuelle Regulationsebene, die Ebene der bewussten Planung,
- die perzeptiv-begriffliche Regulationsebene als Regulation komplexer Tätigkeitseinheiten durch besondere Signale, wobei allge-

meine Handlungsschemata eingesetzt und je nach Situation modifiziert werden, und
- die sensomotorische Regulationsebene, die Steuerung einzelner Bewegungsabläufe, die zumeist automatisch unterhalb der Bewusstseinsschwelle verlaufen.

Die intellektuelle Regulationsebene

Die intellektuelle Regulationsebene stellt die höchste Form der Steuerung von Tätigkeit dar. Ihre Prozesse sind bewusstseinspflichtig und sprachgebunden. Auf dieser Ebene sind Abstraktionen und Verallgemeinerungen möglich; sie ermöglichen dem Menschen die Übertragung seines Wissens von einer bestimmten Situation auf beliebig viele andere. Intellektuelle Regulation ermöglicht das Antizipieren von Plänen und Strategien, Vorwegnahmen, die bereits eine gedankliche Analyse, Synthese und Verallgemeinerung der wesentlichen Merkmale des geforderten Ergebnisses einschließen.

Diese höchste Regulationsebene ist durch sprachgebundene Denkvorgänge gekennzeichnet, auch durch in Symbolen gefasste Sprache, so dass hier auch Texte ihren Platz haben: Schreiben innerhalb der Planungsarbeit, Lesen zum Umsetzen eines sprachlich verfassten Plans in konkrete Tätigkeit. Auf dieser Ebene werden also Pläne, komplexe Handlungen und längerfristige Strategien entworfen, überprüft und verändert.

Die perzeptiv-begriffliche Regulationsebene

Die perzeptiv-begriffliche Regulationsebene bezieht die Wahrnehmung in die Handlungsregulation ein. Handlungsregulation auf dieser Ebene erfolgt durch den Vergleich von vorgestellten (antizipierten) Vollzügen und deren Ergebnissen mit entsprechenden Wahrnehmungen bezüglich genau diesem Tätigkeitsablauf.

Hacker (1986) spricht hier von Handlungsschemata, aufgrund derer Handlung entsteht. Handlungssteuernde Bilder, Zeichnungen, verbale Anweisungen – auch selbst erteilte – haben hier ihren Platz. Auf dieser Ebene werden also einfache Handlungen wechselnden Situationen flexibel angepasst. Meyer hat bereits 1981 an Mühls Konzept des handlungsbezogenen Unterrichts kritisiert, dass Möglichkeiten der Steuerung des Schülerhandelns nicht ausdrücklich berücksichtigt werden. Ein solches

Steuerungsinstrument findet Meyer in Anlehnung an Lurija in der Sprache, deren Einfluss auf den motorischen Handlungsbereich bei Geistigbehinderten jedoch begrenzt sei (MEYER 1981, 134). Als »Ziel pädagogischer Bemühungen« leitet er daraus ab, dass »der Schüler lernt, von ihm intendierte Handlungen selbst zu verbalisieren (i. S. von ›ich will ...‹), sich selbst den sprachlichen Impuls zu geben, um bestimmte Handlungen ausführen zu können« (MEYER 1981, 135; Sperrung i. O.). Ferner weist er darauf hin, dass »die Sprache als ›Handlungshilfe‹ auch beim Aufbau elementarer Voraussetzungen für eine gezielte pädagogische Förderung eingesetzt werden kann« (MEYER 1981, 136). Meyer hebt hervor, dass er »das Unterrichtskonzept der Handlungsbezogenheit, für das es bei Geistigbehinderten sicher keine Alternative gibt«, lediglich »um einen – allerdings bislang zuwenig beachteten – elementaren Aspekt zu ergänzen« (ebd.) beabsichtigt.

Vom Konzept der Handlungsfähigkeit fordert er, dass diese Handlungsfähigkeit »als direkt zu beeinflussende Variable im pädagogischen Prozeß berücksichtigt wird« (MEYER 1981, 136), also selbst als herstellbar, als veränderbar und damit als pädagogische Aufgabe begriffen wird, was mit der Erörterung unterschiedlicher Möglichkeiten der Handlungsregulation nunmehr erfolgt.

Die sensomotorische Regulationsebene

Die sensomotorische Regulationsebene ist für die Realisierung von Bewegungsabläufen zuständig und stellt die basale Ebene der Handlungsregulation dar. Sie ist dadurch gekennzeichnet, dass relativ gleichförmige Anforderungen durch automatisierte Handlungsabläufe, die Operationen, erfüllt werden.

Auf dieser sensomotorischen Regulationsebene werden sensomotorische Fertigkeiten eingesetzt, häufig in automatisierten stereotypen Sequenzen, die als »Unterprogramme« bei der Ausführung einzelner Operationen dienen. Diese Bewegungsprogramme sind im Bewegungsgedächtnis gespeichert und nicht bewusstseinspflichtig, in ihren kinästhetischen Hauptanteilen häufig noch nicht einmal bewusstseinsfähig. Notwendige Vergleiche mit den für die jeweilige Situation optimalen Bewegungsabläufen erfolgen durch stereotype Prüfprogramme zumeist unterhalb der Bewusstseinsebene (OESTERREICH 1987, 63).

Am Beispiel des Zusammenbaus eines Bücherregals können diese Regulationsebenen konkretisiert werden.
Ausgangssituation:
Der Lehrer hat bereits das notwendige Material und Werkzeug zusammengestellt und für die Unterrichtsstunde bereitgelegt. Er hat ebenfalls eine Arbeitsanweisung verfasst, welche sowohl schriftlich als auch in Form einer Bilderfolge das Vorgehen beim Aufbau des Regals beschreibt.
Intellektuelle Regulationsebene:
Die Schüler beherrschen sowohl das Schreiben als auch das Lesen. Sie lesen die Arbeitsanweisung und bauen nach dieser Anweisung das Regal zusammen.
Perzeptiv-begriffliche Regulationsebene:
Die Schüler z. B. der Schule für Geistigbehinderte verfügen nicht über die Techniken des Schreibens und Lesens, sind jedoch in der Lage, ihre Handlungen zu versprachlichen und verstehen sprachliche Anweisungen des Lehrers. Die Schüler versuchen nun, anhand der Bilderfolge die einzelnen Arbeitsgänge zum Zusammenbau des Regals sprachlich mitzuteilen und können beim Zusammenbau zusätzlich von verbalen Anweisungen des Lehrers geleitet werden.
Sensomotorische Regulationsebene:
Die Schüler sind möglicherweise fähig zu Lautäußerungen, können verbalsprachlichen Anweisungen des Lehrers jedoch kaum oder gar nicht folgen. Sie können weder lesen noch schreiben. Der Lehrer macht den Schülern die einzelnen Arbeitsschritte vor; die Schüler vollziehen diese nach. Bei diesen Nachahmungen benötigen sie möglicherweise zusätzlich konkretes körperliches Führen durch den Lehrer zur Einsteuerung der motorischen Abläufe.

ARBEITSAUFTRAG 11.1:
Überlegen Sie sich Möglichkeiten der Handlungsregulation auf unterschiedlichen Ebenen an folgendem Beispiel »Wir backen einen Kuchen«:
Ausgangssituation: Im Vorfeld hat der Lehrer ein Kuchenrezept ausgesucht und dieses durch Hinzufügen von Abbildungen der benötigten Zutaten und der Schrittfolge zur Herstellung des Kuchens ergänzt. Der Lehrer stellt die benötigten Zutaten, das Backmaterial und das bebilderte Rezept auf dem Arbeitstisch bereit.
Bedingung 1: Die Schüler beherrschen nicht die Techniken des Lesens und Schreibens, sind jedoch in der Lage, ihre Handlungen zu versprachlichen und verstehen sprachliche Anweisungen des Lehrers.

Bedingung 2: Die Schüler beherrschen die Techniken des Lesens und Schreibens.
Bedingung 3: Die geistigbehinderten Schüler sind wohl fähig zu Lautäußerungen, können sprachlichen Anweisungen des Lehrers jedoch kaum oder überhaupt nicht folgen. Lesen und Schreiben sind unbekannt.
Benutzen Sie für Ihre Lösungsversuche bitte ein separates Blatt; wir wollten das Buch nicht durch überflüssigen Leerraum aufblähen.

Wie bereits bei Galperins Etappen der Handlungsausführung zwischen materieller, materialisierter und sprachlicher Handlung gewechselt werden kann, wenn es auf die eine Art »nicht läuft«, so kann auch zwischen den drei Ebenen der Handlungsregulation gewechselt werden, wenn dies erforderlich wird. In das Vier-Phasen-Schema der Handlung eingearbeitet, stellen sich Rubinsteins und Hackers Regulationskonzepte wie in Tab. 6 dar.

Handlungs-orientierung	**Handlungs-planung**	**Handlungs-ausführung**	**Handlungs-kontrolle**
Antriebsregulation (Rubinstein)	Ausführungsregulation (Rubinstein) • intellektuelle Handlungsregulation (Hacker) • begrifflich-perzeptive Handlungsregulation (Hacker) • sensomotorische Handlungsregulation (Hacker)		

Tab. 6: Zuordnung von Rubinsteins (1977b) und Hackers (1986) Regulationskonzepten zu Phasen der Handlung

Regulationsebenen und Lernen

Wenn ein Mensch etwas Neues lernen will, dann kann dies nur auf einer der höheren Ebenen der Handlungsregulation im Sinne von Hacker (1986) erfolgen, da erst auf dieser Ebene das Bewusstsein dauerhaft mitbeteiligt ist. *Bewusstsein* ist hier gekennzeichnet durch Aufmerksamkeit, Konzentration und Planhaftigkeit.

Der Mensch handelt bewusst aufmerksam, indem er seine Handlung fortlaufend kontrolliert. Bewusstseinsfähiges Handeln ist ab der begrifflich-perzeptiven Ebene der Handlungsregulation möglich. Dagegen erfordert eine Tätigkeit, die bereits beherrscht wird, diesen hohen Grad an Bewusstseinsbeteiligung nicht. In diesem Fall erfolgt der schon fast automatisierte Handlungsvollzug auf der sensomotorischen Ebene der Handlungssteuerung.

Lernen setzt also bewusstseinspflichtiges Handeln voraus. Dieses Handeln soll zeitlich abgrenzbar und überschaubar sein und im Unterricht mit Geistigbehinderten an die jeweiligen Möglichkeiten der Schüler angepasst werden. Bewusstes Lernen wird damit auf der begrifflich-perzeptiv gesteuerten Ebene der konkreten Tätigkeit möglich.

Teilhandlungen können wir danach unterscheiden, ob sie bewusst ausgeführt werden oder nicht, wobei ein und dieselbe Handlung auf verschiedenen Regulationsebenen ablaufen kann. Das optimale Regulationsniveau zum Lernen ist allerdings das perzeptiv-begriffliche mit seiner konkreten äußeren Tätigkeit.

Auch hierfür ein Beispiel. Ein Kind will oder soll lernen, ein Streichholz zu entzünden. Zunächst muss es seine Aufmerksamkeit (Bewusstheit) auf die Art und Weise richten, wie das Streichholz in den Fingern gehalten wird, wie man damit über die Reibfläche streicht, wie man es vorsichtig wieder von der Reibfläche wegnimmt, ohne dass die Flamme erlischt usw. Die hierfür erforderliche Handlungsregulation ist also die perzeptiv-begriffliche. Mit zunehmender Sicherheit in der Ausführung dieser Handlung wird deren Regulation zunehmend auf die sensomotorische Ebene verlagert. Ein routinierter Streichholzanzünder achtet nicht mehr bewusst auf alle diese Details. Allerdings: Wenn der Vorgang des Streichholzanzündens nicht funktioniert (etwa wegen einer abgeschabten Reibfläche, eines abgeplatzten Zündkopfs, eines gebrochenen Holzes), wird der automatisierte Ablauf unterbrochen und die Störung an das Bewusstsein weitergereicht, welches für eine neue Orientierung zu sorgen hat. Der Mensch muss zu einer höheren Regulationsebene zurückkehren.

Der Vorgang des Neu-Lernens zeichnet sich also dadurch aus, dass notwendige Regulationsvorgänge von der intellektuellen an die perzeptiv-begriffliche Regulationsebene weitergegeben werden, im Falle der Automatisierung des Neu-Gelernten von der perzeptiv-begrifflichen an die sensomotorische Regulationsebene. Das Beispiel des Versagens beim Versuch ein Streichholz zu entzünden zeigt, dass bei Bedarf auf eine höhere Ebene der Handlungsregulation zurückgekehrt werden kann. Das jeweils zum Lernen eingesetzte Regulationsniveau können wir daher auch als das Lernniveau eines Menschen ansehen.

Für unser Streichholz-Kind war das Entzünden des Streichholzes zunächst eine Handlung, bewusst und gesteuert auf perzeptiv-begrifflichem Niveau, die mit zunehmender Übung zu einer Operation auf sensomotorischem Niveau wurde. Durch Lernen werden also Tätigkeiten zu Handlungen und Handlungen zu Operationen.

Ob ein Mensch, ein Schüler, eine Aktion motorisch-routiniert als Operation, bewusst und kontrolliert als Handlung oder denkerisch-abstrakt ausführt, kennzeichnet sein auf diese Aktion bezogenes Lernniveau. Dies erlaubt uns auch Rückschlüsse auf den Lernbedarf.

Aufgaben, die oberhalb der verfügbaren Regulationsebene liegen, für die ein Mensch also noch kein passendes Handlungsprogramm zur Verfügung hat, können nur mit Hilfe gelöst werden (siehe das Regal-Beispiel).

Es gibt eine Begrenzung nach oben, nicht aber nach unten. Prinzipiell sind Handlungen auf den beiden unteren Regulationsniveaus möglich.

Eine Schülergruppe, eine Klasse, auf jeweils unterschiedlichen Regulationsebenen tätig werden und lernen zu lassen, erlauben uns konventionelle Formen des Unterrichts wie etwa der Frontalunterricht mit Lehrervortrag oder die Demonstration nicht.

Die komplexest mögliche Unterrichtsform, die uns nicht nur inhaltliche Differenzierungen, sondern auch individuum-spezifisches Handeln auf unterschiedlichen Handlungsniveaus gestattet, ist der Projektunterricht.

Es ist daher angezeigt, sich mit diesem Projektunterricht und seinen besonderen handlungsbezogenen Merkmalen zu befassen.

Leseempfehlungen zu Kapitel 11

PITSCH, H.-J. (2003a): Zur Theorie und Didaktik des Handelns Geistigbehinderter. Oberhausen; darin Abschnitt 2.6.3 »Handlungsregulation«, 130–147.

Literaturverzeichnis zu Kapitel 11

HACKER, W. (1986): Arbeitspsychologie. Psychische Regulation von Arbeitstätigkeiten. Bern, Stuttgart, Toronto

MEYER, H. (1981): Möglichkeiten zur Verbesserung der Handlungsfähigkeit Geistigbehinderter. Zeitschrift für Heilpädagogik 32, 133–136

OESTERREICH, R. (1987): Handlungspsychologie, Kurseinheit 1: Handlungsregulationstheorie. Hagen: FernUniversität, Studienbrief 3275-2-01-S1

RUBINSTEIN, S. L. (1977b): Sein und Bewußtsein. Die Stellung des Psychischen im allgemeinen Zusammenhang der Erscheinungen in der materiellen Welt. 8. Aufl., Berlin (DDR)

12 Projektunterricht

Das Projekt

Der Projekt-Begriff ist nach Frey bereits in der Mitte des 18. Jahrhunderts »an den Kunstakademien Italiens und Frankreichs« (1998, 37) gebraucht worden und von dort aus Anfang des 19. Jahrhunderts in die damals in Europa und den USA entstandenen technischen Hochschulen eingezogen. In den USA habe Woodward um 1880 den Projektbegriff im Zusammenhang mit tatsächlich ausgeführten Arbeiten eingeführt. »Der Schüler müsse sich mit einer wirklichen Aufgabe auseinandersetzen, indem er seinen eigenen Plan und den Weg zu seiner Ausführung in allen Einzelheiten selber ausarbeitet. Diese Art von Werkarbeit, bei der es um die Lösung von Aufgaben geht, bezeichnete Richards mit dem Begriff ›Projekt‹« (BOSSING 1967, 133).

Die besondere Betroffenheit der Schüler und deren besondere Motivation akzentuiert Kilpatrick in seiner Definition des Projekts als »aus ganzem Herzen Gewolltes, von einer Absicht erfülltes Handeln [...], das sich in einer sozialen Umgebung vollzieht, oder kürzer, im Hinblick auf das einheitliche Element solcher Tätigkeit, als ernsthaftes, absichtsvolles Tun« (nach BOSSING 1967, 137).

Damit nähert sich Kilpatrick der uns geläufigen Definition der Handlung. Noch näher kommt er mit seiner

Definition von 1921, in welcher er das Projekt beschreibt als »jedes von einer Absicht geleitetes Sammeln von Erfahrungen, jedes zweckgerichtete Handeln, bei dem die beherrschende Absicht als innerer Antrieb (1.) das Ziel der Handlung bestimmt, (2.) ihren Ablauf ordnet und (3.) ihren Motiven Kraft verleiht« (nach BOSSING 1967, 138).

Inhaltlich gleich, lediglich mit anderen Worten, definieren die Vertreter der Kulturhistorischen Schule menschliche Handlung.

Damit sind Projekte praktische Aufgaben mit einem gegenständlichen Ergebnis, eine »neue Grundform«, die Kron »Projektunterricht« nennt, aber auch »handlungsorientierten Unterricht« (1994, 275), »eine offene Unterrichtsarbeit [...], in der Schüler und Schülerinnen handlungsbezogen, gesellschaftsorientiert und selbstbestimmt an einem vorgegebenen Sachverhalt in einer bestimmten Zeit arbeiten« (ebd.).

Projektarbeit erfordert »die Beteiligung aller an der Festlegung der Ziele« und kann »die Form des entdeckenden oder forschenden Lehrens und Lernens annehmen« (KRON 1994, 276), wodurch Projekte nur eingeschränkt planbar werden.

Sie fordern »eine gewisse Offenheit des Arbeitens in die Zukunft« (ebd.) und können sich bei ihrer Bearbeitung nur selten auf die eingeführten traditionellen Lehrbücher stützen.

Bezüglich der Lehr- und Lernmethoden geben Projekte keinerlei Einschränkungen vor. »Methoden sind eher als ein Denken zu verstehen, Probleme zunächst einmal zu erkennen und zu formulieren. Daher ist die Fähigkeit, kognitives Lernen zu realisieren, eine unbedingte Voraussetzung zum Gelingen eines Projekts« (KRON 1994, 276). Geordnetes Denken und Arbeiten wird also gefordert ebenso wie die persönliche und/oder gemeinsame Betroffenheit.

Kron betont jedoch auch, dass das Projekt kein absoluter Gegensatz zum Lehrgang ist, denn »in einem Projekt können also Fähigkeiten sinnbezogen eingesetzt werden, die im Lehrgang erworben worden sind« (KRON a.a.O.). Ebenso wenig begrenzt ein Projekt den Einsatz der unterrichtlichen Medien.

Unter Umständen kann es erforderlich sein, im Projektverlauf eine zusätzliche Lernphase dazwischenzuschalten, in welcher der Umgang mit einem notwendigen Medium erst erlernt werden muss. Ebenso werden die traditionellen Rollenverteilungen in Schulklassen verändert; für die Projektbearbeitung definieren die Teilnehmer ihre Rollen selbst.

Schritte und Merkmale nach Gudjons

Die von Gudjons (1992) entwickelte Systematik von Schritten und Merkmalen eines Projekts orientiert sich einerseits theoretisch an Dewey und dessen Philosophie des Pragmatismus. Zum anderen entwickelte sich diese Systematik als Ergebnis der Analyse durchgeführter Projektbeispiele. Aus diesen beiden Quellen analysiert Gudjons vier Projektschritte mit zehn Merkmalen heraus.

Projektschritt 1: Eine problemhaltige Sachlage auswählen, die für den Erwerb von Erfahrungen geeignet ist

Merkmal 1: Der Situationsbezug

Die ausgewählte Sachlage soll für die Aneignung von Erfahrungen geeignet sein und sie an die bisherigen Erfahrungen der Schüler leicht anknüpfen können. Zum anderen muss die Situation so neuartig sein, dass sie eine echte Herausforderung darstellt.

Eine Situation umfasst eine Fülle von Aspekten. Ein Projekt schließt Aspekte ein, die weit über das eigentliche Thema hinausreichen. So geht es z. B. beim Projektthema »Küchenarbeit« nicht nur um den Erwerb motorischer Fertigkeiten, sondern darüber hinaus um die Aneignung sozialer, kognitiver und psychischer Fähigkeiten. Dies ist eher zu erwarten, wenn das Projekt für unsere Schüler persönlichen Sinn ergibt. Sinnbezug meint aber auch, dass die Fragestellung des Projekts mit dem wirklichen Leben zu tun hat. Damit ist das Prinzip der »Angepasstheit« angesprochen, welches aber auch die Berücksichtigung des jeweiligen Entwicklungs- und Kenntnisstands der Schüler meint.

Merkmal 2: Die Orientierung an den Interessen der Beteiligten

Das Projektthema soll sich an den Interessen und Bedürfnissen der Beteiligten orientieren, sowohl an denen der Schüler als auch an denen der Lehrer.

Da Interessen nicht immer sofort vorhanden sind oder artikuliert werden können, muss ein projektorientierter Unterricht zunächst die Interessen der Schüler wecken, z. B durch vorangegangene Handlungserfahrungen. Bei der Wahl des Projektthemas sollen die Schüler mit einbezogen werden:

Vor Projektbeginn haben die Schüler die Möglichkeit, in einem längerfristigen Prozess ihre Interessen und Erfahrungen einzubringen, zu diskutieren und zu vergleichen.

Anschließend nimmt jeder Stellung zum Themenvorschlag und äußert sein Einverständnis und seine Bereitschaft zum Mitwirken bis zum Schluss.

Merkmal 3: Gesellschaftliche Praxisrelevanz

Die Auswahl der Inhalte eines Projekts sollte sich an dem Kriterium orientieren, »das Leben der Gemeinschaft, der wir angehören, so zu

beeinflussen, daß die Zukunft besser wird, als die Vergangenheit war« (DEWEY 1916; nach GUDJONS 1992, 70), also lebensnah und zukunftsbezogen sein. Lebensnähe meint, dass genau das Bildungsgut vermittelt werden soll, das der Geistigbehinderte in seinem späteren Leben benötigt.

Nahe ist dem Kind seine ganz persönliche alltägliche Erlebniswelt. Mit ihr, »also mit Vertrautem«, hängen »größere Zusammenhänge [...] selbstredend immer irgendwie [...] zusammen« (VESTER 1993, 142). Projekte haben bei Gudjons absoluten Ernstcharakter: »Projektunterricht muß ernstzunehmender Unterricht sein, nicht Spielwiese für frustrierte Schüler und ausgebrannte Lehrer, sonst wird auch diese wichtige Reformbewegung – einer Mode gleich – vergehen« (GUDJONS 1992, 67).

ARBEITSAUFTRAG 12.1:
Projektschritt 1 entspricht somit welcher Handlungsphase?

Projektschritt 2: Gemeinsam einen Plan zur Problemlösung entwickeln

Merkmal 4: Zielgerichtete Projektplanung

Für Kilpatrick, welcher in seiner Definition des Projektbegriffs das »planvolle Handeln« in den Mittelpunkt stellt, ist das gemeinsame Planen die beste Vorbereitung auf eine demokratische Gesellschaft. Dieser nächste Schritt im Projektablauf besteht in der gemeinsamen Entwicklung eines Plans zur Lösung des Problems oder zum Erreichen des Ziels durch Schüler und Lehrer, mit Galperin in der Erarbeitung einer Orientierungsgrundlage. Der Plan legt im Vorfeld bereits einiges fest: die Abfolge der Arbeitsschritte, die einzelnen Tätigkeiten, das Verteilen von Aufgaben, die Zeit, das Endprodukt und die Auswertung des Projekts.

Merkmal 5: Selbstorganisation und Selbstverantwortung

Im Projektunterricht werden die Schüler bereits auf der Ebene der Projektplanung zur Selbstorganisation und zur Selbstverantwortung ermutigt.

Dies schließt jedoch keinesfalls die vorausgehende Planung des Lehrers aus.

ARBEITSAUFTRAG 12.2:
Projektschritt 2 entspricht der Handlungsphase ...

Projektschritt 3: Sich mit dem Problem handlungsorientiert auseinandersetzen

Handelnde Auseinandersetzung ist Tätigkeit. Bewegung, Tätigkeit, Handeln soll den Aneignungsprozess der Schüler kennzeichnen.

Alle Lerninhalte, so fordert bereits Josef (1974), sollen in dieser Form vermittelt werden, die eigene Tätigkeit (»Selbsttätigkeit«) der Schüler fordert. Grampp schlägt vor, vom »Prinzip der Selbständigkeit« zu sprechen (1980, 98). »Selbständigkeit geht dabei weit über Selbsttätigkeit hinaus, da sie sich nicht mehr nur auf *Selbst-Tun*, also motorische Fähigkeiten bezieht, sondern *Selbst-Entscheiden, Selbst-Auswählen, Selbst-Bestimmen* u. Ä. als kognitive Fähigkeiten einschließt« (GRAMPP 1980, 99; H. d. Verf.) »Nur durch eigenes Tun wird es möglich, sich die äußere Wirklichkeit einzuverleiben« (SPECK 1993, 239). Breitenbach (1996) betont die Bedeutung ausreichender gesamtkörperlicher Bewegungsmöglichkeiten und weist darauf hin, dass über handelndes Lernen »zudem das taktil-kinästhetisch-vestibuläre Verarbeitungssystem in den Lernprozess miteinbezogen« wird: »Bewegungsreize sind Weckreize, mit deren Hilfe wir unsere Aufmerksamkeitssteuerung und unseren Wachheitsgrad positiv beeinflussen können« (BREITENBACH 1996, 417).

Merkmal 6: Einbeziehen vieler Sinne

Nach der Auswahl eines Themas/Inhalts und der Projektplanung soll es anschließend zu einer handlungsbezogenen Auseinandersetzung mit dem Thema kommen.

Im Projektunterricht wird gemeinsam etwas getan unter Einbeziehen des Kopfes, der Gefühle und möglichst vieler Sinne sowie der Hände. Vor allem sollen körperliche und geistige Arbeit wiedervereinigt werden, wie es z. B. im Spiel, beim Fest, in der Aktion, beim Brotbacken möglich ist.

Diese Forderungen Gudjons' entsprechen wiederum einem altbekannten sonderpädagogischen Prinzip, dem der »Allsinnigkeit«. Dabei ist die Sprache zwingender Bestandteil jeder tätigen Aneignung, worauf im Anschluss an Galperin insbesondere Jantzen (1990, 281) aufmerksam gemacht hat. Speck fasst diese Notwendigkeit im *Prinzip des aktionsbegleitenden Sprechens* (1977, 119). Noch breiter geht Speck (1993, 245–247) auf diese Notwendigkeit der Kopplung von gegenständlicher Tätigkeit und Sprechtätigkeit ein. Aus neurobiologischer Sicht fordert auch

Vester, »den Lernstoff über möglichst viele Eingangskanäle« anzubieten, einzuprägen und zu verarbeiten. »Je mehr Wahrnehmungsfelder im Gehirn beteiligt sind, desto mehr Assoziationsmöglichkeiten für das tiefere Verständnis werden vorgefunden, desto größer werden Aufmerksamkeit und Lernmotivation, und desto eher findet man die gelernte Information wieder, wenn man sie braucht« (VESTER 1993, 142–143).

Merkmal 7: Soziales Lernen

Im Projektunterricht wird nicht nur miteinander, sondern auch voneinander gelernt. Mitarbeit, Zusammenarbeit und gegenseitiges Helfen sind gefragt. Soziales Lernen wird so zum entscheidenden Merkmal.

Die gemeinsame Entwicklung eines organisatorischen Rahmens für unterschiedliche Tätigkeiten der Projektteilnehmer fordert gegenseitige Rücksichtnahme. Die Bezogenheit aller auf eine Sache führt zur Kommunikation der Schüler untereinander und mit dem Lehrer. Gemeinsames Tätigsein lässt den Verzicht auf Kooperation nicht mehr zu.

ARBEITSAUFTRAG 12.3:
Projektschritt 3 entspricht der Handlungsphase ...

Projektschritt 4: Die erarbeitete Problemlösung an der Wirklichkeit überprüfen

Merkmal 8: Produktorientierung

Am Ende eines Projekts steht nicht ein »mit Stoff angefüllter Schülerkopf« (GUDJONS 1992, 75), sondern ein Produkt, das wertvoll, nützlich, wichtig ist, für den einzelnen wie für die ganze Lerngruppe.

Die Ergebnisse eines Projekts haben Gebrauchs- und Mitteilungswert. Die Ergebnisse werden öffentlich, d. h. der Kenntnisnahme, der Beurteilung und der Kritik anderer, zugänglich gemacht, ob es sich dabei um Aktions- und Kooperationsprodukte (z. B. Mitarbeit in einer außerschulischen Gruppe) handelt, um Vorführungs- und Veranstaltungsprodukte (z. B. Theaterstück), Dokumentationsprodukte (z. B. Broschüre), Ausstellungsprodukte (z. B. Wanderausstellungen) oder Gestaltungsprodukte (z. B. Spielplatzgestaltung).

Merkmal 9: Interdisziplinarität

Projektunterricht ist fächerübergreifend, jedoch auch im Fachunterricht möglich. Es geht darum, ein Problem in seinem komplexen Le-

> benszusammenhang zu begreifen und die verschiedenen Fachdisziplinen zu befragen, was sie zur Lösung jeweils beitragen können.

Hiermit ist auch die Arbeitsform des Team-Teaching angesprochen. Team-Teaching beschreibt in der Schule für Geistigbehinderte in der Regel die Zusammenarbeit von Lehrern und Assistenten wie z. B. Fachkräften, Praktikanten, Zivildienstleistenden, Helfern im Freiwilligen Sozialen Jahr usw.

Merkmal 10: Grenzen des Projektunterrichts

> Wenn Lernen in der natürlichen Lebenswelt und im Vollzug des Lebens nicht mehr ausreicht, um Erkenntnisse und Fertigkeiten zu vermitteln, dann setzt die Vermittlung in Form des systematisch, methodisch geplanten Unterrichts ein.

Im Projektunterricht ist die Ergänzung durch Elemente des Lehrgangs nötig, um eigene Erfahrungen in einen systematischen Zusammenhang zu bringen und vorhandenes Wissen mit eigenen Erkenntnissen zu vergleichen. Nicht alles, was in der Schule gelernt werden soll, ist in Projekten vermittelbar; von daher ist der Projektunterricht auf die Ergänzung durch den eher systematisch aufgebauten Lehrgang angewiesen.

> ARBEITSAUFTRAG 12.4:
> Projektschritt 4 entspricht dann der Handlungsphase ...

> ARBEITSAUFTRAG 12.5:
> Sie haben sicherlich festgestellt, dass Projektarbeit weit über individuelles Handeln hinausgeht. Notieren Sie dazu einige Stichworte.

Projektorientiertes Lernen bei Geistigbehinderten

> Geistigbehinderte Menschen zeigen besondere Lernvoraussetzungen, die es gilt, bei der Aufbereitung von Lerninhalten und der Auswahl der einzusetzenden Methoden im Unterricht zu berücksichtigen, damit es zu einem möglichst sinnvollen Lernen kommt.

Die Lebenswirklichkeit geistigbehinderter Menschen und die damit einhergehenden Schwierigkeiten haben dazu geführt, möglichst früh an die konkrete Lebenswirklichkeit anzuknüpfen und den Unterricht in Form einer »Einübung in die Realität« (SPECK 1977) zu gestalten. Die besonderen Lernschwierigkeiten geistigbehinderter Menschen ermöglichen ihnen meist nicht, erlernte Fähigkeiten von sich aus in neuen, veränderten oder ähnlichen Situationen anzuwenden. Nur wenigen gelingt es, erlernte Fähigkeiten und Fertigkeiten in einer neuen Situation zusammenzufügen, um sich in dieser erfolgreich zurechtzufinden. »Diese beim Geistigbehinderten erschwerte Übertragung ist in besonderer Weise anzubahnen und zu üben. Häufige Wiederholungen in Verbindung mit leicht abgewandelten Lerngegenständen bzw. Situationen sind dazu nötig« (SPECK 1977, 119), sichernde Wiederholungen, die im klassischen Projektunterricht so nicht ausdrücklich vorgesehen sind.

Es ist unerlässlich, auch in der Schule an der Lebenswirklichkeit zu lernen und das Gelernte praktisch anzuwenden, damit geistigbehinderte Schüler besser in die alltägliche Lebenswirklichkeit eingeführt werden. Aufgabe der Lehrer ist es, solche Unterrichtsmethoden auszuwählen, welche es ermöglichen, die vereinzelt gelernten Fähigkeiten zusammenzubinden und in lebensnahen Situationen anzuwenden. Ein solches methodisches Modell ist der Projektunterricht.

> Vom geistigbehinderten Schüler wird keineswegs verlangt, dass er alle Teilschritte eines Projekts ausführen kann; es genügt vielmehr die Beteiligung und die Mitwirkung an Projektausschnitten. Ziel ist es, dass der Schüler am Projekt mitwirkt und bereit ist, Teilarbeiten zu übernehmen.

Auf diese Teilhabe hat Feuser (1989; 1995) aufmerksam gemacht. In projektähnlichem bzw. handlungsorientiertem Unterricht werden die Schüler in der Form der Arbeitsteilung tätig, so dass sich die Individualisierung auch auf die Tätigkeitsinhalte und -anteile bezieht.

So inflatorisch, wie die Verwendung der Bezeichnung »Projekt« geworden ist, so vielfältig und unterschiedlich komplex wie zeitaufwändig sind die unterrichtlichen Vorhaben, die »Projekt« oder »projektorientiert« genannt werden. Sie reichen vom klassenübergreifenden Unterricht in der Schule für Geistigbehinderte über die Zubereitung eines Frühstücks bis zur Planung einer Kaffeestube für einen Tag der offenen Tür. Gudrun Schmitz betont allerdings: »Projektarbeit ist nur sinnvoll für Schüler, die über einen längeren Zeitraum auf ein Ergebnis hinarbeiten können« (1981, 514) und bietet uns damit ein Kriterium zur Abgrenzung eines Projekts von Unterrichtsvorhaben mit kürzerer zeitlicher Erstreckung wie z. B. der Handlungseinheit (FISCHER 1999) oder »projektorientiertem«, »handlungsorientiertem«, »handlungsbezogenem«, »situationsorientiertem«, »offenem« oder »alternativem« Unterricht.

ARBEITSAUFTRAG 12.6:
Jetzt haben wir endlich wenigstens ein Kriterium gefunden, mittels dessen wir projektorientierten Unterricht mit Geistigbehinderten von der individuellen Handlung einerseits wie vom klassischen Projektunterricht andererseits abgrenzen können.

Projektlernen erfordert Handeln

Projektunterricht wie auch jede sonstige Unterrichtsgestaltung in der Schule für Geistigbehinderte muss sich am Lernverhalten der Schüler orientieren. Angesichts dieser speziellen Lernvoraussetzungen erscheint die Gudjonssche Konzeption des Projektlernens für die Schule für Geistigbehinderte als zu anspruchsvoll.

Gudjons' Neufassung des Projektbegriffs beinhaltet als eines der zentralen Kennzeichen die Handlungsorientierung (Projektschritt 3). Innerhalb eines Projekts wird der Schüler dazu geführt, sich handelnd mit der ausgewählten Sachlage auseinander zu setzen, d. h. konkret etwas zu tun.

Die Handlung ist der Teil menschlicher Tätigkeit, der sich durch die höchste Beteiligung des Bewusstseins auszeichnet. Daher sollte grundsätzlich jedes neue Lernen als Handlung organisiert sein. Im Unterricht kann Handeln als ein Instrument eingesetzt werden, damit Lernprozesse zustande kommen: Indem wir etwas tun, lernen wir.

Voraussetzungen zum Projektunterricht

Weiter vorne ist das Konzept des Projektunterrichts in seiner »Hochform« dargestellt worden (vgl. auch PITSCH 2002a, 130–148). Projektunterricht fordert vom Schüler den Einsatz solcher psychischer Funktionen bzw. Fähigkeiten, wie sie für Handeln grundsätzlich erforderlich sind. Diese Funktionen und Fähigkeiten sind zu beschreiben als

- Zielfindung und Zielentscheidung;
- Handlungswissen als Sach- und Prozesswissen;
- Volition, Aufmerksamkeit, Konzentriertheit, Willen;
- Motive, Motivation, Interessen;
- Gedächtnis;
- Planung;
- Handlungssteuerung, Handlungskontrolle;
- Begriffsbildung;
- Problemlösen;

- Vorstellung und prospektives Denken;
- Beurteilen und Bewerten;

  usw.

Geistigbehinderte sind sehr wohl in der Lage zu handeln. Der Erzieher sollte auch Zeit verwenden, um »Geistigbehinderten zu helfen, ihre geistigen Fähigkeiten zu entwickeln und ihre Denkmöglichkeiten einzusetzen« (MIESSLER/BAUER 1994, 16). Diesen Einsatz von Denkmöglichkeiten verstehen wir hier als Planung und Steuerung des Handelns.

Folgerungen aus dem Projektunterricht

Aus den Überlegungen von Gudjons (1992) zum Projektunterricht allgemein wie denen von Fischer u. a. (1979) zum Projektunterricht mit Geistigbehinderten ergeben sich weitgehend übereinstimmende Merkmale, die sich den vier Komponenten der Handlung wie folgt zuordnen lassen (vgl. Tab. 7):

Handlungs-orientierung	**Handlungs-planung**	**Handlungs-ausführung**	**Handlungs-kontrolle**
Probleme erkennen (Gudjons); Situationen erkennen (Fischer u. a.); Bedingungs-faktoren von (Problem-) Situationen erkennen und einschätzen (Fischer u. a.); Probleme auswählen (Gudjons).	Plan zur Problemlösung entwickeln • zielorientiert • selbstständig (Gudjons); Entscheiden (Fischer u. a.); Verfügen über Handlungswissen (Fischer u. a.); Planen (Fischer u. a.).	Entwickelten Plan abarbeiten • multisensoriell • in Abstimmung mit anderen (Gudjons); Handlungs-steuerung • zielorientiert • flexibel (Fischer u. a.).	Erarbeitete Problemlösung prüfen • im Ergebnis = summativ (Gudjons; Fischer u. a.), • im Vollzug der Tätigkeit = formativ (Fischer u. a.); Kritik ertragen (Fischer u. a.)

Tab. 7: Beiträge des Projektunterrichts zu Komponenten der Handlung

Hieraus lassen sich Lernaufgaben ableiten, die zunächst als umfassende Bereiche zu beschreiben sind (vgl. Tab. 8):

Handlungs-orientierung	**Handlungs-planung**	**Handlungs-ausführung**	**Handlungs-kontrolle**
Probleme erkennen Situationen erkennen Bedürfnisse erkennen Etwas wollen Neugier entwickeln Aufmerksamkeit Wachheit	Planen lernen Vorausschauen-des Denken Kreativität entwickeln Lösungswege suchen Auswählen Beurteilen, Bewerten, Entscheiden	Selbstinstruktion /intellektuelle Regulation begrifflich-perzeptive Regulation sensomotorische Regulation • manuelle Fertigkeiten • funktionelle Systeme • motorische Routinen	Vergleichen, Beurteilen und Bewerten Bewertungen (Kritik) abgeben. Bewertungen (Kritik) ertragen.

Tab. 8: Aus den Anforderungen des Projektunterrichts abgeleitete Lernaufgaben

Unterricht in der Schule für Geistigbehinderte, wenn er das Ziel der Förderung der Handlungsfähigkeit seiner Schüler verfolgt, hat diese Voraussetzungen zu schaffen.

Leseempfehlungen zu Kapitel 12

DEWEY, J. (1994): Erziehung durch und für Erfahrung. Eingeleitet, ausgewählt und kommentiert von H. SCHREIER. 2. Aufl., Stuttgart

FEUSER, G. (1989): Allgemeine integrative Pädagogik und entwicklungslogische Didaktik. Behindertenpädagogik 28, H. 1, 4–48

FREY, K. (1998): Die Projektmethode. Der Weg zum bildenden Tun. 8. Aufl., Weinheim, Basel

GUDJONS, H. (1992): Handlungsorientiert Lehren und Lernen. Schüleraktivierung – Selbsttätigkeit – Projektarbeit. 3. Aufl., Bad Heilbrunn/Obb.

Literaturverzeichnis zu Kapitel 12

BOSSING, N. L. (1967): Die Projekt-Methode. In: NOHL, H.; WENIGER, E.; GEISSLER, G. (Hg.): Das Problem der Unterrichtsmethode (Kleine Pädagogische Texte, Heft 18). Weinheim, Berlin, 133–167

BREITENBACH, E. (1996): Auf neuen Pfaden zu alten (sonder-)pädagogischen Prinzipien. Neuropsychologische Aspekte von Lernen und Lernstörungen. Zeitschrift für Heilpädagogik 47, 408–419

FEUSER, G. (1989): Allgemeine integrative Pädagogik und entwicklungslogische Didaktik. Behindertenpädagogik 28, H. 1, 4–48

FEUSER, G. (1995): Behinderte Kinder und Jugendliche. Zwischen Integration und Aussonderung. Darmstadt

FISCHER, D. (1999): Eine methodische Grundlegung (Reihe: Neues Lernen mit Geistigbehinderten). Neuaufl., Würzburg

FISCHER, D.; MEHL, M.; SCHREBLER, R.; VOLLMUTH, I. (1979): Wir lernen in der Küche (Reihe: Neues Lernen mit Geistigbehinderten). Würzburg

FREY, K. (1998): Die Projektmethode. Der Weg zum bildenden Tun. 8. Aufl., Weinheim, Basel

GRAMPP, G. (1980): Über die Notwendigkeit heilpädagogischer Prinzipien. Lebenshilfe 19, H. 2, 96–100

JANTZEN, W. (1990): Allgemeine Behindertenpädagogik. Band 2: Neurowissenschaftliche Grundlage, Diagnostik, Pädagogik und Therapie. Weinheim, Basel

JOSEF, K. (1974): Lernen und Lernhilfen bei geistig Behinderten. 3. Aufl., Berlin

KRON, F. W. (1994): Grundwissen Didaktik. 2., Verb. Aufl. München, Basel

MIESSLER, M.; BAUER, I. (1994): Wir lernen denken (Reihe: Neues Lernen mit Geistigbehinderten). 4. Aufl., Rheinbreitbach

PITSCH, H.-J. (2002a): Zur Didaktik und Methodik des Unterrichts mit Geistigbehinderten. 3. Aufl., Oberhausen

SCHMITZ, G. (1981): Projektorientierter Unterricht in der Werkstufe der Schule für Geistigbehinderte. Zeitschrift für Heilpädagogik 32, 513–515

SPECK, O. (1993): Menschen mit geistiger Behinderung und ihre Erziehung. 7. akt. u. erg. Aufl. München, Basel

SPECK, O.; THALHAMMER, M. (1977): Die Rehabilitation der Geistigbehinderten. 2. Aufl., München, Basel

VESTER, F. (1993): Denken, Lernen, Vergessen. 20. Aufl., München

13 Handlungsorientierter Unterricht – zum Zweiten

Unterricht in der Schule für Geistigbehinderte, wenn er das Ziel der Handlungsfähigkeit seiner Schüler verfolgt, hat diese Voraussetzungen zu schaffen, die wir am Ende des vorigen Kapitels benannt haben.

> Schüler lernen Handeln dann am effektivsten, wenn sie es in der Realität unter der Aufsicht und dem Schutz des Lehrers erproben können. Insoweit handelt es sich zunächst um ein *Lernen zu handeln*, welches unmerklich in ein *Lernen durch Handeln* übergeht.

Mühls Konzept des Handlungsbezogenen Unterrichts dient der Erfüllung dieser Forderungen, ohne jedoch den dynamischen Aspekt der Entwicklung von Handlungsfähigkeiten ausreichend zu thematisieren.

Themenfindung und Themenbereiche

Jede Form des handlungsorientierten Unterrichts ist auf die Berücksichtigung der Bedürfnisse der Schüler verwiesen. Deren Interessen sind einzubinden sowie deren Probleme und Erfahrungen. Vordringlich soll Handlungsorientierter Unterricht jedoch dazu dienen, den Schülern zu einer bewussteren Wahrnehmung ihrer Umwelt zu verhelfen. Dabei sind deren »recht unterschiedliche Erfahrungen zum Ausgangs- und Mittelpunkt didaktischer Entscheidungen zu nehmen,

- da sie eine hohe Motivation für die meisten Schüler und damit effektive schulische Lernerfahrungen garantieren,
- um sie, da sie die Schüler unmittelbar betreffen, aufzuarbeiten und damit den Schülern Orientierung zu vermitteln und
- da sie die Vorbereitung auf ein Leben gewährleisten, das die Schüler unmittelbar betrifft und später erwartet« (MÜHL 1979, 90).

> Handlungsbezogener Unterricht zielt damit auf Lebenssituationen, die nach folgenden Kriterien auszuwählen sind:
> - Die auszuwählenden Situationen müssen keineswegs für alle Schüler idealtypisch sein. Sie sollen vielmehr »für die Kinder einer Gruppe von unmittelbarer Bedeutung sein« (MÜHL 1979, 111).
> - Es soll sich um Situationen mit hohem Erwartungswert handeln, die in Gegenwart und Zukunft häufig eintreten.
> - Diese Situationen »sollen von den Schülern beeinflußbar sein, sol-

len alternatives Handeln zulassen und eine Vielfalt sozialer Qualifikationen ansprechen« (MÜHL a.a.O.).
- Situationen, »in denen die Handlungsfähigkeit der Kinder eingeschränkt ist, weil sie unterdrückt, überfordert, geängstigt werden oder starre Verhaltensmuster anwenden« (MÜHL a.a.O.), sollen keineswegs gemieden werden.

Gerade das letzte Kriterium weist darauf hin, dass auch geistigbehinderte Schüler keineswegs vor Belastungen, Widerständen, möglichen Enttäuschungen um jeden Preis bewahrt werden sollen. Gerade die Forderung nach Realitätsnähe gebietet auch die Einbeziehung von Stressfaktoren, denn »dem Streben nach Realitätsnähe im Situationsansatz liegt die Annahme zugrunde, daß sich ein Kind, das in geschützter Wirklichkeit handelt, daraus unmittelbare Lernerfahrungen gewinnt und sie zu Regeln und Strategien koordiniert« (MÜHL 1979, 113).

Die Auswahl der für handlungsbezogenen Unterricht geeigneten Themen ordnet Mühl in nachfolgenden »Situationsfeldern« (1979, 114), die wir mit Pfeffer (1982) auch »Handlungsfelder« nennen können:
- Familie,
- Wohnen,
- Speisen und Getränke,
- Fest und Feier,
- Schule,
- Verkehr,
- Konsum,
- Öffentlichkeit (Versorgungseinrichtungen, Verwaltung, kulturelle Institutionen),
- Natur,
- Arbeit/Beruf,
- Freizeit/Urlaub,
- Zeitliche Orientierung.

Zu jedem dieser Handlungsbereiche gibt Mühl eine Reihe detaillierterer Themenhinweise (vgl. MÜHL 1979, 115–119). Diese Handlungsfelder lassen sich, ähnlich wie die unterschiedlichen Formen von Projekten, mehreren Großbereichen zuordnen:

Lebenspraktische Vorhaben sind seit jeher typisch für den Unterricht in der Schule für Geistigbehinderte und umfassen insbesondere Selbstversorgung und Hauswirtschaft.

Erkundungs- und Orientierungsvorhaben sollen vor allem Neugier wecken, Entdeckungs- bzw. Untersuchungsverhalten hervorrufen. Objekte bieten sich in der vorhandenen natürlichen Umgebung an, die zum Zwecke des Kennenlernens aufgesucht werden muss.

Kontakt- und Unterhaltungsvorhaben erfordern gemeinsame Tätigkeit der Klasse, z. B. bei Vorbereitung und Durchführung von Festen, Feiern, Ausflügen, Fahrten, Spielen.

Veränderungs- und Gestaltungsvorhaben betreffen auch traditionelle Unterrichtsbereiche wie den Werkunterricht, das textile Gestalten, das Konstruieren. Darüber hinaus zielen solche Vorhaben »aber auch auf Veränderungen in der Umgebung des Schülers, seien es nun Veränderungen im eigenen Klassenzimmer oder auf dem Schulgelände, seien es Veränderungen, die die eigene soziale Situation z. B. in der Schule betreffen« (MÜHL 1979, 121).

ARBEITSAUFTRAG 13.1:
Damit sind Sie jetzt in der Lage, solche Unterrichtsinhalte zu benennen, die wir kaum oder in keinem Fall handlungsorientiert erarbeiten können. Nennen Sie einige Beispiele.

Planung für handlungsorientierten Unterricht

Handlungsorientierter Unterricht kann nicht derart strukturiert geplant werden wie traditionellere Unterrichtsformen. Es ist eher von einer »offenen« Planung zu sprechen, welche Ziele veränderbar gestaltet und ebenso die Wege zum Erreichen der Ziele veränderbar und anpassungsfähig lässt.

Die Schüler sollen dabei mit solchen Themen konfrontiert werden, die ihren eigenen Erfahrungen, Ansprüchen und Interessen entsprechen; aber auch spontane Anlässe aus dem Leben der Schüler sollen aufgegriffen werden. Dabei dürfen die Vorgaben der Lehrpläne nicht völlig außer Acht gelassen werden. Es geht vielmehr darum, spontane Anlässe und bedürfnisorientierte Themen in ihrer Ausführung so zu gestalten, dass die Lernergebnisse mit den Vorgaben der Lehrpläne noch einigermaßen in Deckung zu bringen sind.

Handlungsorientierter Unterricht ist somit nicht in jedem Detail planbar, aber in der großen Linie.

Wenn handlungsorientierter Unterricht jedoch nicht nur der Ausführung von Handlungen und der Aneignung reiner Sachverhalte durch die Schüler dienen soll, sondern auch – und wir meinen, dies erst konstituiert den Handlungs-Anspruch – der Förderung der Handlungskompetenz unserer Schüler, dann ist deren Beteiligung an allen Phasen des Handelns mit zu planen, und dann sind in die Planung unterrichtliche Möglichkeiten mit einzubauen, wie im Detail Handlungsfähigkeit verbessert werden kann. Ohne diesen Förderanspruch besteht die Gefahr, dass auch »Handeln« auf dem Niveau reiner Beschäftigung oder eines unpädagogischen Aktionismus verbleibt.

ARBEITSAUFTRAG 13.2:
Das Hinmalen von Buchstaben mit Hilfe einer Schablone oder das Hin- und Herschieben von aus Karton ausgeschnittenen Buchstaben nach einer Vorlage erfordert zwar Tätigkeit der Schüler, erfüllt aber keineswegs die Ansprüche an eine Handlung. Versuchen Sie einmal, sich ein Unterrichtsarrangement auszumalen, in dem die Schüler die gleichen Tätigkeiten bewusst, gewollt und zielorientiert ausführen.

Schwierigkeiten macht allerdings die minutiöse Kontrolle der Lernerfolge der einzelnen Schüler. Handlungsorientierter Unterricht bringt es mit sich, »daß Unterrichtsbewertungen und Effektivitätsüberprüfungen nur unter Berücksichtigung des Handlungszusammenhanges und langfristig vorgenommen werden können« (MÜHL 1979, 141), wobei neben der Ergebniskontrolle der Überprüfung der Lernprozesse besonderes Gewicht zukommt.

Phasenstruktur des handlungsorientierten Unterrichts

Wie der Projektunterricht läuft auch der etwas bescheidener daherkommende Handlungsorientierte Unterricht in deutlich unterscheidbaren Abschnitten ab, die mit den Phasen der Handlung perfekt übereinstimmen:

1 Zielentscheidung, Zielsetzung, Zielformulierung

Insbesondere in der Schule für Geistigbehinderte ist die Zielsetzung in erster Linie vom Lehrer abhängig. Dieser hat jedoch den Schülern die Ziele »einsichtig zu machen«, und dies aus zumindest drei Gründen (MÜHL 1979, 143):

- Ein Schüler, der das Unterrichtsziel nicht kennt, weiß auch nicht, »was im Unterricht getan werden soll« (MÜHL a.a.O.).
- Erst in Kenntnis des Ziels können sich Schüler an der Planung und Organisation des Vorhabens beteiligen. Diese Beteiligung jedoch stärkt ihr Selbstbewusstsein durch die Möglichkeit, ihre eigenen Kenntnisse, Erfahrungen, Vermutungen mit einbringen zu können.
- Die Schüler sollen befähigt werden »in die Zukunft hinein zu denken« (MÜHL 1979, 144), also »vorausschauendes Denken« (MIESSLER/BAUER 1994) zu entwickeln. Vorausschauendes, planendes Denken wird immer dann verlangt, wenn ein künftiges Handeln in der Vorstellung vorweggenommen werden soll. Damit gehört auch die Entwicklung des Vorstellungsvermögens zu den wesentlichen Aufgaben der Schule für Geistigbehinderte.

2 Planungsphase

In dieser Phase werden die vereinbarten Ziele konkret überdacht und die Schritte auf dem Weg zu ihrer Erreichung festgelegt. Ebenso gehört die Auswahl von Medien und Lernhilfen in diese Phase.

Wesentliche methodische Form in diesem Arbeitsabschnitt ist das themengebundene Unterrichtsgespräch. Allerdings wird der Lehrer darauf achten, solche Planungsgespräche so gradlinig wie möglich verlaufen zu lassen, um Spannungsabfall und Langeweile zu vermeiden und um die deutliche Orientierung auf das Ziel hin konsequent bewusst zu halten.

3 Aktions- oder Durchführungsphase

Schlicht: »In dieser Phase wird der Plan oder der Handlungsentwurf in die Tat umgesetzt« (MÜHL 1979, 145) innerhalb der Klasse, der Schule, auf dem Außengelände oder in der Öffentlichkeit.

Tätigkeiten in der Öffentlichkeit lassen sich in ähnlicher Weise vorbereiten wie ein Unterrichtsgang. Mühl weist darauf hin, dass sich hierzu »vor allem Simulations- und Rollenspiele« (1979, 145) eignen.

4 Beurteilung der Durchführung

Nunmehr geht es darum, »zu überprüfen, ob das angestrebte Handlungsziel erreicht worden ist« (MÜHL 1979, 145). Gründe für das Nichterreichen sind ebenso zu finden wie für ein möglicherweise nur teilweises Erreichen der vorgenommenen Ziele.

Vorschläge zur Verbesserung der Handlungsdurchführung können gemacht werden, aber auch: Was gut funktioniert hat, sollte festgestellt werden; wer wem wobei geholfen hat, sollte positiv herausgehoben werden; überraschend positive Erlebnisse und Erfahrungen sollten akzentuiert werden. Es geht in dieser Phase auch um Generalisierungen und Transfer, z. B. bei der »Begutachtung eines Werkstückes hinsichtlich seiner Verwendbarkeit« (MÜHL 1979, 145), um die variantenreiche Sicherung von Ergebnissen im Rollenspiel und um ähnliches mehr.

Diese Ablaufphasen der Handlung sieht Mühl als ein Grundraster, »an dem sich handlungsbezogener Unterricht zu orientieren hat, wenn er als solcher bezeichnet werden soll« (1979, 146). Außerdem weist er darauf hin, dass im Ablauf eines solchen Unterrichts immer wieder der Rückgriff auf frühere Phasen erforderlich sein kann.

Bezogen auf Schüler der Schule für Geistigbehinderte macht er jedoch ausdrücklich darauf aufmerksam, dass die Planungsphase zeitlich nicht allzu sehr ausgedehnt werden sollte und »statt dessen je nach den Möglichkeiten der Schüler Planungs- und Aktionsphasen im häufigen Wechsel durchzuführen« (MÜHL a.a.O.) seien.

Er empfiehlt, jeweils kleinere, überschaubare Arbeitsphasen zu planen und unmittelbar durchzuführen und danach die nächste Arbeitsphase in gleicher Weise anzugehen. »Diese Teilschritte kann man sinnvoller Weise als Teilhandlungen verstehen, die aneinandergereiht oder netzhaft miteinander verbunden das Handlungsziel anstreben« (MÜHL 1979, 146).

Vergleich: Projektunterricht – Handlungsorientierter Unterricht

Sie haben bemerkt, dass Handlungsorientierter Unterricht in den Ablaufphasen perfekt und in wesentlichen Merkmalen gut mit den Merkmalen des Projektunterrichts übereinstimmt. Weiter vorne hatten wir bereits festgestellt, dass der Projektunterricht in seinen Ablaufphasen mit denen einer Handlung übereinstimmt. Wir haben es also mit bemerkenswerten Übereinstimmungen zwischen Handlung, Handlungsorientiertem Unterricht und Projektunterricht zu tun, von denen diejenigen zwischen den beiden besprochenen Unterrichtsformen in nachstehender Tabelle 9 als Übersicht zusammengefasst werden.

Synopse: Auf Handeln gestützte Unterrichtskonzepte		
Schritte und Merkmale (Gudjons 1992)	**Projektunterricht** (Gudjons 1992)	**Handlungsorientierter bzw. handlungsbezogener Unterricht** (Mühl 1979)
Schritt 1	**Handlungsorientierung**: Problemhaltige Sachlage auswählen	
• Merkmal 1	Situationsbezug	von unmittelbarer Bedeutung für die Klasse und Zukunftsbezug
• Merkmal 2	Orientierung an den Interessen der Beteiligten	Bedürfnisse und Interessen der Schüler
• Merkmal 3	gesellschaftliche Praxisrelevanz	Konkordanz mit Lehrplanvorgaben
Schritt 2	**Handlungsplanung**: Plan gemeinsam erarbeiten	
• Merkmal 4	Zielgerichtete Planung	Schüler*beteiligung* an der Zielformulierung
• Merkmal 5	Selbstorganisation, Selbstverantwortung	Schüler*beteiligung*; Partner- und Gruppenarbeit
Schritt 3	**Handlungsausführung**: Sich mit dem Problem handlungsorientiert auseinandersetzen	
• Merkmal 6	Einbeziehen vieler Sinne	nicht erwähnt
• Merkmal 7	Soziales Lernen	Partner- und Gruppenarbeit
Schritt 4	**Handlungskontrolle**: Erarbeitete Problemlösung an der Wirklichkeit prüfen	
• Merkmal 8	Produktorientierung	Ergebnisorientierung, z. T. auch Produktorientierung
• Merkmal 9	Interdisziplinarität	nicht erwähnt
• Merkmal 10	Grenzen: Neuaneignung im Lehrgang	Überforderung bewusst einkalkulieren
Zeitdauer	mehrere Wochen bis Monate	kleine, überschaubare Arbeitsphasen (1 bis mehrere UE)
»Stoff«-Menge	u. U. sehr groß u. U. immens	überschaubar

Tab. 9: Synopse Projektunterricht – Handlungsorientierter Unterricht

Vorstehende Übersicht vergleicht den Handlungsbezogenen Unterricht (MÜHL 1979) mit den von Gudjons (1992) dargestellten Merkmalen des Projektunterrichts. Mühl (1979) folgt in seinem Argumentationsgang wie Gudjons (1992) dem Ablauf der Handlung.

Leseempfehlungen zu Kapitel 13

Gerne würden wir Mühls Buchveröffentlichung von 1979 zur Lektüre vorschlagen. Aber dieses Buch ist im Buchhandel nicht mehr erhältlich. Vielleicht können Sie es sich noch aus einer Bibliothek besorgen. Statt dessen empfehlen wir eine der neueren Veröffentlichungen, die leichter zugänglich sind. Der Beitrag von 2004 greift dabei auch neuere Entwicklungen auf.

MÜHL, H. (1993): Handlungsbezogener Unterricht in der Schule für Geistigbehinderte. Vierteljahresschrift für Heilpädagogik und ihre Nachbargebiete 62, 409–421

oder

MÜHL, H. (1998): Einführung in die Schulpädagogik bei geistiger Behinderung. 3. Aufl., Oldenburg; darin Kapitel 7: »Handlungsbezogener Unterricht«, 85–102

oder

MÜHL, H. (2004): Handlungsbezogener Unterricht. In: FISCHER, E. (Hg.): Welt verstehen – Wirklichkeit konstruieren. Unterricht bei Kindern und Jugendlichen mit geistiger Behinderung. Dortmund, 53–74

Literaturverzeichnis zu Kapitel 13

MIESSLER, M.; BAUER, I. (1994): Wir lernen denken (Reihe: Neues Lernen mit Geistigbehinderten). 4. Aufl., Rheinbreitbach

MÜHL, H. (1979): Handlungsbezogener Unterricht mit Geistigbehinderten. Bonn-Bad Godesberg

MÜHL, H. (1980): Handlungsbezogenes Lernen mit geistig Behinderten. Lebenshilfe 19, H. 2, 69–79

MÜHL, H. (1993): Handlungsbezogener Unterricht in der Schule für Geistigbehinderte. Vierteljahresschrift für Heilpädagogik und ihre Nachbargebiete 62, 409–421

MÜHL, H. (1998): Einführung in die Schulpädagogik bei geistiger Behinderung. 3. Aufl., Oldenburg

MÜHL, H. (2004): Handlungsbezogener Unterricht. In: FISCHER, E. (Hg.): Welt verstehen – Wirklichkeit konstruieren. Unterricht bei Kindern und Jugendlichen mit geistiger Behinderung. Dortmund, 53–74

PFEFFER, W. (1982): Aspekte eines handlungsorientierten pädagogischen Begriffs von Behinderung. In: SCHMIDTKE, H.-P. (Hg.): Sonderpädagogik und Sozialpädagogik. Bericht der 17. Arbeitstagung der Dozenten für Sonderpädagogik in deutschsprachigen Ländern zum Thema »Arbeit am Behinderten oder Arbeit mit Behinderten? Welchen Beitrag leisten Sonder- und Sozialpädagogen?« im Oktober 1980 an der Universität Essen. Heidelberg

14 Orientierungen für Lehrer und Erzieher

Handlungsorientierter Unterricht soll Handlungsfähigkeit fördern, soll Handlungsfähigkeit entwickeln helfen (Mühl 2004, 63–64). Mühl geht dabei von vorhandenen »Handlungskernen« oder »einfachen Handlungsmustern« (2004, 63) aus, deren Ausdifferenzierung und Zusammenfassung zu komplexeren Einheiten als Aufgabe der Förderung gesehen wird. Solche kleinst möglichen Handlungseinheiten sehen wir in den angeborenen Verhaltensprogrammen des Kindes angelegt, aus denen heraus sich im Laufe der Individualentwicklung Handlungsfähigkeit in unterschiedlichen Tätigkeitsarten ausformt.

1 Bemühungen zur Förderung der Handlungsfähigkeit können sich somit orientieren an der von Leontjew beschriebenen Abfolge dominierender Tätigkeiten:

- perzeptive Tätigkeit,
- manipulative Tätigkeit,
- gegenständliche Tätigkeit,
- Spieltätigkeit,
- (abstrakte schulische) Lerntätigkeit,
- Arbeitstätigkeit.

Eine erste Hilfe zur Planung von handlungsorientierten Fördermaßnahmen gewinnen wir also, indem wir für einen Schüler das Tätigkeitsniveau in dem jeweils interessierenden Tätigkeitsbereich bestimmen.

2 Eine erste Annäherung an die – insgesamt bevorzugte oder aktuell beobachtbare – Art unserer Schüler zu handeln erlauben uns die Handlungstypen Max Webers, auf die Mühl (1979) hinweist:

- Traditionaler Handlungstyp: Handeln aus Gewohnheit, aus Anpassung an »das Übliche«.
- Affektueller Handlungstyp: Handlungsauslösung aus Emotionen, sowohl aus dauerhaft-stabilen wie aus akut-affektiven, ohne Bedenken der Folgen.
- Wertrationaler Handlungstyp: Handeln aus ethischen, moralischen, glaubensmäßigen und anderen Überzeugungen, die nicht weiter hinterfragt und auch nicht rational begründet werden.
- Zweckrationaler Handlungstyp: Handeln nach vorheriger Zielsetzung und vernünftiger Planung, zuweilen auch kalt-berechnend erscheinend.

[3] Je weiter fortgeschritten dieser Schüler ist, desto eher werden Handlungen durch Signale, Zeichen, Sprache (perzeptiv-begriffliche Handlungsregulation) oder durch innere Sprache, durch Denkprozesse (intellektuelle Handlungsregulation) gesteuert. Das von Hacker (1986) beschriebene Niveau der Handlungsregulation gibt uns also weitere wichtige Hinweise auf die Lernmöglichkeiten unserer Schüler:

- sensomotorische Handlungsregulation,
- perzeptiv-begriffliche Handlungsregulation,
- intellektuelle Handlungsregulation.

Mit [1] und [3] sind langfristige Ausrichtungen angesprochen, wie sie uns Vertreter der Kulturhistorischen Schule anbieten. Diese Kulturhistorische Schule betont ganz ausdrücklich die unhintergehbare Rolle des Lehrers, des Erwachsenen, als Vermittler von Welt an das Kind, als Vermittler zwischen Welt und Kind, und betont die Notwendigkeit der Zusammenarbeit zwischen Erwachsenem und Kind. Erst aus der gelingenden Zusammenarbeit kann und darf sich der Erwachsene, der Lehrer, allmählich zurückziehen, um dem Kind immer mehr Anteile selbstständigen Handelns zu überlassen, bei Bedarf wieder korrigierend einzugreifen, um sich sogleich wieder zurückzuziehen – bis das Kind auf die Hilfe des Erwachsenen nicht mehr angewiesen ist. Hilfe des Erwachsenen kann in unterschiedlicher Intensität und mit unterschiedlichen Mitteln geleistet werden.

[4] Die Hilfemöglichkeiten – und damit auch die Kooperationsformen – des Erwachsenen, des Lehrers, fassen wir nach Pfeffer (1982) und Pitsch (2002a) zusammen:

- Der Erwachsene (Lehrer) handelt an Stelle des Kindes.
- Der Erwachsene (Lehrer) führt das Kind vollständig körperlich in allen Bewegungsabläufen.
- Der Erwachsene (Lehrer) führt das Kind körperlich nur teilweise, z. B. an schwierigen Stellen im Bewegungsablauf oder zur Korrektur.
- Der Erwachsene (Lehrer) bietet dem Kind ein Verhaltensvorbild (Modell) zur Nachahmung an.
- Der Erwachsene (Lehrer) steuert die Tätigkeit des Kindes durch eine Abfolge von Fotografien, Zeichnungen, Bildern, Skizzen, auf denen die entscheidenden Handlungsschritte dargestellt sind.
- Der Erwachsene (Lehrer) gibt dem Kind verbalsprachliche Anweisungen.

- Der Erwachsene (Lehrer, Gerätehersteller, Rezeptautor usw.) gibt dem Kind schriftsprachliche Anweisungen.
- Das Kind (der Schüler, der Behinderte) handelt aus eigener Kompetenz ohne jegliche Beeinflussung durch andere.

Zu beachten ist, dass das Niveau der Hilfen bei Schwierigkeiten immer wieder tiefer gestuft werden kann, bis das Kind wieder mit weniger aufdringlicher Hilfe auskommt.

Unabhängig vom Niveau notwendiger Hilfen, die in ihrer Differenzierung auch Galperins Etappen des Aneignungsprozesses abbilden, fragen wir danach, welches Aneignungsniveau dem Kind, dem Schüler zugänglich ist.

5 Eine fünfte Orientierung gewinnen wir also an den von Galperin beschriebenen Etappen des Aneignungsprozesses:

- Materielle Etappe: konkrete Tätigkeit an und mit vorhandenen Dingen.
- Materialisierte Etappe: Tätigkeit an und mit Modellen, Fotos, Zeichnungen, Skizzen, Abbildungen usw.
- Etappe der äußeren Sprache: Volle verbalsprachliche Ausformung der eigentlich konkret auszuführenden bzw. ausgeführten Tätigkeit.
- Etappe der verkürzten äußeren Sprache (»äußere Sprache für sich«): Handlungsbeschreibung wie Handlungssteuerung nur noch durch laut ausgesprochene Stichworte, kurze Anweisungen (des Lehrers an den Schüler wie auch des Schülers an sich selbst oder an andere).
- Innere Sprache: Das Kind, der Schüler, steuert seine Handlungen, ohne dabei zu sprechen oder andere Hilfsmittel zu benutzen.

Zu beachten ist bei dieser Abfolge, dass Galperin nicht nur einen möglichen Weg der Aneignung von der konkreten praktischen Tätigkeit bis zum nur noch gedanklich existenten Begriff beschreibt, sondern ebenso einen Weg zunehmend autonomer Handlungssteuerung durch das Individuum.

6 Die allmähliche Ausdifferenzierung und Entwicklung der einzelnen Komponenten der Handlungsfähigkeit aus einer unspezifischen, angeborenen Handlungsorientierung (Reflexe und Verhaltensprogramme) heraus liefert uns Hinweise auf den didaktischen Aufbau eines Konzepts zur Förderung kindlicher Handlungsfähigkeit. Noch einmal: Ausgangspunkt ist das angeborene Repertoire an Reflexen und Verhaltensprogrammen. Aus diesem Repertoire bilden sich heraus:

- Zunächst konkret ausgeführte Handlungen. Die erste Stufe der Schülerbeteiligung am Handeln ist dann sinnvoller Weise die schülereigene Handlungsausführung.
- Ausgeführte Handlungen speichern sich im Gedächtnis und werden so zu Handlungsplänen für Wiederholungen. Für unsere Methodik heißt dies, einmal aufgebaute Handlungsschemata durch Wiederholung und Übung zu quasi automatisierten Routinen werden zu lassen.
- Der Einsatz automatisierter Routinen wird dann durch Wahrnehmungen aus dem äußeren Milieu ausgelöst, nicht mehr durch innere, sondern durch äußere Signale. Damit verändert sich die Handlungsorientierung in Richtung der Möglichkeit zur Fremdauslösung.
- Das Kind beginnt zunehmend, den Erfolg seiner Handlungen mit dem Handlungsziel und mit früheren Ergebnissen der gleichen Handlung zu vergleichen, also die Handlung am Effekt zu kontrollieren. Förderbemühungen haben nunmehr auch diesen Schritt einzuplanen: Auch Handlungsroutinen werden am Erfolg kontrolliert.
- Diese Erfolgskontrolle kann auch den Misserfolg erweisen. Misserfolge haben Rückwirkungen auf den Handlungsplan, der nun verändert werden oder durch einen völlig neuen Plan ersetzt werden muss. Damit werden Handlungspläne frei von der Determination durch angeborene Programme und zur Sache autonomer Kompetenz. Gleichzeitig fließen Überlegungen zur Wahl der Handlungsmittel und zur Anordnung der Handlungsschritte in die Planung mit ein; aus der reinen Zielplanung wird eine Ziel-, Mittel- und Wegeplanung.
- Die Ausweitung der Zielplanung auch auf die Auswahl der Mittel und die Anordnung der Schritte erfordert nunmehr die Ausweitung der Endkontrolle (Ziel erreicht?) um die Kontrolle des Ablaufs und des Mitteleinsatzes. Die Ergebniskontrolle wird zur Ablaufkontrolle, die nun auch die Handlungsausführung beeinflusst.
- Das Verfügen über eine funktionierende Ausführungskontrolle wirkt wiederum auf die Handlungsplanung zurück, bei der nunmehr vorhersehbare Schwierigkeiten vorab erkannt und durch Veränderung des Handlungsplans aufgefangen werden können.

Sind wir bei unseren Förderbemühungen an diesem Punkt angelangt, verfügen unsere Schüler über ein flexibles System aus Handlungsorientierung, -planung, -ausführung und -kontrolle, dessen einzelne Komponenten sich wechselseitig beeinflussen und regulieren.

7 Förderung der Handlungsfähigkeit auch geistigbehinderter Schüler geschieht in der Zusammenarbeit zwischen Erwachsenem und Kind, zwischen Lehrer und Schüler. Wohl liegt der Schwerpunkt der Vermittlungstätigkeit zunächst beim Erwachsenen, beim Lehrer. Pädagogik jedoch will diesen Anteil zunehmend zurücknehmen und den Anteil des Kindes, des Schülers bis zu dessen voller Selbstständigkeit erhöhen. Diese Zurücknahme des Lehrers, diese Abnahme der lehrereigenen Kooperationsanteile, können wir uns in folgender Stufung vorstellen:

- **L** = Der Lehrer handelt alleine.
- **L** + S = Der Lehrer hat den überwiegenden Handlungsanteil, der Schüler einen geringeren.
- **L + S** = Der Schüler hat den gleichen Handlungsanteil wie der Lehrer.
- L + **S** = Der Schüler hat den größeren Anteil an der Handlung, der Lehrer nur noch einen geringen.
- **S** = Der Schüler handelt alleine, selbstständig, autonom.

8 Die gleiche Abstufung können wir anwenden für den Fall, dass ein (fortgeschrittener) Schüler (S1) einen weniger fortgeschrittenen (S2) einen Sachverhalt, ein Arbeitsverfahren, vermittelt. Die Abstufung sieht dann so aus:

- **S1**
- **S1** + S2
- **S1 + S2**
- S1 + **S2**
- **S2**

9 Die Vermittlung kann sich statt auf einen einzelnen Schüler auch auf eine Schülergruppe (G) richten. Statt S oder S2 steht dann G. Es ergeben sich zwei Abstufungsreihen (Tab. 10):

Lehrer vermittelt	Schüler vermittelt
• **L**	• **S**
• **L** + G	• **S** + G
• **L + G**	• **S + G**
• L + **G**	• S + **G**
• **G**	• **G**

Tab. 10: Abstufungen der Beteiligung von Lehrern und Schülergruppen

10 Die Überlegungen nach 7, 8 und 9 lassen sich auch in das Vier-Komponenten-Schema der Handlung einarbeiten, womit der Lehrer, der Handlungsfähigkeit fördern möchte, über eine Tabelle verfügt, die ihm eine Übersicht über den Stand seiner Bemühungen wie über die als nächstes angezeigten Schritte erlaubt. Als Beispiel sei lediglich auf die Kooperation Lehrer (L) – Schüler (S) abgehoben.

Raster zur Einschätzung des Ausmaßes der Lehrer- und Schülerbeteiligung (Tab. 11):

Stufen der Lehrer- und Schülerbeteiligung \ **Handlungs-Phasen**		**Handlungs-orientierung**	**Handlungs-planung**	**Handlungs-ausführung**	**Handlungs-kontrolle**
1.	**L** (Lehrer alleine)				
2.	L + S (Lehrer vorwiegend mit etwas Schülerbeteiligung)				
3.	**L + S** (Lehrer und Schüler gleichgewichtig gemeinsam)				
4.	L + **S** (Lehrer mit geringer Beteiligung, vorwiegend Schüler)				
5.	**S** (Schüler alleine)				

Tab. 11: Raster zur Einschätzung des Ausmaßes der Lehrer- und Schülerbeteiligung

Mit den in diesem Abschnitt zusammengefassten Orientierungen sollten wir nun in der Lage sein, unseren Unterricht so an den verschiedenen

Handlungsmöglichkeiten unserer Schüler zu orientieren, dass auch Förderziele zur Verbesserung der Handlungsfähigkeit planbar werden.

Literaturverzeichnis zu Kapitel 14

HACKER, W. (1986): Arbeitspsychologie. Psychische Regulation von Arbeitstätigkeiten. Bern, Stuttgart, Toronto

MÜHL, H. (1979): Handlungsbezogener Unterricht mit Geistigbehinderten. Bonn-Bad Godesberg

MÜHL, H. (2004): Handlungsbezogener Unterricht. In: FISCHER, E. (Hg.): Welt verstehen – Wirklichkeit konstruieren. Unterricht bei Kindern und Jugendlichen mit geistiger Behinderung. Dortmund, 53–74

PFEFFER, W. (1982): Aspekte eines handlungsorientierten pädagogischen Begriffs von Behinderung. In: SCHMIDTKE, H.-P. (Hg.): Sonderpädagogik und Sozialpädagogik. Bericht der 17. Arbeitstagung der Dozenten für Sonderpädagogik in deutschsprachigen Ländern zum Thema »Arbeit am Behinderten oder Arbeit mit Behinderten? Welchen Beitrag leisten Sonder- und Sozialpädagogen?« im Oktober 1980 an der Universität Essen. Heidelberg

PITSCH, H.-J. (2002a): Zur Didaktik und Methodik des Unterrichts mit Geistigbehinderten. 3. Aufl., Oberhausen

15 Grundlegende Aspekte einer kurzfristigen Unterrichtsplanung

Kurzfristige Planungen werden erstellt für eine Unterrichtsstunde oder eine Unterrichtseinheit, die von mehreren Minuten bis zu 90 Minuten dauern kann. Im Folgenden wird erläutert, dass

- jede Unterrichtsstunde oder -einheit vom Lehrer geplant wird, ungeachtet der Sorgfalt, mit der diese Planungsaktivität vorgenommen und des Zeitaufwands, welcher investiert wird;
- bei jeder Planung von Unterricht fünf grundlegende Strukturelemente Berücksichtigung finden.

Um erläutern zu können, dass jeder Unterricht vom Lehrer geplant und im Rahmen dieser Planung grundlegende Strukturelemente reflektiert werden, betrachten wir eine alltägliche Schulsituation für die Sonderschullehrerin Irene Müller. Diese befindet sich gerade auf dem Weg zu ihrer Klasse. Vor fünf Minuten hat sie von der Schulleiterin erfahren, dass ihre Kollegin erkrankt ist und sie die Stundenvertretung übernehmen soll. Frau Müller weiß, dass das Fach Ästhetik-Bildende Kunst auf dem Stundenplan steht. Als Klassenlehrerin weiß sie, *mit wem* sie es in der nächsten Stunde zu tun haben wird; sie kennt die Schüler, acht Werkstufenschüler, keine Schüler mit einer gravierenden Verhaltensproblematik oder schwerwiegenden motorischen Beeinträchtigungen. Sie kann demnach die Schüler ungefähr einschätzen und weiß um ihre Kompetenzen, ebenso um deren Förderbedarfe.

Bleibt die Frage, *was* sie in dieser Ästhetik-Stunde den Schülern als Lerninhalt anbieten soll. An die vorangegangene Stunde der Kollegin anzuknüpfen, traut sich Frau Müller nicht so recht, schon allein deshalb, weil die Kollegin dafür bekannt ist, anspruchsvolle Lerninhalte auszuwählen, Frau Müller selbst ihre Fachkompetenz im Fach Ästhetik nicht sehr hoch einschätzt. Frau Müller verwirft folglich den Gedanken, den Lerninhalt der vorangegangenen Ästhetik-Stunde aufzugreifen und zu vertiefen. Zugleich sucht sie weiter angestrengt nach einem Lerninhalt für diese Stunde, der, ihrem Kenntnisstand nach, Bedeutung für die Schüler hat bzw. haben könnte. Einen ersten Anhaltspunkt findet Frau Müller, indem sie sich das aktuelle Monatsvorhaben der Klasse ins Gedächtnis ruft. Geplant ist im Monat Februar, mit den Schülern ein Theaterstück für Fastnacht einzuüben. Frau Müller weiß, dass für die Aufführung eine jahreszeitgemäße Dekoration geplant ist und entscheidet sich dafür, in der Vertretungsstunde mit den Schülern Girlanden herzustellen, deren Gebrauchswert als Dekoration für das Theaterstück sicherlich auch den Schüler unmittelbar zu vermitteln ist.

Mit der Auswahl des Inhalts trifft Frau Müller gleichzeitig eine Entscheidung für die Ziele, die sie in der Stunde verfolgen will. Zu Anfang der Stunde will sie den Schülern erklären, *wozu* sie die Girlanden basteln sollen, indem sie ihnen den Gebrauchswert ihrer Bastelarbeit verdeutlicht.

Für die Herstellung der Girlanden spricht aber noch ein weiteres Argument. In einer der letzten Unterrichtsstunden im Fach Werken hatte Frau Müller festgestellt, dass die Schüler ihrer Klasse das sorgfältige Schneiden unter Einhaltung von Markierungs- und Zeitvorgaben weiterhin üben müssen. Das von ihr ausgewählte Lernangebot »Basteln von Girlanden« soll den Schülern demnach eine Übungsmöglichkeit bieten, ihre Fertigkeiten im Schneiden so zu verbessern, dass sie vorgegebene Markierungen und Linien einhalten und über eine bestimmte Zeitspanne hin ihre Arbeit sorgfältig ausführen.

Frau Müller hat zwischenzeitlich schon sehr konkrete Planungsvorstellungen entwickelt. Bevor sie jedoch die Klasse betritt, muss sie noch eine Entscheidung darüber treffen, *wie* sie den Schülern das Basteln der Girlande vermitteln will. Soll sie eine Bastelanleitung an die Tafel zeichnen, soll sie diese verschriften, soll sie auf die altbewährte Methode des Vor- und Nachmachens zurückgreifen? Da Frau Müller eine erfahrene Lehrerin ist, macht sie diese Entscheidung von den individuellen Lernbedingungen und -voraussetzungen ihrer Schüler abhängig.

Frau Müller betritt nun endlich erleichtert den Klassenraum, ihre Planung muss nur noch um einen wesentlichen Punkt vervollständigt werden. *Womit* lassen sich Girlanden am einfachsten und schnellsten herstellen? Das Papier muss eine bestimmte Stärke haben, für jeweils zwei Schüler sollte eine Tube Papierkleber vorhanden sein, und an jeden Schüler will sie eine Schere verteilen.

Vorausgesetzt, dass Frau Müller die von ihr benötigten Medien in den Klassenschränken findet, ist die Planung der Stunde nunmehr komplett. Darüber hinaus ist herauszustellen, dass Frau Müller in ihrer ad-hoc-Planung im Wesentlichen die Strukturelemente reflektiert hat, die übereinstimmend von Verfassern der unterschiedlichsten Planungsmodelle als Elemente herausgestellt werden, »die in ihrem Zusammenwirken

Unterricht als absichtsvolles pädagogisches Geschehen konstituieren« (SCHULZ 1976, 23).

Im universitären Alltag führen Studierende häufig Klage darüber, dass abhängig von den Lehrenden die Unterrichtsplanung höchst unterschiedlich abgefasst werden muss. Unterschiedlich komplexe und divergierende Planungsmodelle irritieren Anfänger und erschweren unnötig die Planungsarbeit. Meist hilft es, die diversen vorgegebenen Strukturelemente des Planungsmodells zu clustern. Im Resultat zeigen sich sodann ein vereinfachtes Modell und die fünf grundlegenden Strukturelemente, deren Reflektion auch Frau Müller in ihrer ad-hoc-Planung für dringend erforderlich hielt.

Das vereinfachte Planungsmodell lässt sich grafisch (Abb. 13) wie folgt abbilden:

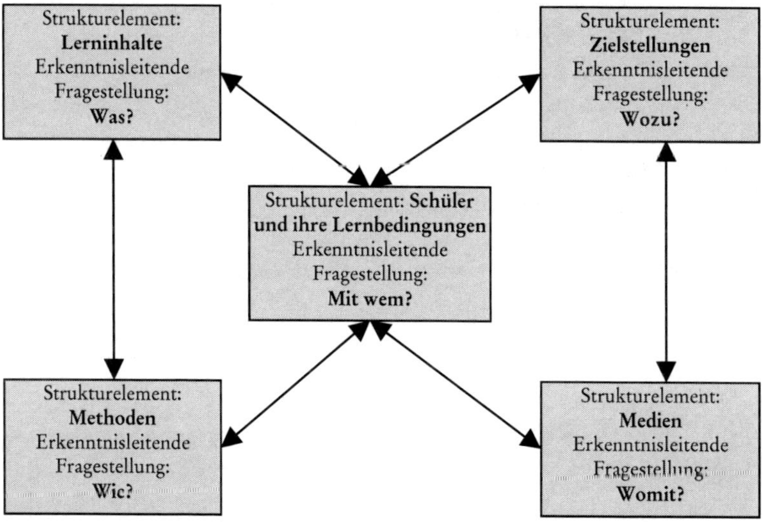

Abb. 13: Strukturelemente und ihre wechselseitigen Abhängigkeiten

Nun darf das dargestellte Beispiel nicht zur Fehlinterpretation führen, dass die Verfasser dezidiert einer ad-hoc-Planung das Wort reden. Die Gründlichkeit und Sorgfalt, mit der eine Unterrichtsstunde oder eine Unterrichtseinheit geplant wird, ob und wie ausführlich die Planung schriftlich dargelegt werden sollte, hängt davon ab,

- welcher Stellenwert dieser Unterrichtsstunde oder Unterrichtseinheit, bezogen auf das Vorhaben, Projekt zukommt;
- ob die Unterrichtsstunde durch Vorgesetzte oder Prüfer, z. B. im Rahmen des Referendardienstes, beurteilt wird;
- über welche Planungs- und Handlungskompetenz der Lehrer verfügt;
- wie heterogen sich die individuellen Lernbedingungen der Schüler darstellen.

Erst eine gründliche Planung jeder Stunde oder Einheit ermöglicht den Lehrkräften, ungeplante situative Elemente (z. B. ungewöhnliche Lernwege) im Blick auf das angestrebte Lernergebnis zu analysieren und zu beurteilen. Differenzierte Planung und handlungsorientierter Unterricht schließen sich nicht aus, im Gegenteil: sie bedingen einander. Nur wenn der Lehrende jedes Strukturelement der Unterrichtsplanung darauf hin überprüft, wie Schülerbeteiligung erhöht, im Gegenzug der Handlungsanteil des Lehrenden reduziert werden kann, ist eine Förderung der Handlungsfähigkeit von Schülern möglich. Es ist unmittelbar einsichtig, dass dies weitaus mehr Überlegungen und damit auch mehr Zeit kostet, als wenn der Lehrende in der Planung und Durchführung des Unterrichts den Part des Handelnden ausschließlich für sich reklamiert. Ein Experte bewältigt eine Aufgabenstellung in der Regel in der Phase der Handlungsorientierung, -planung, -ausführung und -kontrolle weitaus schneller und kompetenter als ein Anfänger. Vermutlich ist das ein gewichtiger Grund für Anfänger, eher einen geringeren Handlungsanteil der Schüler einzuplanen. Andererseits sollte aus den vorstehenden Überlegungen deutlich geworden sein, dass Schüler mit geistiger Behinderung im Unterricht tätig werden müssen, um etwas zu lernen. Eine unzureichende Planung im Blick auf potentielle Möglichkeit der Schülerbeteiligung, reflektiert vor dem Hintergrund der angegebenen Strukturelemente, erschwert Lernprozesse. Handlungsorientiert geplanter Unterricht hingegen unterstützt die Eigenaktivität des Lernenden im Aneignungsprozess und fördert damit seine Handlungskompetenz.

Daraus folgt, dass das angegebene Planungsmodell der Entfaltung und Differenzierung bedarf, um für Lehrer ein hilfreiches Instrumentarium darzustellen, welches die Feststellung der Lernbedingungen sowie die intentionalen, inhaltlichen, methodischen und medialen Entscheidungsprozesse erleichtert und gleichzeitig Lehrern die Möglichkeit bietet, diese Entscheidungsprozesse vor dem Hintergrund der Förderung von

Handlungsfähigkeit der Lernenden zu reflektieren. Ein solches Planungsmodell zu entwickeln ist die Aufgabe des nun folgenden Kapitels.

ARBEITSAUFTRAG 15.1:

Die folgenden Fragestellungen sind unterschiedlichen Planungsmodellen entnommen. Sie sollen die Lehrkräfte bei der Feststellung von Lernbedingungen, der intentionalen, inhaltlichen, methodischen und medialen Auswahl sowie Entscheidungsfindung unterstützen. Ordnen Sie die Fragestellungen einem Strukturelement zu!

1. »Über welche Vorerfahrungen, über welche Kompetenzen, über welche Erfahrungswelten verfügt der Schüler?« (THÜMMEL 2004, 158)
2. »In welcher Form (enaktiv, ikonisch, symbolisch) soll insofern der Gegenstand präsentiert werden; welche Variationen der Präsentationsformen ist vorgesehen, möglich oder nötig?« (KRÜGER/LERSCH 1993, 230)
3. »Warum soll der Schüler diesen Sachverhalt lernen? Welche Bedeutung hat er für ihn bzw. sollte er für ihn haben?« (GLÖCKEL u. a. 1989, 29)
4. »Welches sind die besonderen Fälle, Phänomene, Situationen, Versuche, Personen, Ereignisse, Formelemente in oder an denen die Struktur des jeweiligen Inhalts den Kindern dieser Bildungsstufe, dieser Klasse interessant, fragwürdig, zugänglich, begreiflich ›anschaulich‹ werden kann?« (KLAFKI 1975, 140)
5. Sind die eingesetzten Lehr- und Lernmittel intentional poly- oder monovalent? (Vgl. SCHULZ 1976, 34 ff.)

Literaturverzeichnis zu Kapitel 15

HEIMANN, P., OTTO, G.; Schulz, W. (1976): Unterricht. Analyse und Planung. 8. Aufl., Hannover

GLÖCKEL u. a. (Hg.) (1989): Vorbereitung des Unterrichts. Bad Heilbrunn

KLAFKI, W. (1975): Studien zur Bildungstheorie und Didaktik. Weinheim u. Basel

KLAFKI, W. (1996): Neue Studien zur Bildungstheorie und Didaktik. Zeitgemäße Allgemeinbildung und kritisch-konstruktive Didaktik. 5. Aufl., Weinheim u. Basel

KRÜGER, H.-H.; LERSCH, R. (1993): Lernen und Erfahrung. Perspektiven einer Theorie schulischen Handelns. Opladen.

THÜMMEL, I.: (2004): Kurzfristige Planung. In: FISCHER, E. (Hg.): Welt verstehen – Wirklichkeit konstruieren. Unterricht bei Kindern und Jugendlichen mit geistiger Behinderung. Dortmund, 155–176

16 Aspekte der Planung von Handlungsorientiertem Unterricht

Die Strukturelemente des komplexen Sachverhalts Unterricht stehen in so vielfältiger Wechselwirkung, dass sich Berufsanfänger häufig heillos überfordert fühlen. An vereinzelten zündenden Gestaltungsideen fehlt es meist nicht, schon eher an der differenzierten Erfassung von Lernbedingungen und deren Wechsel- und Folgewirkungen auf Inhalte, Ziele, Methoden und Medien.

Vergleichen wir die im vorangegangenen Kapitel 15 beschriebenen Planungsaktivitäten der erfahrenen Sonderschullehrerin Frau Müller mit denen eines Berufsanfängers, so werden folgende Unterschiede deutlich: Die erfahrene Sonderschullehrerin erhebt und legt Daten fest auf der Basis einer bewährten Systematik, welche die vernetzte Struktur der fünf Planungselemente berücksichtigt. Steht ein Anfänger vor der komplexen Aufgabe, eine Unterrichtsstunde oder -einheit zu planen, und geht er dabei unsystematisch vor, so wird er an unterschiedlichen Punkten ansetzen, die Lösung in verschiedenen Richtungen suchen und damit sich letztlich mit einer Vielzahl von Daten sowie einer verwirrenden Vielfalt von Phänomenen konfrontiert sehen, deren Ordnung wiederum unumgänglich erscheint, damit der Planende handlungsfähig bleibt.

Abb. 14: Was Lehrern so durch den Kopf geht

Im Nachhinein stellt sich dann wiederum die Frage nach einem Ordnungsrahmen, in den die erhobenen Daten zu integrieren sind. Im unmittelbaren Zusammenhang damit steht, dass zum einen die im Planungsprozess erhobenen Daten und auch der Ordnungsrahmen der Begründung und Rechtfertigung bedürfen. Um einen solchen vielfach gewundenen und zeitlich aufwändigen Entdeckungsprozess auf eine sachlogisch angemessene, stringente und zeitökonomische Beweisführung zu reduzieren, entwickelten Didaktiker für Berufsanfänger konzeptionelle Vorbereitungshilfen und Planungsleitfäden (vgl. ADL-AMINI/KÜNZLI 1980; KRAWITZ 1997; MARAS 1988; MEYER 1980)

Wenn wir nun im Folgenden einen weiteren Planungsleitfaden vorstellen, tun wir dies im Wissen darum, dass

- der didaktische Büchermarkt eine große Anzahl von Vorbereitungshilfen zur Verfügung stellt, die meist theoretisch so anspruchsvoll konzipiert sind, dass sie weder von Berufsanfängern, schon gar nicht von berufserfahrenen Lehrern als konstruktive oder zeitökonomische Hilfestellung angenommen werden;
- jeder Referendar, jeder Lehrer, der sich zum Ziel setzt, für jede Unterrichtsstunde oder -einheit jeden Punkt des Leitfadens ausführlich zu reflektieren, sein Zeitkontingent hoffnungslos überschreiten würde;
- aufgrund der aktuellen didaktischen Diskussion eine streng nach Plan vorgenommene geschlossene Durchführung einer Unterrichtsstunde oder -einheit obsolet ist.

Ungeachtet der vorstehenden Vorbehalte vertreten wir dennoch die Überzeugung, dass ein Planungsleitfaden zur Qualitätssteigerung des Unterrichts beitragen kann, wenn er

- Lehrern ermöglicht, systematisch, lückenlos und damit vollständig die Interdependenzen von Inhalten, Zielen, Methoden und Medien in einen Zusammenhang bringen zu können mit den individuellen Lernbedingungen der Schüler;
- so knapp wie möglich gehalten ist, um Praktikanten, Referendare und Lehrer nicht mit umfänglichen schriftlichen Ausarbeitungen zu belasten;
- die in der Fachliteratur vorliegenden Planungshilfen integriert, statt »das Rad um jeden Preis neu zu erfinden« oder sich einseitig an einer bestimmten didaktischen »Schule« zu orientieren;
- in einer einfachen und verständlichen Sprache verfasst ist und zugleich an die gängige didaktische Terminologie anknüpft.

Bei der Zugrundelegung der vorstehend formulierten Kriterien für einen neu zu verfassenden Planungsleitfaden stellt ein synoptisches Vorgehen der Autoren die angemessene Methode dar. Das heißt bewährte Planungsleitfäden sind miteinander abzugleichen, die einzelnen Planungselemente auf ihre Bewährung, ihre terminologische Festlegung, ihre Vollständigkeit hin zu überprüfen. Darüber hinaus wurde bereits ausführlich die pädagogische Vorentscheidung der Autoren dargelegt und begründet, dass Planung und Durchführung von Unterricht in der Schule für Geistigbehinderte als zentrales Anliegen verfolgt, die Handlungsfähigkeit der Schüler zu entwickeln und zu fördern. Die Zugrundelegung dieses Kriterium wiederum verlangt, dass über ein synoptisch erzieltes Ergebnis hinaus Planungselemente in den zu konzipierenden Leitfaden aufgenommen werden, die Lehrern Reflexionsmöglichkeiten bieten und Hilfestellungen geben, einen handlungsorientierten Unterricht zu planen und durchzuführen.

In diesem einzigen Punkt nur, der Fokussierung auf Entwicklung und Förderung von Handlungsfähigkeit, erhebt der nachfolgende Planungsleitfaden den Anspruch auf Exklusivität. Gleichzeitig sehen die Autoren in diesem Punkt das geeignete Bewährungskriterium für den neu zu konzipierenden Planungsleitfaden. Als Frage formuliert lautet dieses Bewährungskriterium: Gelingt es in der Praxis mit Hilfe des Leitfadens, Unterricht zeitökonomisch so zu planen, dass geistigbehinderte Schüler ihre Handlungsfähigkeit nachweisbar ausdifferenzieren und weiter entwickeln können?

Leitfragen zur Unterrichtsplanung

1 Bedingungsanalyse

Strukturelement: Schüler und ihre Lernbedingungen Erkenntnisleitende Fragestellung: Mit wem?

1.1 Individuelle Lernausgangslage und Niveau der Handlungsfähigkeit des Schülers

1.1.1 Über welche Vorerfahrungen, über welche Kompetenzen, über welche Erfahrungswelten verfügt der Schüler, welche die Auswahl von Zielen, Inhalten, Methoden und Medien begründen können?

1.1.2 Welche dominierenden Tätigkeiten nach Leontjew sind beim Schüler zu beobachten, welches Tätigkeitsniveau bevorzugt er (perzeptive Tätigkeit, manipulative Tätigkeit, gegenständliche Tätigkeit, Spieltätigkeit, abstrakte schulische Lerntätigkeit, Arbeitstätigkeit)?

1.1.3 Zu welchen Lerninhalten könnte er entsprechend seinem Tätigkeitsniveau schon einen Bezug haben?

1.1.4 Welcher Lerninhalt wird entsprechend seinem Tätigkeitsniveau voraussichtlich sein Interesse wecken?

1.1.5 Welche Zugänge zu einem Lerninhalt präferiert der Schüler, und welche sollte er erlernen?

1.1.6 Welche Etappen des Aneignungsprozesses nach Galperin soll oder muss der Schüler durchlaufen (materielle Etappe, materialisierte Etappe, Etappe der äußeren Sprache, Etappe der verkürzten äußeren Sprache, innere Sprache)?

1.1.7 Welche Lernmethoden, Rituale, Arbeits-, Interaktions- und Kooperationsformen beherrscht der Schüler, welche sollte er erlernen?

1.1.8 Welche instrumentellen Fertigkeiten im Umgang mit der Handhabung von Medien beherrscht der Schüler, welche sollte er erlernen?

1.1.9 Wie kommuniziert der Schüler (Lautsprache, Unterstützte Kommunikation)?

1.1.10 Mit welchen Erschwernissen bzw. Ausführungs- und Verständnisschwierigkeiten ist zu rechnen?

1.2 Emotional-soziale Ausgangslage

1.2.1 Welche Leistungsmotivation wird der Schüler bei diesem Lerninhalt zeigen? Wie kann er zum Handeln motiviert werden?

1.2.2 Welchen Handlungstyp nach Weber (traditionaler Handlungstyp, affektueller Handlungstyp, wertrationaler Handlungstyp, zweckrationaler Handlungstyp) bevorzugt der Schüler? Welcher Handlungstyp wird ihm zur Bewältigung der Aufgabenstellungen abverlangt?

1.2.3 Hat der Schüler zurzeit gesundheitliche Probleme (Medikamenteneinnahme), die seine Stimmungslage beeinflussen oder seine Handlungskompetenzen einschränken?

1.2.4 Welche gruppenspezifischen Bedingungen sind zu berücksichtigen (Größe und Zusammensetzung der Lerngruppe)?

1.2.5 Welche Gruppenprozesse und -strukturen können den Unterricht fördern bzw. beeinträchtigen?

1.2.6 Wie viele Lehrkräfte können im Unterricht eingesetzt werden und welche Aufgabe übernimmt welche Lehrkraft in welcher Phase des Unterrichts?

1.2.7 Wie ist das Verhältnis der Schüler zu den unterrichtenden Lehrern?

1.3 Konzeptionelle Vorgaben und soziokulturelle Bedingungen

1.3.1 Welche Vorgaben hinsichtlich des geplanten Unterrichts (Lehrpläne, Stundenpläne, Schulprogramme) sind zu berücksichtigen?

1.3.2 Sollten außerschulische Einflüsse (Elternhaus, Faktoren des Lebenszusammenhangs) bei der Planung des Unterrichts berücksichtigt werden?

2 *Didaktische Analyse*

Strukturelement: Lerninhalte Erkenntnisleitende Fragestellung: Was?

2.1 Gegenwartsbedeutung

2.1.1 Warum sollte der Schüler den Sachverhalt lernen? Welche Sach-, Sozial- und Handlungskompetenzen lassen sich anhand der Lerninhalte festigen oder erweitern?

2.1.2 Welche Bedeutung hat dieser Sachverhalt im gegenwärtigen Leben des Schülers?

2.2 Zukunftsbedeutung

2.2.1 Worin liegt die Bedeutung des Sachverhalts oder Inhalts für die Zukunft des Schülers?

2.2.2 Welche Erfahrung, Erkenntnis, Einsicht, Einstellung kann der Schüler gewinnen, welche Fähigkeit, Fertigkeit kann er erlernen, die ihm dazu verhelfen, seine Handlungskompetenz zu erweitern, künftige Schwierigkeiten zu überwinden oder Gefahren vermeiden zu helfen?

2.3 Strukturanalyse

2.3.1 Welche Struktur hat der Sachverhalt oder Inhalt aus der Sicht des Lehrers?

2.3.2 Fordert der Lerninhalt aufgrund seiner inneren Gliederung eine zwingende Abfolge des Vorgehens?

2.3.3 Unter welchen Aspekten sollte, unter Berücksichtigung der gegenstandsbezogenen Erfordernisse und der Lernausgangslage des Schülers, der Lerninhalt gesehen werden?

2.3.4 Welche Fragen und Begründungsweisen sind gegenstandgemäß?

2.3.5 Welche dominierende Tätigkeit nach Leontjew verlangt die Aneignung des Lerninhalts vom Schüler?

2.4 Exemplarizität und erschließende Bedeutung

2.4.1 Welches Allgemeine, Prinzip, welche Grundeinsicht, welcher Sinn- oder Sachzusammenhang lässt sich am Inhalt erschließen, welche Handlungskompetenz soll durch ihn vermittelt werden?

2.4.2 Können anhand des Lerninhalts vom Schüler (Sach-, Sozial-, Personal-, Handlungs-)Kompetenzen erworben werden, die Voraussetzung sind für seine Selbstverwirklichung in sozialer Integration?

2.4.3 Welche Lernziele ergeben sich aus den Lerninhalten?

2.4.4 Wie erschließe ich den Schülern die Bedeutung des Lerninhalts?

2.5 Didaktische Reduktion und Zugänglichkeit

2.5.1 Wie kann man den Unterrichtsgegenstand vereinfachen, ohne ihn zu verfälschen?

2.5.2 Welche spezifischen Lernprozesse sollen in dieser Stunde initiiert werden und sind als weiterführend anzusehen?

2.5.3 Welche Lernprozesse gingen der Unterrichtsstunde voraus?

2.5.4 Welche Vorkenntnisse und Methoden sind zur Auseinandersetzung mit diesem Unterrichtsgegenstand notwendige Voraussetzungen?

2.5.5 Welche Handlungsmöglichkeiten in welchen Unterrichtsphasen nach Mühl und auf welchem Niveau nach Galperin hat der Schüler, um den Lerninhalt zu erfassen?

2.5.6 Kann der Schüler handelnd einen Zugang zum Unterrichtsgegenstand finden? Ergeben sich dabei Anknüpfungen an vorausgegangene Handlungsmöglichkeiten?

2.5.7 Basiert die Unterrichtsstunde auf der Systematik eines Lehrgangs?

2.6 Differenzierung

2.6.1 Ermöglicht der Unterrichtsgegenstand Zugänge auf unterschiedlichem Tätigkeitsniveau nach Leontjew?

2.6.2 Welche Etappen des Aneignungsprozesses nach Galperin sind zu berücksichtigen?

2.6.3 Welche Abstufung der Beteiligung von Lehrern und Schülern in der Phase der Handlungsorientierung, der -planung, der -ausführung und -kontrolle sind möglich?

2.6.4 Welche Zieldifferenzierung für einzelne Schüler wird vorgenommen?

2.7 Lehrplanbezug und Bezug zum Schulprogramm

2.7.1 Ist ein Lehrplanbezug vorhanden? In welchem größeren Zusammenhang steht der Lerninhalt im Lehrplan bzw. im Schulprogramm?

2.7.2 Gibt es eine Begründung dafür, dass der Lerninhalt aufgegriffen wird, obwohl er nicht im Lehrplan oder im Schulprogramm enthalten ist?

3 Didaktische Analyse 2

Strukturelement: Zielstellungen Erkenntnisleitende Fragestellung: Wozu?

3.1 Begründung von der Lernausgangslage des Schülers her

3.1.1 Welche Ziele sollte der Lehrer auswählen unter Berücksichtigung der Lernausgangslage des Schülers und mit der Intention, diesem Hilfestellung zu leisten bei der Entwicklung seiner Sach-, Sozial- und Handlungskompetenz?

3.1.2 Gibt es eine gemeinsame Zielstellung für alle Schüler, und gibt es differenzierte Zielstellungen für einzelne Schüler?

3.2 Begründung von der Gegenwarts- und Zukunftsbedeutung her

3.2.1 Welche Gegenwarts- oder Zukunftsbedeutung haben die gewählten Zielstellungen für den Schüler?

3.3 Begründung von der didaktischen Grundposition »Förderung der Handlungsfähigkeit« her

3.3.1 Können die Zielsetzungen des Lehrers dem Schüler bewusst gemacht werden? Wie?

3.3.2 Können Zielsetzungen des Lehrers zu Handlungszielen des Schülers werden? Wie?

4 *Methodische Analyse 1*

Strukturelement: Methoden Erkenntnisleitende Fragestellung: Wie?

4.1 Methodische Gegenstandsadäquanz

4.1.1 Welche Methode lässt sich finden, die als ziel- und inhaltsbezogen ausgewiesen werden kann?

4.1.2 Welche Funktionen im Hinblick auf Ziele und Inhalte sollen die Aktions- und Arbeitsformen erfüllen?

4.2 Strukturierung des Lerninhalts entsprechend der Lernausgangslage

4.2.1 Welche Methode trägt der Lernausgangslage des Schülers Rechnung?

4.2.2 Welche Etappen des Aneignungsprozesses nach Galperin sollten aufgrund der Lernausgangslage berücksichtigt werden?

4.3 Schülerbeteiligung und Handlungsorientierung

4.3.1 In welchen Phasen (Handlungsorientierung, -planung, -ausführung, -kontrolle) soll der Schüler beteiligt werden?

4.3.2 In welchen Phasen werden dem Schüler Möglichkeiten der Antriebsregulation oder der Ausführungsregulation angeboten? Auf welchen Ebenen (sensomotorische Handlungsregulation, perzeptiv-begriffliche Handlungsregulation, intellektuelle Handlungsregulation)?

4.3.3 Welcher Handlungstyp (traditionales, affektuelles, wertrationales, zweckrationales Handeln) wird vom Schüler in welchen Phasen erwartet?

4.3.4 Welches Ausmaß der Schülerbeteiligung wird in den Phasen angestrebt (Lehrer alleine / Lehrer vorwiegend mit etwas Schülerbeteiligung / Lehrer und Schüler gleichgewichtig gemeinsam / Lehrer mit geringer Beteiligung, vorwiegend Schüler / Schüler alleine)?

4.3.5 Werden dem Schüler Möglichkeiten der Ausdifferenzierung und Entwicklung der einzelnen Komponenten der Handlungsfähigkeit angeboten (schülereigene Handlungsausführung / Aufbau von automatisierten Routinen durch Wiederholungen / Hinführung zur Erfolgskontrolle, zur Erstellung von Handlungsplänen, zur Wahl der Handlungsmittel, zur Anordnung der Handlungsschritte)?

4.4 Lehrformen und Lernformen

4.4.1 Welche Gesamtorientierung kann der Lehrer seinem methodischen Handeln zu Grunde legen, die er beherrscht (handlungsorientierte Verfahren, körperorientierte Verfahren, sensorisch orientierte Verfahren, aktivierende Verfahren, aktivitätsgebundene Verfahren, Formen der Unterstützten Kommunikation)?

4.4.2 Durch welche Aktions- und Arbeitsformen geschieht dies (körperorientierte und sensorische Aktivierung, Unterrichtsgespräch, Lehrervortrag, Spiele, Experiment, Training, Lehrgang, Formen offener Unterrichtsarbeit, Projektarbeit)?

4.4.3 Welche Methode ist unter den jeweiligen schulisch-organisatorischen und den räumlichen Bedingungen realisierbar?

4.4.4 Wird für Schüler mit unterschiedlicher Lernausgangslage differenziert?

4.5 Sozialformen

4.5.1 Welche Sozialformen erscheinen vor dem Hintergrund der Bedingungsanalyse und der didaktischen Analyse als adäquat?

4.5.2 Sind sie angesichts der speziellen Kooperations- und Kommunikationsformen der Klasse angemessen?

4.5.3 Welche Lernmöglichkeiten ergeben sich durch die ausgewählten Sozialformen?

4.5.4 Welche Beziehungsstrukturen werden dadurch erweitert?

4.6 Ergebniskontrolle

4.6.1 Wie soll der individuelle Lernerfolg des Schülers überprüft werden?

4.6.2 Werden Transfermöglichkeiten angeboten? Welche?

5 Methodische Analyse 2

Strukturelement: Medien Erkenntnisleitende Fragestellung: Womit?

5.1 Mediale Gegenstandsadäquanz

5.1.1 Welche Aspekte, Merkmale, Zusammenhänge der Lerninhalte machen die Medien dem Schüler einsichtig oder unterstützen seinen Lernprozess?

5.2 Anregende, handlungsfördernde Lernumwelt

5.2.1 Welche Medien können die Schüler selbstständig bedienen?

5.2.2 Was muss beim Einsatz der Medien berücksichtigt werden?

5.2.3 Wie ist die Lernumwelt zu arrangieren, welche Medien müssen bereitstehen, damit der Schüler Handlungen möglichst selbstständig durchführen kann?

5.2.4 Benötigt der Schüler Medien, um zu kommunizieren? Welche Medien benötigt er (Symboltafeln, technische Medien)?

6 *Vorgesehener Unterrichtsverlauf*

Phase/Zeit	Lehrer- und Schüler-aktivitäten	Sozialformen	Medien	Anmerkungen/Alternativen
Phase der Handlungs-orientierung				
Phase der Handlungs-planung				
Phase der Handlungs-durchführung				
Phase der Handlungs-kontrolle				

Tab. 12: Planungsraster für den vorgesehenen Unterricht

An mehreren Stellen wurde bereits darauf hingewiesen, dass der gedankliche Planungsprozess mit der Reflexion unterschiedlicher Strukturelemente beginnen kann. Andererseits kann man die zu reflektierenden Elemente nicht anders als in einer Abfolge darstellen. Daraus erwächst immer wieder das Missverständnis, es müssten die Strukturelemente in der gleichen Reihenfolge bedacht und begründet werden, d. h. es gäbe eine zwingende Reihenfolge. Dass dem nicht so ist, zeigt die Alltagserfahrung von Lehrern.

In unserem Beispiel beginnt die Sonderschullehrerin Müller den Planungsprozess mit einer inhaltlichen Festlegung. Sie entscheidet sich, für diese Vertretungsstunde einen Unterrichtsinhalt aus dem Fach Ästhetik-

Bildende Kunst zu wählen. Erfahrene Lehrer wissen, dass eine in der Freizeit erlernte bildnerische Technik oder Sportart, ein auf dem Spaziergang gefundenes intaktes Schneckengehäuse, eine Alltagssituation oder Begebenheit, deren Bewältigung als zukunftsrelevant für die Schüler eingeschätzt wird, gleich einer Initialzündung den Planungsprozess für eine Unterrichtsstunde oder -einheit auslösen kann. »Die besten Ideen zur Planung und Gestaltung einer Unterrichtsstunde gewinne ich in der Freizeit, indem ich meine Kinder beim Spielen beobachte«, verriet eine erfahrene Lehrerin ihrer Referendarin. »Die Kärrnerarbeit hingegen beginnt, wenn ich am Schreibtisch sitze und diese Ideen in einen Begründungszusammenhang bringe, der alle wesentlichen Strukturelemente des Unterrichts sowie deren Folge- und Wechselwirkung berücksichtigt. Vernachlässige ich diesen zweiten bedeutsamen Planungsschritt, so erzielen die besten Gestaltungsideen die Wirkung von Feuerwerksraketen: Kurzfristig imposant, langfristig verpuffend.«

In diesem Sinne will der vorstehende Leitfaden eine heuristische Anleitung für Berufsanfänger und erfahrene Lehrer sein, der zum einen verhindert, dass subjektive Evidenz (Aha-Erlebnis) die alleinige Planungsgrundlage bildet und damit einem Beliebigkeits-Unterricht Vorschub leistet. Zum anderen soll der Planungsleitfaden ermöglichen, dass zündende Gestaltungsideen nicht zwingend linear, dennoch systematisch auf ihre Richtigkeit geprüft werden können.

ARBEITSAUFTRAG 16.1

Als Thema der Stunde wird in der Unterrichtsplanung angegeben: »Wir decken den Frühstückstisch mit Setteilen, Brettchen, Messern, Tassen und Kaffeelöffeln«

Die Zielstellung lautet: »Die Schüler sollen einen Mächtigkeitsvergleich zwischen zwei Mengen durch paarweises, räumliches Zuordnen vornehmen.«

Übernehmen Sie die Ausführung des Leitfaden-Punkts 2.3.1 und überdenken Sie das Thema nach der Frage: »Welche Struktur hat der Sachverhalt oder Inhalt aus der Sicht des Lehrers?«

Wenn Sie Hilfestellung zur Bewältigung der Aufgabe benötigen, so laden Sie sich unter der web-Adresse: ›sonderpaedagogik.bildung-rp.de/lehrplaene.htm‹ den Lehrplan für die Schule mit dem Förderschwerpunkt ganzheitliche Entwicklung (= Schule für Geistigbehinderte) des Landes Rheinland-Pfalz auf Ihren Computer und lesen Sie die Seiten 388 ff.

ARBEITSAUFTRAG 16.2

Erörtern Sie zum gleichen Unterrichtsthema und zu der genannten Zielstellung den Punkt:

»4.3.1 In welchen Phasen (Handlungsorientierung, -planung, -ausführung, -kontrolle) soll der Schüler beteiligt werden?«

Literaturverzeichnis zu Kapitel 16

ADL-AMINI, B.; KÜNZLI, R. (1980): Didaktische Modelle und Unterrichtsplanung. München

KRAWITZ, R. (Hg.) (1997): Bildung im Haus des Lernens. Bad Heilbrunn

MARAS, R. (1975): Unterrichtsgestaltung in der Grundschule heute. Studien zur Bildungstheorie und Didaktik. Weinheim, Basel

MEYER, H. L. (1980): Leitfaden zur Unterrichtsvorbereitung. Königstein

RHEINLAND-PFALZ (2001): Ministerium für Bildung, Frauen und Jugend: Richtlinien für die Schule mit dem Förderschwerpunkt ganzheitliche Entwicklung und Lehrplan zur sonderpädagogischen Förderung von Schülerinnen und Schülern mit dem Förderbedarf ganzheitliche Entwicklung. Grünstadt. Im Internet unter www.sonderpaedagogik.bildung-rp.de/lehrplaene.htm

THEIS-SCHOLZ, M.; THÜMMEL, I. (2002): Sonderpädagogische Förderung konkret – Praxisnahe Konzepte und Beispiele. Weinheim, Berlin, Basel

THÜMMEL, I. (2004): Gangbare Wege in nachschulische Lebenswelten. Zum Bildungsauftrag der Werkstufe und seiner Umsetzung im Werkstufenkonzept der Carl-Orff-Schule. In: FISCHER, E. (Hg.): Welt verstehen, Wirklichkeit konstruieren. Unterricht bei Kindern und Jugendlichen mit geistiger Behinderung. 249–270

17 Konventioneller Unterrichtsentwurf und Handlungsorientierung

Aspekte der Orientierung am Handeln finden wir immer wieder auch in solchen Unterrichtsentwürfen, die nicht ausdrücklich dem Handlungskonzept verpflichtet sind. Wo Schüler körperlich, manuell tätig werden, sprechen Lehrer gerne vom »Handeln«, ohne das Handlungskonzept in seiner vollen Breite zu beachten. Einen solchen Unterrichtsentwurf wollen wir uns ansehen und auf das Ausmaß seiner Handlungsorientierung hin durchanalysieren, um daraus weitere Hinweise zu gewinnen. Die Originalfassung dieses Entwurfs »Oberstufe: Wir bauen ein Segelschiff« finden Sie in Pitsch, H.-J.: Zur Didaktik und Methodik des Unterrichts mit Geistigbehinderten. 3. Aufl., Oberhausen: Athena-Verlag, 2002, 388–397. Die Anmerkungen sind schattiert; der Originaltext wurde leicht gekürzt.

Oberstufe: Wir bauen ein Segelschiff

Die nachfolgende UE gehört als Starteinheit zu einer Reihe von sechs Unterrichtseinheiten, an deren Ende erst das vorgesehene »Segelschiff« aus Fichtenbrett, Rundstäben, Ösenhaken und Packkordel fertig sein soll.

Die Klassensituation

Diese Oberstufenklasse umfasst drei Mädchen und drei Jungen, 14 und 15 Jahre alt. In dieser Zusammensetzung besteht die Klasse erst seit knapp einem halben Jahr. Trotz erwarteter Schwierigkeiten beim Formieren zur Gruppe bzw. beim Zusammenwachsen dieser neuen Klasse gelang es den Schülern relativ schnell und ohne größere Schwierigkeiten, eine weitgehend harmonierende Klassengemeinschaft zu bilden.

Bei allen Schülern steht die geistige Behinderung im Vordergrund. Die kognitive Leistungskapazität in den jeweiligen Teilbereichen ist individuell sehr unterschiedlich. Ebenso differiert das sprachliche Niveau hinsichtlich der Aktiv- und Passivsprache. Auch sind deutliche Diskrepanzen in der Entwicklung der Stato-, Grob- wie Feinmotorik zu erkennen, ebenso hinsichtlich des Entwicklungsstands des sozialen Verhaltens. In dieser Klasse gibt es keinen offensichtlichen Außenseiter und auch niemanden, der eine dominierende Führungsrolle innehat.

Eine Schülerin hat ein Krampfleiden. Sie zeigt auch verglichen mit den allgemeinen Leistungsniveau der Klasse einen auffälligen Rückstand und ist ausschließlich manipulativ im Sinne Leontjews tätig.

Die Klasse ist nur teilweise einigermaßen homogen. Claudia weicht in allen interessierenden Merkmalen von den übrigen Schülern erheblich ab; sie ist den Schwerstbehinderten zuzurechnen. Dennoch gilt es, sie in den regulären Unterricht einzubinden und sie in ihr angemessener Weise tätig werden zu lassen – ganz im Sinne von Feusers Maxime der gemeinsamen Tätigkeit am gemeinsamen Gegenstand. Wie dies selbst im Werkunterricht geleistet werden kann, deutet der nachfolgende Unterrichtsentwurf zumindest an.

Zur Lehrer-Schüler-Situation

Der Klassenleiter ist erst seit ca. sechs Monaten an der SfG tätig. Somit waren die Schüler dieser Oberstufenklasse nicht nur mit einer völlig neuen Klassenformation konfrontiert, sondern mussten sich auch auf eine neue, bisher unbekannte Lehrperson einstellen und mit ihr zurechtkommen. Anfangs kam es zu nur dezenten Schwierigkeiten im Umgang der Schüler mit dem Lehrer. Auch aus der Sicht des Lehrers hielten sich anfängliche Disziplin- und Verständigungsprobleme durchaus im Rahmen. Nach nunmehr einem halben Jahr der Zusammenarbeit ist das Verhältnis zwischen Schülern und Lehrer von gegenseitigem Vertrauen geprägt und das Beziehungsgefüge bereits gefestigt.

> In einer konventionellen Form der Unterrichtsvorbereitung werden nun die einzelnen Schüler vorgestellt. Allgemeine Aussagen über Schüler haben dann meist noch keinen Zusammenhang zum Lern- oder Arbeitsvorhaben. Günstiger ist es wohl, zunächst dieses Vorhaben und seine Anforderungen vorzustellen, um dann die vorhabenspezifischen Handlungsvoraussetzungen der Schüler zu erörtern.

Der didaktische und organisatorische Rahmen

Zur Funktion von Arbeitslehre/Werkunterricht

In der Oberstufe der Schule für Geistigbehinderte ist der Werkunterricht ein wichtiger Bestandteil des Unterrichts. Bereits hier werden die Schüler durch gezielte Arbeitserziehung auf ihre spätere Arbeitstätigkeit in der Werkstatt für behinderte Menschen oder anderen Beschäftigungsverhältnissen vorbereitet. Innerhalb des Werkunterrichts lernen die

Schüler die Basiswerkzeuge (z. B. Hammer, Säge, Feile) und deren Gebrauch kennen. Weiterhin erfahren sie die Vielfalt der sich zur Be- und Verarbeitung anbietenden Materialien. Die Entwicklung eines technischen Denkens wird durch den Gebrauch dieser Werkzeuge an verschiedenen Materialien geschult.

Hier geht es also nur um die reinen Techniken und die Entwicklung eines technischen Denkens. Einstellungen zur Arbeit, »Arbeitstugenden« und notwendige Basis- wie Nebenarbeiten (Aufbewahrung, Pflege von Material und Werkzeug, Vorbereitung des Arbeitsplatzes, Aufräumen) werden nicht erwähnt.

Zur Auswahl des Arbeitsgegenstands

Dieses Thema wurde gewählt, da die Schüler bereits in anderen Unterrichtsstunden Schiffe angefertigt haben, zum einen als Faltarbeit aus Papier und zum anderen mittels Steck- und Klebeverbindungen aus Kork.

Kein Wort davon, wer gewählt hat. Waren die Schüler an dieser Festlegung beteiligt? War es der Schülerwille, einen bekannten Gegenstand einmal aus anderem Material herzustellen?

Die Arbeitserziehung steht bei dieser UE im Vordergrund. Durch das Beobachten und Nachvollziehen der einzelnen Arbeitsschritte werden Kognition, Konzentration und Ausdauer gefördert sowie die Kreativität der Schüler durch das Einbringen von Abwandlungsmöglichkeiten geweckt. Auch die Selbstständigkeit der Schüler wird durch das Ausführen der einzelnen Arbeitsschritte gefordert und gefördert. Durch die erforderliche umfassende verbale Interaktion der Schüler untereinander und mit dem Lehrer bei der Übernahme von Anleitungen und den praktischen Arbeiten wird auch die Sprachförderung tangiert. Auftretende leistungsspezifische individuelle Unterschiede der Schüler werden zu einem positiven Sozialverhalten (= gegenseitige Hilfestellungen) beitragen.

Sie sehen, dass hier Hoffnungen, Erwartungen des Lehrers bereits als harte, erwiesene Tatsachen dargestellt werden. Ein vorsichtiger Lehrer formuliert seine Erwartungen auch als solche, im schlimmsten Fall mit Formulierungen wie »... soll erreicht werden ...«. Immerhin geht der Lehrer davon aus, dass die Schüler Modifikationen der Handlungsausführung selbst erfinden und vorschlagen. Diese Kreativität traut der Lehrer seinen Schülern bei der Erarbeitung eines Handlungsplans allerdings nicht zu; sie sollen seine Anleitungen lediglich übernehmen.

Zur Stellung der Unterrichtseinheit in der Planungsperiode

Der Werkunterricht erfolgt in dieser Klasse der Oberstufe als Klassenunterricht und wird vom Klassenlehrer durchgeführt. Die Schüler befinden sich immer noch in der Anbahnungsphase des Werkens. Bisher haben sie die Basiswerkzeuge Hammer, Säge, Schraubendreher und die Werkmaterialien Weichholz, Leimholz, Gasbeton, Kork und Sand kennen gelernt. In den folgenden zwei Wochen sollen die Schüler ein Segelschiff aus Weichholzbrettern, Rundhölzern, diversen Holzleisten, Schrauben, Nägeln, Garn und Stoffresten herstellen. Vorgesehen sind insgesamt sechs Unterrichtseinheiten.

Zur Stellung der Unterrichtseinheit im Tagesplan

Diese UE ist die erste im Vorhaben »Wir bauen ein Segelschiff«. Sie orientiert sich am Stundenplan der Klasse und liegt in der 5. und 6. Schulstunde nach der Mittagspause.

Die Unterrichtsplanung

Zuordnung der Lernziele zu den KMK-Empfehlungen von 1979
(siehe SEKRETARIAT 1980):

Leitziel 5: Fähigkeit, die Sachumwelt als veränderbar erkennen und gestalten zu können.
Richtziel 5.1: Fähigkeit, Materialien, Geräte und Werkzeuge zu beschaffen, zu probieren und zu benutzen.
Grobziel 5.1.1: Materialien unter Berücksichtigung ihrer Eigenschaften handhaben bzw. gestalten.
Grobziel 5.1.3: Materialien, Geräte und Werkzeuge entsprechend dem Vorhaben oder dem Auftrag beschaffen, erproben und verwenden.
Grobziel 5.1.4: Materialien, Geräte und Werkzeuge ordnen, aufbewahren und pflegen.

Hieraus abgeleitete Feinziele

Die Schüler sollen
FZ 1: die benötigten Werkzeuge Hammer und Säge bereitlegen können,
FZ 2: die Holzleisten absägen können,
FZ 3: die Rundholzstäbe absägen können,

FZ 4: den Rundholzstab in das vorhandene große Bohrloch stecken können,
FZ 5: die freie Kopfseite des Rundholzstabs mit der stumpfen Schlagfläche des Hammers treffen können,
FZ 6: die Schraubösen in die vorhandenen kleinen Bohrlöcher stecken und einschrauben können.

Lernausgangslage

Die Schüler befinden sich erst in der Anbahnungsphase bezüglich des Umgangs mit Arbeitsgeräten des Werkunterrichts. Folglich ist die Handhabung von Hammer und Säge bei weitem noch nicht gefestigt. Lediglich diverse Klebeverbindungsmöglichkeiten von Holz werden beherrscht. Beim Gebrauch des Hammers zeigen sich noch erhebliche Probleme der Koordination, und es fällt den Schülern schwer, z. B. den beim Nageln notwendigen Kraftaufwand richtig abzuschätzen. Auch bei der Benutzung der Säge kommt es zu Koordinationsschwierigkeiten und zu einem unangemessenen Krafteinsatz. Bereits das Ansetzen des Sägeblatts auf den vorgesehenen Schnittpunkt bereitet allen Schülern Probleme.

Die Materialien Weichholz, Spanplatten, Holzklötze, verschiedene Holzleisten und Holzspäne sind den Schülern bereits bekannt, ebenso Nägel, Schrauben und Holzleim als Verbindungsmittel.

An dieser Stelle wäre es nun nützlich, die einzelnen Schüler hinsichtlich ihrer allgemeinen und vorhabenspezifischen Handlungsmöglichkeiten zu beschreiben und herauszuarbeiten, welche Handlungsmöglichkeiten durch welchen Arbeitsteil wie weiter gefördert werden können. Aus dem Original des Stundenentwurfs fügen wir nun die Schülerbeschreibungen hier ein.

Die Schüler

Sebastiano, 14 Jahre, Familiensprache italienisch

Sebastiano wurde mit Eintritt der Schulpflicht in die SfG eingeschult. Er zeigt Trisomie 21 mit ausgeprägter Sprachentwicklungsstörung und ist ein wenig antriebsarm und sehr langsam in allem, was er tut. Bei Anforderungen und Aufgabenstellungen durch den Klassenlehrer ist er meistens bereit, diese zu erfüllen bzw. auszuführen. Sprache kann er nur schwer als Kommunikationsmittel gebrauchen. Sein passiver Wortschatz ist ebenfalls lückenhaft. Seine Vorlieben bestehen im Malen und im Freispiel mit anderen Schülern in den Pausen.

Wir haben es hier mit einer konventionellen Schülerbeschreibung zu tun, die nur wenig Hinweise auf die Ausprägung allgemeiner und vorhabenspezifischer Handlungsfähigkeit gibt: Er scheint von der Steuerung durch den Lehrer abhängig. Wie er aber bereits mit den Materialien und Werkzeugen umgehen kann, wird verschwiegen.

Laura, 15 Jahre, Italienerin
Laura wurde aus einer Schule für Körperbehinderte in die SfG umgeschult. Bei ihr liegen eine frühkindliche Hirnschädigung sowie eine schwere Kyphose der Wirbelsäule vor. Sie trägt ein Korsett, wodurch sie in allen motorischen Bewegungsabläufen stark beeinträchtigt ist, und wurde vom Sportunterricht befreit. Laura ist sowohl bei der regelmäßigen Körperhygiene als auch beim Reinhalten des Klassenraums sehr gründlich und gewissenhaft. Innerhalb der Aktivsprache zeigen sich erhebliche Mängel, und sporadisch tritt tonisches Stottern auf.

Hier finden wir nur allgemeine Hinweise: Trotz erheblicher motorischer Beeinträchtigung verfügt Laura anscheinend über eine bemerkenswerte Kompetenz bei solchen Tätigkeiten, die für sie vermutlich von hoher persönlicher Bedeutung sind. Aussagen über spezifische Handlungsvoraussetzungen fehlen.

Manfred, 15 Jahre
M. wurde mit Eintritt der Schulpflicht unmittelbar in eine SfG eingeschult. Die hiesige Schule besucht er erst seit einem halben Jahr. Bei Manfred liegt eine frühkindliche Hirnschädigung mit allgemeiner Retardierung vor, die mit Komplikationen einer Zwillingsgeburt in Verbindung gebracht werden kann. Er ist motivierbar und versucht die ihm aufgetragenen Arbeiten auch auszuführen. Manfred weist gute soziale Verhaltensmuster auf, die ihn oftmals vor anderen auszeichnen. Er besitzt zwar den größten passiven Wortschatz innerhalb dieser Klasse, jedoch ist seine Aktivsprache von permanenten Wort- bzw. Satzwiederholungen geprägt. Immer wieder wird eine Wahrnehmungsverarbeitungsstörung deutlich. Seine extreme Angst vor dem Schwimmen und vor Tieren jeglicher Art ist markant.

Handlungsbezogen finden wir hier nur die Aussagen zur Motivierbarkeit und Ausführungsbereitschaft bei Aufträgen. Die übrigen Angaben stehen nicht in Zusammenhang mit dem Vorhaben. Spezifische Aussagen fehlen.

Maria, 14 Jahre

M. wurde nach einem Jahr Zurückstellung vom Schulbesuch mit sieben Jahren in die SfG eingeschult. Ihre geistige Behinderung hat ihren Ursprung in einer angeborenen Cytomegalie verbunden mit Mikrocephalie. Sie verfügt über die beste Aktivsprache dieser Klasse und zeigt das beste Leistungsniveau in den Kulturtechniken. Eine Ausweitung ihres allgemeinen Leistungsvermögens wird (zumindest derzeit) durch ihre schlechte Merkfähigkeit begrenzt. Auf Arbeitsanweisungen des Klassenleiters reagiert sie oftmals völlig unzureichend, obwohl deren Bewältigung ihr keinerlei Schwierigkeiten bereiten würde.

Es konturiert sich wohl so etwas wie ein »Bild« von der Schülerin, das sich in Bezug auf ihr Handeln jedoch nicht konkretisiert. Warum z. B. reagiert sie auf Anweisungen unzureichend? Und: wie reagiert sie? Führt sie solche Arbeiten möglicherweise ohne Anweisungen aus? Und welche Voraussetzungen bringt sie für dieses konkrete Arbeitsvorhaben mit?

Claudia, 14 Jahre

Claudia wurde nach einjähriger Zurückstellung vom Schulbesuch mit sieben Jahren in die SfG eingeschult. Sie ist durch eine schwere geistige Behinderung mit autistischen Zügen gekennzeichnet, des weiteren durch ein Krampfleiden zusätzlich beeinträchtigt. In den vergangenen sechs Schuljahren konnte sie nur sehr diskrete Lernfortschritte erzielen. Auch ihre körperliche Gesamtentwicklung ist nicht altersentsprechend. Ihre Aktivsprache beschränkt sich auf die Artikulation weniger Laute; Ataxie und erhebliche visumotorische Koordinationsstörungen sind unverkennbar. Darüber hinaus werden im alltäglichen Unterrichtsablauf immer wieder gravierende Wahrnehmungs- und Wahrnehmungsverarbeitungsstörungen deutlich.

So, jetzt können wir nur vermuten, dass Claudias Handlungskompetenz insgesamt extrem schwach ausgeprägt ist. Die berichteten Wahrnehmungsstörungen weisen auf Probleme bereits bei der Handlungsorientierung hin. Vorhabenspezifisch wissen wir nichts.

Thomas, 15 Jahre

Thomas wurde mit Beginn der Schulpflicht in eine SfG aufgenommen. Die hiesige Schule besucht er seit knapp zwei Jahren. Er ist aufgrund einer Hirnschädigung unklarer Genese seit Geburt geistig behindert. Seine Leistungsbereitschaft ist bei ihn ansprechenden Themen sehr gut. Wo manuelle Fertigkeiten gefordert sind, erfährt er allerdings durch seine augenscheinliche innere Unruhe immer wieder enorme Schwierigkeiten. Viele praktische Tätigkeiten sind von einem Kraftaufwand gekennzeichnet, der über das notwendige Maß hinausschießt, auch im Umgang mit anderen Schülern oder Lehrkräften. Ein weiteres Handicap ergibt sich durch dysgrammatische Sprachstörungen, die häufig verstärkten Einsatz von Mimik und Gestik auslösen.

> Schlecht dosierter Krafteinsatz deutet auf eine mögliche taktil-kinästhetische Wahrnehmungsstörung hin, zu deren Regulation die Technik des Führens nach dem St. Gallener Modell (vgl. AFFOLTER 1990) eingesetzt werden kann. Dies ist auch möglich bei der Verrichtung einer Arbeitstätigkeit, zu deren Voraussetzungen allerdings nichts ausgesagt wird.

Allgemeines

Die Fertigkeiten und manuellen Leistungen der einzelnen Schüler im Werkunterricht sind sehr unterschiedlich. Um das gleiche Endergebnis für jeden Schüler zu erzielen, sind unterschiedliche Vorarbeiten notwendig, und in den einzelnen UE müssen individuell zugeschnittene Arbeitsaufträge erteilt werden.

> Dies darf als Hinweis auf notwendige Individualisierungen verstanden werden, wie sie weiter hinten für Claudia erörtert werden. Eine sorgfältige Handlungsplanung erfordert allerdings, die individuell unterschiedlichen Vorarbeiten (= Vorbereitungen) genau darzustellen.

Differenzierungen – Anmerkungen zur Teilnahme von Claudia

Ausgehend vom Leistungsniveau Claudias ist eine ihren Mitschülern vergleichbare Teilnahme an dieser UE nicht möglich. Bei Claudia wird sich der Lehrer durch Zuhilfenahme kleinerer Rundholzstücke auf die Förderung der visumotorischen Koordination und der haptisch-taktilen Wahrnehmung durch die Materialerfahrung mit Holz beschränken. Claudia soll die Rundholzstäbe ergreifen und in ihren Händen halten. Gleichzeitig soll sie damit das oftmals auftretende »Fingerstricken« und Schaukelbewegungen des Oberkörpers zu unterlassen lernen. Diese Anforderungen weichen bei dieser Aufgabenstellung für Claudia inhaltlich von der »eigentlichen« UE für die übrigen Mitschüler ab. Solche individuell ausgerichteten Anforderungen sind jedoch notwendig und zwingend erforderlich, um Claudias Teilnahme am Unterricht überhaupt zu ermöglichen. Nur diese separate Aufgabenstellung gewährleistet das Einbinden Claudias in den Unterricht.

Lernaufgaben für alle Schüler

1. Die Schüler sollen sich gegenseitig unterstützen und in ihrem Klassenleiter einen zur Verfügung stehenden Helfer und Ratgeber bei der Abwicklung der einzelnen Arbeitsschritte sehen.
2. Die Schüler sollen in dieser UE Hammer und Säge bereitlegen, die Rundholzstäbe und Holzleisten absägen, die freie Kopfseite des Rundholzstabs mit der stumpfen Schlagfläche des Hammers treffen und die Schraubösen in die kleinen Bohrlöcher stecken und einschrauben.

Geplanter Arbeitsverlauf

Anbahnendes Gespräch über das Vorhaben des Segelschiffbaus (mit Rückblick)

- Schüler holen Hammer und Säge von ihrem Aufbewahrungsort herbei.
- Schüler legen Holzleisten, Rundholzstäbe und Schraubösen bereit.
- Schüler teilen Werkzeuge aus.
- parallel: a) Schüler sägen Holzleisten ab.
  b) Schüler sägen Rundholzstäbe ab.
  c) Schüler stecken Schraubösen in die Bohrlöcher ein und schrauben sie ein.
- Schüler stecken die Rundholzstäbe in das große Bohrloch.
- Die Rundholzstäbe mit dem Hammer festschlagen lassen.
- Die Schraubösen in die Bohrlöcher der Kopfseite des Rundholzstabs stecken und einschrauben lassen.

> Wiederum wird nicht deutlich, aus welcher Quelle die Schüler ihre Handlungsanweisungen (= Handlungspläne) haben: selbst erarbeitet oder von Lehrer übernommen? Die beiden letzten Anmerkungen enden mit dem Verb »lassen« und machen damit deutlich, dass hier lediglich die Sicht des Lehrers geschildert wird. Eine Formulierung aus der Schülerperspektive beschreibt deren Tätigkeit, also etwa: »Die Rundholzstäbe mit dem Hammer festschlagen« oder: »Die Schraubösen in die Bohrlöcher der Kopfseite des Rundholzstabs stecken und einschrauben«.

Mögliche Schwierigkeiten, Unterbrechungen, Störungen

Bei dieser UE werden keine extremen Schwierigkeiten erwartet, die etwa zum Abbruch des Unterrichts führen könnten. Ausgelöst durch die Schüler Manfred oder Thomas können Disziplinschwierigkeiten auftreten, die durch situationsadäquates Reagieren und Handeln kompensiert werden. Claudia könnte eine Abscence bekommen. In diesem Fall wird sie auf das Sofa gelegt. Um die Fortführung der UE nach einer solchen Unterbrechung zu gewährleisten, wird der mitarbeitende Zivildienstleistende mit der erforderlichen weiteren Beobachtung der Schülerin bis zum Ende der UE beauftragt. Durch die Anwesenheit des Schulleiters kann es zu Irritationen einzelner Schüler kommen, die sich u. U. von der Arbeit ablenken lassen. Für den Fall von Verletzungen liegt Pflaster bereit.

Organisatorische Maßnahmen

Die erste UE im Vorhaben »Wir bauen ein Segelschiff« findet im Klassenraum statt. Die Klasse muss aufgeräumt, und die drei Tische müssen in der Mitte der Klasse angeordnet sein, damit die Schüler einen möglichst großen Bewegungsraum haben und der Lehrer für anfallende individuelle Hilfestellungen schnellstmöglich zugegen sein kann. Die benötigten Werkzeuge werden an ihrem Aufbewahrungsort vollständig vorzufinden sein und die Arbeitsmaterialien in der Materialecke der Klasse bereitliegen. Die Schüler werden bereits teilweise vorbereitete Arbeitsplätze vorfinden. So werden drei Gehrungs- bzw. Sägeladen an den Tischen festgeschraubt sein und eine flache Schachtel mit Rundholzstäben auf dem Tisch liegen. Abfalleimer, Kehrbesen und Schaufel stehen für Aufräumungsarbeiten bereit.

Unterrichtsmittel

sechs Weichholzbretter	eine flache Schachtel mit Rundhölzern
fünf Hämmer	mehrere Holzleisten (HL)
drei Säge-/Gehrungsladen	mindestens 18 Schraubösen
drei Feinsägen	ein Wischlappen
drei Tische	ein Kehrbesen
sechs Stühle	ein Abfalleimer
mehrere Rundholzstäbe (RHS)	eine Kehrschaufel

Verlaufsskizze

<table>
<tr><th>Phasen</th><th>Abfolgen</th><th>Lehrer-aktionen</th><th>Schüleraktionen</th><th>Medien</th><th>Zeit Min.</th></tr>
<tr><td>Hin-wen-dung/ Motiva-tion</td><td>Gespräch über das Vorhaben, ein Segelschiff aus Holz zu bauen (mit Rückblick)</td><td>Lenkung des Gesprächs</td><td>Schüler berichten, dass sie schon ein Schiff aus Papier und ein Schiff aus Kork gebaut haben</td><td>Sprache: rein verbal</td><td>4</td></tr>
<tr><td colspan="6">Hier wird der Versuch unternommen, an in der Vergangenheit bereits Hergestelltes anzuknüpfen. Dagegen ist nichts einzuwenden. Nur wäre es günstiger, die bereits hergestellten »Schiffe« konkret zu präsentieren, damit die Schüler auch ihr gespeichertes Prozesswissen aufrufen können, nämlich WIE sie bereits Schiffe gebaut haben. Aber auch dann bleibt es Spekulation, ob diese Schüler schon wieder ein Schiff bauen möchten, nur diesmal aus anderen Materialien. Das wäre dann eine echte, schülereigene Orientierung auf zukünftiges Handeln. Vorliegender Stundenentwurf erweckt den Eindruck, als würde genau dieses den Schülern vom Lehrer auf's Auge gedrückt.</td></tr>
<tr><td>Vor-berei-tung/ Einstieg</td><td>Bereitstellen der Materialien und der Werkzeuge</td><td>Auftragserteilung und Platz-zuweisung</td><td>Schüler nehmen Werkzeuge und Arbeitsmaterialien von ihrem Aufbewahrungsort, legen sie auf den Tisch und nehmen ihren speziellen Platz ein</td><td>Hämmer, Sägen, Holzbretter, Holzleisten, Rundholz-stäbe und Schraubösen</td><td>3</td></tr>
<tr><td colspan="6">Eigentlich sollte jetzt der Handlungsplan gemeinsam von Schülern (und Lehrer) erarbeitet werden. Wenn die Schüler (mit Lehrers Hilfe) beschlossen haben, ein Schiff aus Holz zu bauen, wäre dies der Zeitpunkt, geeignetes Holz auszusuchen, die geeigneten Werkzeuge zu bestimmen, dies alles zusammenzutragen und die Arbeitsplätze vorzubereiten. Unklar bleiben dann immer noch die Abmessungen, die Art der Übertragung der Maße auf die Materialien, die Festlegung der Abfolge der einzelnen Arbeitsgänge und die Aufteilung der einzelnen Arbeiten auf die Schüler.</td></tr>
<tr><td>Erar-beitung</td><td>• RHS und HL absägen, Schraubösen einschrauben
• RHS in Holzbrett stecken und mit Hammer ein-schlagen
• Schraubösen in Kopfseite des RHS ein-schrauben</td><td>Beauftragen mit der jeweiligen individuellen Tätigkeit
Sprachliches Begleiten der Arbeitsschritte und diverse praktische Hilfestellungen</td><td>Schüler führen die gestellten Arbeitsaufgaben aus und erbitten sporadische Hilfestellungen des Lehrers</td><td>wie oben</td><td>16</td></tr>
<tr><td colspan="6">Was hier »Erarbeitung« genannt wird, ist die reine Ausführung der Arbeitshandlung, bei der zwar ge-, aber nichts mehr erarbeitet wird. Was wir gewöhnlich »Erarbeitung« nennen, und womit wir konventionell die Phase des neuen Lernens der Schüler meinen, geschieht in der Phase der Schaffung einer Orientierungsgrundlage, also der Handlungsplanung. Was hier »Erarbeitung« genannt wird, ist somit bereits »Anwendung«.</td></tr>
</table>

<table>
<tr><th>Phasen</th><th>Abfolgen</th><th>Lehreraktionen</th><th>Schüleraktionen</th><th>Medien</th><th>Zeit Min.</th></tr>
<tr><td>Vertiefung/ Befestigung</td><td>• Nochmaliges Bewusstmachen der einzelnen Arbeitsschritte anhand des Resultats
• Kontrolle, ob alle Arbeitsschritte überhaupt und korrekt ausgeführt wurden</td><td>Lenkung des Gesprächs</td><td>Schüler verbalisieren die Arbeitsschritte anhand des eigenhändig Hergestellten</td><td>wie oben</td><td>3</td></tr>
<tr><td colspan="6">Hier ist zu trennen zwischen der die Ausführungshandlung begleitenden Schritt-für-Schritt-Kontrolle, die dann auch in den Ausführungsteil gehört, und dem im Gespräch erfolgenden reflexiven Nachkonstruieren des Arbeitsablaufs. Letzteres dient sowohl der gedanklichen Nachkontrolle wie auch der verbesserten Einspeicherung des Ablaufs ins Gedächtnis, wozu auch Fotos (Polaroid; heutzutage billiger Digitalaufnahmen mit sofortiger PC-Verarbeitung), Zeichnungen oder Skizzen hilfreich wären.
Dies alles hier ist keine Vertiefung. Diese konventionelle Bezeichnung der gemeinten Unterrichtsphase trifft hier nicht zu.</td></tr>
<tr><td>Ablösung/ Entspannung</td><td>Aufräumarbeiten
• Werkzeuge wegräumen
• Tisch säubern
• Kehren</td><td>Kontrolle der Aufräumarbeiten und diverse Hilfestellungen</td><td>Schüler räumen gemeinsam auf</td><td>Kehrbesen und Kehrschaufel, Abfalleimer, Wischlappen</td><td>4</td></tr>
<tr><td colspan="6">Auch wenn Galperin eine solche Abschlussphase nicht beschreibt, gehört sie dennoch genau so zu gutem Unterricht wie das vorhergehende Auswählen und Bereitlegen von Materialien und Werkzeugen und das Herrichten der Arbeitsplätze. Unverzichtbar als Ordnungselement. Aber ist es auch für jeden Schüler »Entspannung«?</td></tr>
</table>

Literaturverzeichnis zu Kapitel 17

AFFOLTER, F. (1990): Wahrnehmung, Wirklichkeit und Sprache. 4. Aufl., Villingen-Schwenningen

Pitsch, H.-J. (2002): Zur Didaktik und Methodik des Unterrichts mit Geistigbehinderten. 3. Aufl., Oberhausen; darin insbesondere 388–397

18 Zwischen konventioneller und handlungsorientierter Unterrichtsplanung: Brandcollagen

1 Lernort und Lerngruppe

Die hier skizzierte Unterrichtseinheit ist für eine Klasse 3 am Grundschulzweig einer Schule für Hörgeschädigte vorgesehen. Sie lässt sich – ohne die apparative Hörhilfe – ebenso mit hörenden Regelschülern durchführen wie auch mit Schülern der Schule für Geistigbehinderte etwa ab der Mittelstufe, wenn die arbeitstechnischen, kommunikativen und – wegen des Feuers – disziplinären Voraussetzungen gegeben sind.

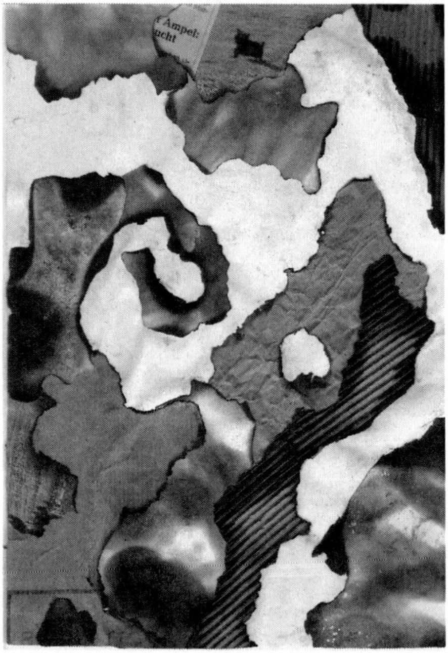

Abb. 15: Brandcollage (Hannah Götzler)

Die Klasse setzt sich aus fünf Mädchen zwischen neun und zehn Jahren zusammen, besteht bis auf F. seit dem ersten Schuljahr in dieser Zusammensetzung und wird seitdem von der gleichen Lehrerin unterrichtet. Es herrscht ein angenehmes Lernklima und ein gutes Sozialverhalten. Die Kinder gehen freundlich miteinander um, und es gibt wenig Konkurrenzdenken. So kann jeder Schüler ungestört von den anderen auf seinem individuellen Niveau lernen. Meist sind die Schüler sehr lernfreudig und arbeiten motiviert mit.

Die Lernvoraussetzungen der einzelnen Schüler sind sehr heterogen, was eine Differenzierung im Unterricht notwendig macht. Trotz der unterschiedlich ausgeprägten, teilweise hochgradigen Hörschädigungen kann die Klasse rein lautsprachlich gefördert werden. Zur Unterstützung wird in längeren Unterrichtsphasen, in denen das

Hören besonders wichtig ist, die FM-Anlage[5] genutzt (außer N.). Ein großer Klassenraum, gute materielle Ausstattung und die geringe Schülerzahl ermöglichen das Arbeiten in verschiedenen Sozialformen.

Anmerkung: Hier wird eine sehr günstige Ausgangssituation beschrieben, wie sie in Schulen für Geistigbehinderte regelmäßig erst nach einigen Jahren gemeinsamer Arbeit mit einer Klasse zu erreichen ist. Dann aber kann auch eine solche dekonstruierend-konstruierende Tätigkeit mit Geistigbehinderten ausgeführt werden. Die Ausführungen verweisen aber auch auf notwendige materielle Voraussetzungen (Raum, Möbel, Materialien) für solche Tätigkeit wie für Maßnahmen der Differenzierung. Hilfen – und dies ist ein besonders wichtiger Hinweis – sollen nur dann gegeben werden, wenn sie zwingend erforderlich sind. Zu viel Hilfestellung kann Selbstständigkeit lähmen, Arbeitsabläufe stören und Abhängigkeit und Fremdorientierung schaffen.

2 Der Unterrichtsinhalt

2.1 Unterrichtsvorhaben

Die Schüler sollen Brandcollagen herstellen und so einen ästhetischen Zugang zum Feuer gewinnen. Hierzu sollen sie verschiedene Papierstücke mit Feuer durch Anrußen und Anbrennen in Farbe und Gestalt verändern und später zu einer Collage zusammenfügen.

2.2 Lehrplanbezug

Das Thema »Brandcollagen« wird im 2005 gültigen Lehrplan für Kunstunterricht an Grundschulen des Bundeslandes dieser Schule nicht explizit genannt, jedoch werden allgemeine Ziele und Aufgaben des Fachs Kunst in besonderer Weise berücksichtigt. Das Zufallsverfahren der Fumage führt zu interessanten Ergebnissen, fördert die Freude am eigenen Gestalten, ermöglicht Erfolgserlebnisse und stärkt das Selbstvertrauen. Der experimentelle Umgang mit Papier und Feuer ermutigt zu schöpfe-

[5] FM-Anlage = System zur Frequenzmodulation (FM). Eine FM-Anlage besteht aus einem Mikrofon mit einem FM-Sender für den Sprecher und einem FM-Empfänger, der am Hörgerät angesteckt wird, für die hörgeschädigte Person. Das gewünschte Signal, z. B. die Stimme der Lehrerin, wird von einem Mikrofon aufgenommen und direkt zum Hörgerät übertragen. Dadurch können Nebengeräusche vermindert und das Sprachverständnis deutlich verbessert werden.

rischen Arbeiten und entfaltet Sensibilität, Phantasie und Kreativität. Besprochene Verhaltensregeln und eigene Erfahrungen bei der Arbeit mit Feuer und Papier fördern den sachgerechten Umgang mit Materialien und Werkzeugen, Sorgfalt und Genauigkeit. Das Betrachten der durch Feuer veränderten Papierteile als ästhetische Objekte verfeinert das genaue Wahrnehmen und Beobachten und regt zur gestalterischen Arbeit an.

2.3 Einordnung in die Unterrichtsreihe

Die hier vorgestellte Stunde ist die zweite in einer auf vier Stunden angelegten Unterrichtsreihe zum Thema »Feuer und Licht«.

Datum	**Thema**
19.01.2005	Einführung in die Thematik: Feuer als Freund/Feind. Verhalten im Brandfall. Was braucht Feuer zum Brennen?
26.01.2005	*Brandcollagen – ein ästhetischer Zugang zum Element Feuer:* *Schwärzen, Ansengen, Anbrennen verschiedener Papiersorten und anschließendes Zusammenfügen zu einer Collage*
02.02.2005	Lichtquellen früher und heute – die Entwicklung vom Feuer bis zur Glühbirne
16.02.2005	Schatten und Schattenspiele

2.4 Sachanalyse

2.4.1 Papier

Es gibt viele Arten von Papier, die sich in Herstellung und Qualität unterscheiden. Wir unterscheiden drei Hauptgruppen:

1. Hadernpapier und hadernhaltiges Papier (Mischung von Hadern[6] und Zellstoffen, besonders hochwertig);
2. holzfreies Papier, das aus Zellstoff, d. h. aus chemisch aufbereiteten Fasern, hergestellt wird;
3. holzhaltiges Papier, für das auch mechanisch aufbereitete Fasern eingesetzt werden.

---

[6] Hadern = Baumwoll- oder Leinenlumpen

Papier (bis 160 g/m^2), Karton und Pappe (ab 300 g/m^2) werden nach Gewichtsklassen unterschieden.

Papier mit seinen zahlreichen Be- und Verarbeitungsmöglichkeiten spielt in der Kunst eine wichtige Rolle. Mit den ersten collagierten Darstellungen von Georges Braque und Pablo Picasso wird Papier seit 1912 auch zum Gestaltungsmaterial der Kunst. Raumgreifende Konstruktionen, Prägedrucke, die künstlerische Einflussnahme auf die Gestaltung während der Papierproduktion (z. B. durch Beigabe von Farbpigmenten), die Bearbeitung des Materials mit Feuer oder auch die Recycling-Kunst kennzeichnen die Entdeckung des Papiers als eigenes künstlerisches Ausdrucksmedium im 20. Jahrhundert.

2.4.2 Fumage

Fumage bedeutet »Räuchern« und bezeichnet ein Verfahren, bei dem mit Hilfe einer Flamme Sengspuren auf Papier erzeugt werden, die verändernd auf seine Farbe und Form einwirken. Mit dieser Zufallstechnik entstehen interessante Ruß-Spuren und Brandstrukturen, die Assoziationen hervorrufen und die Vorstellungskraft aktivieren. Mit etwas Erfahrung kann Fumage gezielt eingesetzt werden; Intensität und Form der Ruß-Spur können bewusst gesteuert werden, wobei die Größe und Form des Brandlochs oder die angebrannten Papierränder variiert werden. Weitere Möglichkeiten, gewollte Farb- und Formeffekte zu erzielen, sind

- Formen mit Klebestreifen abzukleben und umrußen,
- in berußten Grund Spuren zeichnen oder auch farbige Pigmente einreiben.

2.4.3 Collage

»Collage« (vom französischen »coller« = kleben, kleistern) ist ein in der modernen Kunst verbreiteter Bildtyp, bei dem die Darstellung aus Fremdmaterialien (Papier, Fotos, Tapetenstücke, Abfall u.a.m.) zusammengesetzt wird. Ihren Anfang nahm die Collage mit Picasso und Braque, die erstmals Zeitungsausschnitte, alte Fahrkarten, Briefmarken und auch Stuhlgeflecht in ihren Collagen verarbeitet haben. Bereits in dieser Anfangszeit wird ein wichtiges Merkmal sichtbar: die Abkehr von zentralperspektivischen Sichtweisen. Verschiedene Sichtweisen stehen gleichberechtigt nebeneinander. Bisher Vertrautes erscheint plötzlich in einem anderen Kontext und bewirkt so Staunen und Überraschung. Logische Zusammenhänge werden aufgelöst. »Mit Collage ist daher nicht nur eine spezielle Technik, sondern auch eine Verhaltens- und Verfahrensweise gemeint, die geeignet ist, festgelegte Bedeutungen in Frage zu stellen und sie durch versuchsweise Kombination in neue unverbrauchte Bedeutungen zu überführen« (EID 1985, 9). Mittlerweile beschränkt sich der Begriff der Collage nicht mehr nur auf das geklebte Bild, sondern fasst alle Verfahren zusammen, die Unterschiedliches kombinieren.

Innerhalb der Collage unterscheidet man die Papiercollage, die Decollage, die Fotocollage, das Materialbild, die Montage und Assemblage, Ready-made und Objet trouvé, Akkumulation, Verpackung, Environment und Happening, Paracollage.

Die Brandcollage zählt zur Technik der Decollage, die das Endprodukt eines Zerstörungsprozesses darstellt. Dabei erfolgt die Zerstörung von Realitäten nicht zum Selbstzweck, sondern als Voraussetzung, um als Endprodukt das Decollageobjekt zu erhalten. »Brandcollagen entstehen, indem Papier über einer Kerzenflamme geschwärzt, angesengt oder angebrannt wird. Die Ergebnisse machen Aktionsspuren sichtbar, verweisen auf die Vergänglichkeit und die Eigenschaften des Materials. Reste von Verbrennungen können auch nach dem Brandprozess zu Collagen zusammengeklebt werden« (EID 1985, 52).

ARBEITSAUFTRAG 18.1:
Die Arbeitstechnik des Zerstörens und Neuzusammensetzens bei der Decollage erinnert an einen anderen, in der Arbeit mit Geistigbehinderten beliebten Arbeitsbereich, der ebenfalls durch Zerstören, Zerschneiden, Veränderung von Form und Konsistenz und durch Neuzusammensetzen gekennzeichnet ist.
Ihre Vermutung?

»Das Wesen der Collage liegt [...] in der Grundhaltung des Menschen. Es besteht in der Fähigkeit, aus Bruchstückhaftem Neues zu gestalten. In der Vorliebe für das Weiterführen von Angefangenem, in der Betrachtung des Zufalls und im Mut zum Experiment. In der Unvoreingenommenheit gegenüber Ungewohntem und im Freisein von Konvention und Regel« (EID 1985, 11).

ARBEITSAUFTRAG 18.2:
In diesem Zitat macht Eid auf einen deutlichen Unterschied zu dem in Arbeitsauftrag 1 angefragten Lern- und Arbeitsbereich aufmerksam. Beachten Sie bitte die Begriffe *Zufall*, *Experiment*, *Unvoreingenommenheit* und *Konvention* und skizzieren Sie kurz diesen Unterschied.

2.5 Bedeutung des Themas für die Schüler

2.5.1 Gegenwartsbedeutung

Alle Kinder haben neben schulischen auch außerschulische Vorerfahrungen mit Feuer, jedoch vermutlich sehr begrenzte. Da für Kinder Feuer stets mit Verboten belegt ist, beschränken sich die Berührungspunkte zumeist auf Kerzenanzünden, Grillen, vielleicht einen Kamin betrachten und Darstellungen in den Medien. Schulischen Kontakt mit Feuer hatte die Klasse beim Adventskranzanzünden und bei Versuchen mit Teelichtern. Außerdem wurde in der vorangegangenen Stunde dieser Unterrichtsreihe mit Feuer experimentiert, um herauszufinden, was Feuer zum Brennen benötigt. Hierbei wurden verschiedene Materialien entzündet, sodass einige Vorerfahrungen vorhanden sind.

Der Begriff der »Collage« ist nicht geläufig. Die Schüler haben noch nicht mit einer solchen Technik gearbeitet und auch noch keine gestalterischen Erfahrungen mit Feuer gemacht.

Die entstandenen unterschiedlichen Papierfragmente regen die Phantasie an, wecken Assoziationen und fördern die Kreativität der Kinder. Da Z. sich für gestalterisch unbegabt hält und nur schwer zu künstlerischen Arbeiten zu motivieren ist, soll ihr diese experimentelle Arbeitsweise helfen, sich auf den ästhetischen Prozess einzulassen, Spaß am Gestalten zu finden und diesbezüglich selbstbewusster zu werden.

Die eigentliche Gegenwartsbedeutung liegt also nicht im Erlernen und Anwenden einer Entflammungstechnik, deren Einsatz in der Schule höchst unerwünscht ist, sondern im ästhetischen Erleben der erzielten Veränderungen. Nicht ohne Grund spielt Sicherheitsdenken bei dieser Stunde eine übergeordnete Rolle.

2.5.2 Zukunftsbedeutung

Nur selten wird Kindern der Umgang mit Feuer erlaubt. Gefährliches Kokeln in entlegenen Ecken, das Zündeln mit Streichhölzern und Feuerzeugen und die sylvestertypische Begeisterung für Feuerwerkskörper sind Begleiterscheinungen dieses Entzugs. Wenn die Schüler ihren Drang zum Feuer bei spielerischen Experimenten unter Aufsicht ausleben können, eignen sie sich entsprechendes Wissen für einen verantwortlichen Umgang an. Im direkten Umgang mit einer Flamme lernen sie, Risiken einzuschätzen. So kann sich zu ängstliches oder zu sorgloses Verhalten auf ein angemessenes Maß einpendeln.

Im gestalterischen Umgang mit Feuer, d. h. bei der Verwandlung von Papier durch Feuer, entstehen interessante und meist zufällige Strukturen und Spuren. Dieses Verfahren soll den Kindern mittelfristig helfen, sich von der realitätsnahen Abbildung zu lösen und sie sensibel machen für ästhetische Reize, wie z. B. für die Spuren des Feuers auf dem Papier.

2.5.3 Exemplarität

Feuer und die verschiedenen Papiersorten schulen im künstlerischen Umgang die Materialsensibilität. Ein sicheres Gespür für Materialien schafft auch außerhalb des Kunstbereichs eine bessere Orientierung. Der gestalterische Umgang mit Feuer übt, den Standpunkt zu wechseln, Gewohnheiten aufzubrechen und Zufälliges kreativ zu nutzen. Außerdem lernen die Schüler, offen und neugierig auf Dinge zu reagieren. Die Offenheit der Aufgabe und der experimentelle Umgang mit dem Material lassen Raum für individuelle Möglichkeiten und schulen so die Ausdrucksfähigkeit. Die Präsentation der Schülerarbeiten fördert die Kommunikation und Reflektion und eröffnet neue Blickwinkel. Der Bezug auf zeitgenössische Künstler, welche die Eigenschaften von Feuer für ihre Arbeiten nutzen, macht die Material- und Gestalterfahrung offener und leichter verständlich.

2.6 Struktur des Inhalts und Anforderungen an die Klasse

2.6.1 Handlungsorientierung

Das Thema des Unterrichts »Herstellen von Brandcollagen« wurde vom Lehrer festgelegt und ohne Schülerbeteiligung vorgegeben. Um Interesse zu wecken und Spannung zu erzeugen, soll dieses den Schülern jedoch nicht gleich am Anfang der Stunde mitgeteilt, sondern gemeinsam mit ihnen darauf hingearbeitet werden.

2.6.2 Handlungsplanung

Erste Orientierung

Die Schüler haben bereits Erfahrungen zur Brennbarkeit verschiedener Materialien, auch von Papier und Karton, gesammelt. Zu Beginn dieser Stunde soll gemeinsam überlegt werden, wie das Feuer Farbe und Form der Papierstücke verändert hat und was nach dem Brennvorgang übrig blieb. Hierfür müssen die Schüler die verbale Aufforderung der Lehrerin verstehen, Erinnerungen aufrufen und verbal äußern. Welche Möglichkeiten es gibt, Papier durch Feuer zu verändern, ohne dass das Papier verbrennt, soll durch Ausprobieren an einer Kerzenflamme in Erfahrung gebracht werden. Es wird also auf die Vorgehensweise in der späteren Arbeitsphase hingearbeitet, indem verschiedene Bearbeitungstechniken des Papiers durch Feuer von den Schülern erprobt werden. Hier ist Platz für eigene Ideen der Schüler, so dass diese an der Planung ihrer späteren künstlerischen Arbeit zu großen Teilen beteiligt sind. Die Schüler müssen die Anregung der Lehrerin zum Ausprobieren verstehen und in der Experimentierhandlung umsetzen. Außerdem sollen sie beim Experimentieren beobachten und erkennen, wie welche Effekte erreicht werden. Gegebenenfalls soll mit Hilfe der Lehrerin herausgefunden werden, dass

- je nach Abstand und Winkel der Flamme zum Papier und je nachdem, wie lange das Papier über die Kerze gehalten wird, unterschiedliche Schwärzegrade der Ruß-Spuren entstehen;
- durch Anbrennen in der Papiermitte und anschließendes Ersticken der Flamme Brandlöcher entstehen, die je nach Dauer des Brennvorgangs unterschiedlich groß sind;
- durch Anbrennen und anschließendes Ersticken auch die Papierränder in ihrer Form verändert werden können.

> Sie sehen, dass diese experimentelle Planungsphase das eigentliche Neu-Lernen enthält. Diese Art der Handlungsplanung erfordert also, dass bereits Handlungen – mit offenem Ausgang – ausgeführt werden.

> ARBEITSAUFTRAG 18.3:
> Zu welchem Typ der Orientierungsgrundlage nach Galperin ist diese »Erste Orientierung« zuzuordnen?

2.6.3 Zweite Orientierung

In einer zweiten Phase werden die so entstandenen Papierfragmente von der Lehrerin auf eine Unterlage gelegt. Die Schüler sollen diese separat betrachten, Assoziationen äußern und mehrere Stücke auf der Unterlage anordnen. Es ist also wichtig, dass die Schüler den Impuls der Lehrerin verstehen, Phantasie haben, die Papierteile mit anderen Dingen in Verbindung bringen und zueinander in Beziehung setzen. Indem die Schüler Möglichkeiten erkennen, mit den Fragmenten umzugehen, nehmen sie an einem weiteren Schritt zur Planung ihrer folgenden Arbeit teil. Die Lehrerin führt an dieser Stelle den Begriff der Collage ein und stellt den Schülern die Aufgabe, sich ihre eigene Brandcollage zu machen.

> ARBEITSAUFTRAG 18.4:
> Und zu welchem Galperin-Typ ordnen Sie diese »Zweite Orientierung« zu?

2.6.4 Der Arbeitsplatz

Die benötigten Materialien liegen an Arbeitstischen bereit, so dass sich die Anforderung an die Schüler auf das Verstehen der Arbeitsanweisung und das selbstständige Ausführen der gemeinsam erprobten Arbeitsschritte beschränkt.

2.6.5 Handlungsausführung

Bei der Ausführung ist es wichtig, nicht nur zielgerichtet zu arbeiten, sondern auch die ästhetischen Reize der Brandspuren wahrzunehmen und sich von ihnen zur gestalterischen Arbeit anregen und während der Arbeit leiten zu lassen.

> Da während der Erarbeitung der Orientierungsgrundlage bereits alle notwendigen Lernschritte erfolgt sind, kann die reine Ausführung der nun erlernten Handlung sehr knapp beschrieben werden. In konventionellen Unterrichtsentwürfen wird hier von »Anwendung« gesprochen.

2.6.6 Handlungskontrolle

Formative Evaluation und flexibles Handeln

Fumage ist ein Zufallsverfahren, bei dem oft Ungewolltes und Ungeplantes entsteht. Damit müssen die Schüler zurechtkommen, spontan darauf reagieren und sich entstandene Effekte zu Nutze machen.

Das heißt, die Schüler müssen immer wieder ihr Handeln den gerade zufällig entstandenen Ergebnissen anpassen und ggf. sogar ihren Handlungsplan abändern. Dieses flexible Ineinandergreifen von Handlungsplanung, -ausführung und -kontrolle finden Sie bei Rubinstein und Hacker als »Handlungsregulation« (s. Kap. 11) beschrieben.

Summative Evaluation

Abschließend sollen die entstandenen Werke präsentiert und gemeinsam betrachtet werden. Jeder Schüler soll seine Arbeit vorstellen und eventuelle Fragen der anderen Kinder beantworten. Erwartet werden Fragen wie »Wie hast du denn das so hingekriegt?« oder »Was soll das darstellen?« Dann ist es notwendig, die eigene Arbeitsweise zu reflektieren und das Ergebnis zu beurteilen. Die Begutachtung der Ergebnisse wird also hauptsächlich von den Schülern vorgenommen.

An dieser Stelle ist auf etwas Wichtiges hinzuweisen: Die Art der Handlungskontrolle und die Kriterien, die an die Qualität der Ausführung wie des Endprodukts anzulegen sind, können bereits in der Phase der Handlungsplanung zusammen mit den Schülern erarbeitet werden. Es kann also bereits frühzeitig nicht nur antizipiert werden, in welchen Teilschritten die Handlung auszuführen ist, sondern auch, welche Qualitätsmerkmale dabei gelten sollen. Mit dieser Anreicherung erhält die Handlungsplanung zusätzliche Informationen, die sowohl bei der Steuerung der Handlungsausführung helfen als auch das Erinnern erleichtern können.

Leider läuft in der Schulpraxis die Handlungskontrolle im ästhetischen Unterricht allzu oft darauf hinaus, dass ein Stuhlkreis gebildet wird, jeder Schüler sein Bild vorzeigt und erklärt, und die übrigen Schüler wie die Lehrer dazu freundlich nicken und ein manchmal gequältes »Wunderschön!« von sich geben.

ARBEITSAUFTRAG 18.5:
Haben Sie eine Idee für eine andere Form der Evaluation, der Endkontrolle?

3 Methodische Analyse

3.1 Lernziele

3.1.1 Grobziel

Die Schüler sollen durch Experimentieren die Veränderbarkeit von Papier durch Feuer in Abhängigkeit von der Papiersorte erfahren und sich von den entstandenen Papierfragmenten zur gestalterischen Arbeit mit der Collagetechnik anregen lassen. Jeder Schüler soll die einzelnen Arbeitsschritte, die zur Erstellung einer Brandcollage notwendig sind, selbstständig durchführen und am Ende des Arbeitsprozesses seine eigene Brandcollage erstellt haben.

3.1.2 Feinziele

Die Schüler sollen

1. die für den Umgang mit Feuer notwendigen Sicherheitsmaßnahmen ausführen und das besprochene Verhalten im Brandfall anwenden können;
2. das bereits vorhandene Vorwissen über die Brennbarkeit von Papier in Abhängigkeit von dessen Dicke aktivieren und in ganzen Sätzen formulieren;
3. durch eigenes Ausprobieren herausfinden, wie sie beim Erzeugen von Ruß-Spuren auf dem Papier unterschiedliche Schwärzegrade erreichen können und dieses Wissen in ihrer Arbeit einsetzen;
4. durch Experimentieren erkennen, dass durch Anbrennen des Papiers und anschließendes Ersticken der Flamme Brandlöcher und Formveränderungen der Papierrands erzeugt werden können;
5. die ergänzend mitgebrachten Beispiele (farbig hinterklebte Brandlöcher, Rußzeichnung u. a.) zu weiteren Bearbeitungstechniken verstehen und anwenden;
6. erkennen, dass die durch Feuer entstandenen Neuformungen ungeahnte Assoziationen ermöglichen;
7. durch gemeinsam auf einer Unterlage vorgenommene Anordnungen der Papierfragmente ungewohnte Wirkungen erkennen und sich davon zur eigenen gestalterischen Arbeit anregen lassen;
8. verschiedene Papierelemente herstellen, in eine Anordnung bringen und auf einem Tonkarton fixieren;

9. die Wirkung ihrer eigenen Collage und der ihrer Mitschüler reflektieren und individuelle Wahrnehmungen äußern;
10. sich gegenseitig zuhören, Kritik angemessen äußern und lernen, mit ihr umzugehen.

3.2 Lernvoraussetzungen der Schüler

N. ist klassenbezogen sehr leistungsstark und weiß dies auch. Ihre Dominanz äußert sich in vielen Situationen; ihre Mitarbeit ist teilweise etwas hektisch und aggressiv. Sie ruft ihre Antwort sehr schnell in die Klasse hinein oder meldet sich schnipsend: »Ich weiß es, ich weiß es«. Im Unterricht muss N. daher eher etwas gebremst werden, damit die anderen Schüler auch die Chance erhalten, Ideen zu entwickeln und Beiträge zu leisten.

Vorgegebener Handlungsplan: Sowohl verbale als auch schriftliche Aufgabenstellungen versteht sie auf Anhieb und kann sie meist auch problemlos und selbstständig umsetzen.

Handlungskompetenz: N. hat einen auffallend großen Wortschatz und kann sich sprachlich sehr gut ausdrücken. Ihr relativ planvolles und durchdachtes Handeln, aber auch die Fähigkeit, einfach Dinge auszuprobieren, sind gute Voraussetzungen für die eigenständige Erstellung der Collage. N. kann voraussichtlich mit für sie unvorhersehbar eintretenden Ereignissen, wie sie das Verfahren der Fumage mit sich bringt, gut umgehen und ihre Planung daraufhin recht eigenständig erneuern.

G., ein türkisches Mädchen, wächst zweisprachig auf und hat die deutsche Sprache hauptsächlich im Kindergarten und in der Schule erlernt. Ihre Sprache ist oft noch grammatikalisch fehlerhaft. Hauptsächlich verwechselt sie die Artikel, oder ihr fällt ein Wort nicht ein. Wird sie jedoch verbessert, lernt sie schnell, diese Korrektur richtig anzuwenden. Insgesamt eher zurückhaltend, arbeitet G. im Unterricht jedoch konzentriert mit und ist gut zu motivieren. Wird sie jedoch übersehen, wenn sie sich einbringen möchte, reagiert sie mit Rückzug.

Grenzen der Handlungskompetenz: Unbekannte, neuartige Aufgaben bereiten ihr Schwierigkeiten, weil sie sich selbst sehr unter Druck setzt und dadurch blockiert. Es kann also sein, dass G. nicht selbstständig Ideen entwickelt, wie die Papierstücke für die Collage mit Feuer bearbeitet werden könnten. Sie setzt an sich selbst hohe Erwartungen und ist schnell frustriert, wenn sie bei ihrer Arbeit nicht die gewünschten Ergebnisse erzielt. Gegebenenfalls ist es notwendig, ihr einzelne Techniken nochmals zu demonstrieren, um sie so bei ihrer Tätigkeit zu unterstützen.

Auch Z. kommt aus einer türkischen Familie. Sie ist – vor allem wegen mangelnder Deutschkenntnisse – eine schwächere Schülerin. Ihr Wortschatz und ihre Satzstrukturen verbessern sich zwar zusehends, sind jedoch noch nicht altersgemäß.

Vermittlungsbedarf: Im Unterricht sollte daher auf klare und einfache Formulierung der Arbeitsanweisungen geachtet und sichergestellt werden, dass Z. alles verstanden hat. Gegebenenfalls müssen für sie die Aufgabenstellen visualisiert werden.

Persistenz: Oft fällt es ihr schwer, sich über einen längeren Zeitraum hinweg zu konzentrieren oder sich neu gelernte Dinge zu merken. Wenn Z. sich unsicher oder überfordert fühlt, zieht sie sich zurück und ist nicht mehr zur Mitarbeit bereit, vor allem bei gestalterischen Aufgaben, da sie sich in diesem Bereich für unbegabt hält. Es ist davon auszugehen, dass Z. die Collage aufgrund fehlender Motivation nicht selbstständig erstellen kann und motivierende Hilfestellungen nötig sein werden.

A., obwohl das am stärksten hörgeschädigte Kind, findet sich auditiv zurecht und hat ein gutes Sprachverständnis. A. hat eine sehr ruhige Art und arbeitet gut im Unterricht mit. Zur Wortfindung muss sie etwas stärker motiviert werden. Auch unterlaufen ihr kleinere Fehler in der Satzstruktur. Ihr großes Interesse wirkt sich positiv auf den Unterricht aus; auch in Gruppen kann sie sehr gut zusammenarbeiten und diskutieren. Da A. sehr kreativ ist und über eine gute Konzentrationsleistung verfügt, kann davon ausgegangen werden, dass sie die Collage weitgehend selbstständig erstellen kann.

Stress: Vor allem, wenn sie sich unter Druck gesetzt fühlt, spricht sie ganz leise und fehlerhaft. Außerhalb des Unterrichts spricht sie oft fehlerfrei. Sie ist sehr ehrgeizig und will alles richtig machen, zieht sich aber zurück, wenn sie sich überfordert fühlt.

F., Palästinenserin, nach zwei Grundschuljahren aufgrund ihrer Hörschädigung umgeschult, ist ein offenes und freundliches Mädchen. Sie hat sich schnell in der Klasse eingelebt und ist gut integriert.

Steuerungsbedarf bei der Handlungsausführung: Im Unterricht zeigt sie sich phasenweise lethargisch, und es fällt ihr schwer, sich über einen längeren Zeitraum auf eine Sache zu konzentrieren. Wegen Problemen der Konzentration und des Verständnisses kann sie anstehende Aufgaben oft nicht alleine lösen und muss immer wieder motiviert und zur Weiterarbeit aufgefordert werden. Bei Praktikant(inn)en testet sie durch Unterrichtsstörungen immer wieder ihre Grenzen aus. Bei F. muss daher verstärkt darauf geachtet werden, dass sie die freie Arbeitsphase nicht zum Herumalbern nutzt und die Verhaltensregeln einhält, damit auch sie am Ende zu einem Ergebnis kommt.

Diese Lern- und Arbeitsvoraussetzungen der Schüler beschreiben auch deren Schwierigkeiten; sie lassen sich in einer tabellarischen Übersicht zusammenfassen:

Schü.	H-Orientierung	H-Planung	H-Ausführung	H-Kontrolle
N.	eher affektiv	übernimmt vorgegebenen HP	planvoll, durchdacht	Siehe HA. Zu HK keine Aussagen.
G.	Ist gut zu motivieren.	Auf Bekanntes und Gekonntes angewiesen. Neues muss wiederholt vermittelt werden.	Zu hohe Erwartungen stören.	Nimmt sprachliche Korrekturen an.
Z.	keine Aussagen	Benötigt klare und einfache Anweisungen, ggf. mit Visualisierung	Probleme bei Ausdauer und Gedächtnis; Handlungsabbrüche bei Unsicherheit und Überforderung	keine Aussagen
A.	generell sehr interessiert	keine Aussagen	fähig zur Gruppenarbeit; konzentriert	keine Aussagen
F.	keine Aussagen	keine Aussagen	kurze Konzentrationsdauer; benötigt Motivation, Hilfe und Verhaltenssteuerung	keine Aussagen

Tab. 13: Übersicht über mitgeteilte Lern- und Arbeitsvoraussetzungen

3.3 Methodische Umsetzung

3.3.1 Verlaufsplanung

Handlungsorientierung (konventionell »Einstieg« genannt)

Sitzordnung

Nach der Begrüßung bittet die Lehrerin die Schüler, für das Anfangsgespräch die FM-Anlage anzuschließen und sich an den Halbkreistisch zu setzen, damit alle Schüler das Unterrichtsgeschehen beobachten und verstehen können.

Handlungsorientierung

Die Lehrerin teilt mit, dass nochmals mit Feuer gearbeitet werden soll. Sie betont, wie schnell im Umgang mit Feuer etwas passieren kann, wenn man nicht richtig aufpasst, und dass eine solche Arbeit hier nur möglich ist, weil viele Erwachsene zur Aufsicht[7] dabei sind. Im Anschluss werden die Schüler aufgefordert, sich an die in der Stunde zuvor bereits besprochenen Sicherheitsvorkehrungen und Verhaltensregeln im Brandfall zu erinnern und diese zu benennen. Um deren Bedeutung noch deutlicher zu machen, wiederholt die Lehrerin die Beiträge der Schüler. Hierbei können eventuelle sprachliche Fehler korrigiert und unvollständige Sätze vervollständigt werden.

L. erinnert an eine frühere Stunde, in der die Kinder bereits Papier und Pappe verbrannt haben. Die Schüler sollen die dort beobachtete Veränderung der Papierstreifen durch Feuer bezüglich Farbe und Form in ganzen Sätzen beschreiben. Wenn ihnen dies Schwierigkeiten bereitet, kann erneut ein Stück Papier von einer Schülerin entzündet und bei der Beobachtung speziell auf die genannten Aspekte geachtet werden.

Handlungsplanung = Schaffung einer Orientierungsgrundlage (konventionell »Hinführung« genannt)

Handlungsplanung I – Erste Orientierungsgrundlage

In einem weiteren Schritt sollen sich die Kinder zunächst überlegen, wie man es schaffen könnte, Papierstücke durch Feuer zu verwandeln, ohne dass sie ganz verbrennen. Anschließend sollen die Ideen geäußert und vom jeweiligen Schüler an der Kerzenflamme ausprobiert werden.

---

7 In diesem Fall eine Studentengruppe im Rahmen ihrer schulpraktischen Ausbildung.

Wechsel der Orientierungsebene

Falls sich eines der Kinder hier ganz zurücknimmt und keine Idee hat, gibt die Lehrerin diesem verbale Anregungen zum Experimentieren oder zeigt Beispiele bearbeiteter Papiere (Orientierungsgrundlage Typ 1 nach Galperin) als Impuls zum Ausprobieren. Ergänzend erzählt die Lehrerin, dass sie zu Hause auch überlegt und ausprobiert hat, welche Möglichkeiten es gibt, und stellt einige gestalterische Bearbeitungsmöglichkeiten anhand von Anschauungsmaterial vor.

Handlungsplanung II – Zweite Orientierungsgrundlage

In der nächsten Phase legt die Lehrerin durch Feuer gewonnene Papierneuformungen separat auf einen Untergrund. Sie fragt nochmals, wie durch die Verwandlung mit Feuer eine neue Form entstanden ist und an was die veränderte Papierform erinnert. Die Schüler sollen ihre Assoziationen äußern, weitere Papierteile hinzunehmen und sich von deren Gestalt, Struktur und Farbigkeit zu einer Anordnung auf dem Untergrund anregen lassen. Es kann passieren, dass den Schülern hierzu nicht auf Anhieb etwas einfällt. Zunächst soll aber eine Weile abgewartet werden, um den Schülern ausreichend Zeit zu lassen, Eigenes zu entwickeln. Sollten sie dennoch mit dieser Aufgabe nicht zurechtkommen, kann durch Beispielhandeln der Lehrerin ein Impuls gegeben werden.

Sprachliche Bearbeitung – Begriffsbildung

An dieser Stelle führt die Lehrerin den Begriff der Collage ein, der dieses Verfahren bezeichnet.

Einsatz der äußeren Sprache:

Nach dem gemeinsamen Probehandeln erhalten die Schüler eine kurze Arbeitsanweisung und zeitliche Orientierung. Um sicher zu gehen, dass die Arbeitsanweisung deutlich genug formuliert wurde, soll sie von einem Schüler nochmals für alle Kinder wiederholt werden.

Handlungsausführung (konventionell »Arbeitsphase« oder »Anwendung« genannt)

Für die nun folgende Arbeitsphase gehen die Schüler jeweils zu zweit an die hierfür vorbereiteten Arbeitstische. Sie stellen sich Collageelemente ihrer Wahl durch Anbrennen und Anrußen her, experimentieren mit der Anordnung und fixieren ihr Ergebnis mit Kleister auf einem Tonkarton.

Schaffung einer neuen Orientierung

Es ist vorauszusehen, dass für die Kinder das normalerweise nicht erlaubte Experimentieren mit dem Feuer so spannend ist, dass sie nicht von sich aus in die Phase des Collagierens übergehen. Deswegen soll nach ausreichender Zeit für das Herstellen der Papierfragmente zum Saubermachen des Arbeitsplatzes und anschließendem Beginnen mit der Collage aufgefordert werden.

> Diese Textpassage macht noch einmal deutlich, dass die Handlungsausführung nicht aus einem algorithmisch vorgegeben Ablauf besteht, sondern unterbrochen, abgebrochen und umgesteuert werden kann (erforderlichenfalls auch muss), was eine neue Handlungsorientierung (Jetzt kleben wir zusammen!) und das Umschalten auf einen neuen Handlungsplan (Anordnungs- und Aufklebe-Plan) erfordert. Weitere Umschaltungen werden als »Hilfen« beschrieben.

Hilfen

Die Schüler sind solch offene und ungegenständliche Aufgabenstellungen im Kunstunterricht nicht gewohnt, so dass im Arbeitsprozess Probleme auftreten können. In diesem Fall müssen schülerspezifische Hilfestellungen gegeben werden, die dem jeweiligen Kind ein Fortführen der Tätigkeit ermöglichen. Gegebenenfalls kann die offene Aufgabenstellung auch durch thematische Vorgaben wie z. B. »Feuergeister«[8] eingegrenzt werden.

Handlungskontrolle (auch als »Präsentation« oder »Reflexion« bezeichnet)

Wenn alle Schüler ihre Arbeiten abgeschlossen haben und die Plätze aufgeräumt sind, sollen sie ihre Werke an der Magnettafel präsentieren, noch einmal die FM-Anlage anschließen und sich wieder an den Halbkreistisch setzen. Abschließend regt die Lehrerin zum Vorstellen und Hinterfragen der Collagen bzw. einzelner Bildelemente an.

---

[8] Feuergeister = Mit Hilfe dieser thematischen Vorgabe können die Schüler versuchen, in ihren durch Feuer deformierten Papierstücken und in Ruß-Spuren geisterhafte Wesen zu entdecken und die Papierstückchen entsprechend anzuordnen.

Verbalisierung – Elaborierte äußere Sprache

Die Schüler betrachten die Ergebnisse und äußern sich spontan, beschreiben und beurteilen sie. Hierbei sollen sich die Schüler auch gegenseitig Fragen stellen, so dass ein Gespräch entsteht. Während der Präsentation soll verstärkt auf ganze und korrekte Sätze geachtet werden, indem die Äußerungen der Kinder aufgefangen, wiedergegeben und ergänzt werden.

3.3.2 Schülerspezifische Methodenüberlegungen

Da Z. in der vorhergehenden Stunde nicht anwesend war, muss bei ihr besonders darauf geachtet werden, dass sie alles verstanden hat, um ihr ein Mit- und Weiterarbeiten am Thema Feuer zu ermöglichen. Es ist also notwendig, bei Z. immer wieder nachzuprüfen, ob sie alles verstanden hat. Zusätzlich muss sie auch aktiv mit eingebunden werden, z. B. indem sie die Sicherheitsvorkehrungen und Verhaltensregeln wiederholt und ermuntert wird, auch eigene Ideen mit einzubringen. Wenn die Schüler ihre Beobachtungen zur Papierverbrennung benennen, soll Z. den Versuch wiederholen, um die Aussagen ihrer Mitschüler zu überprüfen. Wegen ihres geringen gestalterischen Selbstbewusstseins kann es notwendig werden, durch gezieltes Aufmerksam-Machen auf bestimmte Farbspuren, Formungen und Strukturen und durch Anregungen für die Einbindung in die Collage motivierende Hilfestellungen zu geben.

Auch bei F. ist besonders darauf zu achten, dass sie die Verhaltensregeln genau verstanden hat und ihre Grenzen kennt. F. soll sich, gegebenenfalls nach Aufforderung, beim Wiederholen der Regeln aktiv beteiligen.

Für Z. und für F. ist es wichtig, dass die Aufgabenstellungen möglichst klar und einfach formuliert sind, da bei beiden ein eingeschränkter Wortschatz zu Verständnisproblemen führen kann. Gegebenenfalls können für Z. und F. die Aufgabenstellungen durch Demonstration an vorbereitetem Material visualisiert werden.

G. sollte in Unterrichtsgesprächen besonders im Auge behalten werden, da sie sich schnell zurückzieht, wenn sie Ideen hat und übersehen wird. G. hat eine relativ niedrige Frustrationstoleranz, wenn ihre Ergebnisse nicht mit ihren hohen Ansprüchen übereinstimmen. Daher ist es eventuell notwendig, ihr bei der Durchführung bestimmter Techniken zu helfen, damit sie ihre Motivation nicht verliert.

N. und A. werden die Aufgabenstellung voraussichtlich recht selbstständig lösen können. Wichtig ist also, dass diese Selbstständigkeit auch gewährleistet und gefördert wird. Konkrete Hilfen sollen bei beiden nur dann gegeben werden, wenn klar erkennbar ist, dass sie nicht weiterkommen. Dabei ist besonders wichtig, dass sie für ihre eigenständige Arbeit auch Anerkennung und Lob erhalten.

Diese Anmerkungen zu spezifischen Berücksichtigungen hätten auch weiter vorne bei der Vorstellung der Schüler bereits eingebaut werden können. Sie werden hier im Methoden-Abschnitt getrennt eingestellt, um u. a. die nachfolgende Tabelle der Lehrer- und Schüleranteile nachvollziehbar zu machen.

Die folgende Tabelle stellt zusammenfassend dar, in welchem Maße die jeweiligen Schüler an dem hier skizzierten Unterricht in seinen einzelnen Handlungsphasen beteiligt sind bzw. welche Beteiligung beim Lehrer liegt. Hierzu wurde die Lehrer-Schüler Beteiligung in fünf Stufen eingeteilt:

- L = Der Lehrer handelt alleine.
- L + s = Der Lehrer hat den überwiegenden Handlungsanteil, der Schüler einen geringeren.
- L + S = Der Schüler hat den gleichen Handlungsanteil wie der Lehrer.
- l + S = Der Schüler hat den größeren Anteil an der Handlung, der Lehrer nur noch einen geringen.
- S = Der Schüler handelt selbstständig und autonom.

Handlungs-Phasen Schüler	Handlungs-orientierung	Handlungs-planung	Handlungs-ausführung	Handlungs-kontrolle
N.	L + s	l + S	S	l + S
G.	L + s	L + S	l + S	l + S
Z.	L + s	L + S	l + S	l + S
A.	L + s	l + S	S	l + S
F.	L + s	L + S	L + S	L + S

4 Strukturskizze

Der Ablauf dieser Unterrichtsstunde ist im Text bereits so ausführlich beschrieben, dass nunmehr eine ganz knappe tabellarische Übersicht genügt. Selbstverständlich ist auch ein anderes Vorgehen möglich: Nur eine knappe Skizzierung im Text, dafür eine ausführliche und stark ausgeweitete tabellarische Übersicht. Welche Form Sie im »Ernstfall« wählen, machen Sie im eigenen Interesse von den Wünschen und Erwartungen Ihres Seminarleiters, Prüfers oder Schulrats abhängig.

Strukturskizze für den Unterricht am 26.01.2005; Thema: Brandcollagen

Grobziel: Die Schüler sollen durch Experimentieren die Veränderbarkeit von Papier durch Feuer in Abhängigkeit von der Papiersorte erfahren und sich von den entstandenen Papierfragmenten zur gestalterischen Arbeit mit der Collagetechnik anregen lassen.

Zeit/ Phase	Lehrer-Schüler-Interaktion	Sozialform	Medien	Lernziel
Handlungsorientierung: Erinnerung an vorangegangene Stunde				
Einstieg 10 min	Begrüßung Genaue, gemeinsame Wiederholung der Verhaltensregeln im Umgang mit Feuer L. nimmt Bezug auf die vorangegangene Stunde (Brennbarkeit verschiedener Materialien). S. sollen die Verbrennung von Papier und Pappe bzgl. Farbe und Form beschreiben.	Unterrichtsgespräch	FM Anlage, feuerfeste Schale mit Kerze, Streichhölzer, Greifzange, Papierstreifen, Behälter mit Wasser	Die Schüler sollen Erlebtes wieder aufrufen und in ganzen Sätzen formulieren.
Handlungsplanung: Hinführung zur Aufgabenstellung durch gemeinsames Experimentieren und Motivation				
Hinführung I 25 min	Gemeinsame Erarbeitung der Veränderbarkeit verschiedener Papiere durch Feuer L. gibt Anregungen zum Experimentieren mit verschiedenem Papier. S. probieren aus und äußern ihre Beobachtungen. L. stellt weitere Techniken vor.	Lehrer-Schüler-Gespräch	feuerfeste Schale mit Kerze, Streichhölzer, Greifzange, verschiedene Papiersorten, Behälter mit Wasser	Die Schüler sollen verschiedene Möglichkeiten kennen lernen, Papier durch Flammeneinwirkung zu verändern und zu gestalten.

Zeit/ Phase	**Lehrer-Schüler-Interaktion**	**Sozial-form**	**Medien**	**Lernziel**
Hin-füh-rung II 10 min	L. legt ein Papierfragment auf einen Untergrund und fordert S. auf, dieses zu beschreiben. S. sollen ggf. Assoziationen äußern. L. gibt S. den Impuls, weitere Papierstücke dazuzulegen und in eine Anordnung zu bringen. L. erklärt Begriff der Collage. L. gibt kurze Arbeitsanweisung und zeitliche Orientierung.	Lehrer-Schü-ler-Ge-spräch	festes Papier als Unter-grund, ge-meinsam her-gestellte und von L. mitge-brachte Col-lageelemente	Die Schüler sollen erken-nen, dass die Papierfragmen-te Assoziatio-nen ermögli-chen und durch deren Anord-nung auf einem Untergrund ungewohnte Wirkungen entstehen; den Begriff der Collage kennen lernen.
Handlungsausführung: Förderung des individuellen Ausdrucksvermögens und der Phantasie				
Ar-beits-phase 60 min	S. stellen Collageelemente aus Papier ihrer Wahl durch An-brennen/Anrußen her, experi-mentieren mit der Anordnung und fixieren ihre Lösung. L. gibt, wenn nötig, differen-zierte Hilfen. L. fordert S. auf, ihre Arbeits-plätze aufzuräumen.	Einzel-arbeit	feuerfeste Schalen mit Kerzen, Streichhölzer, Greifzangen, verschiedene Papiersorten, Behälter mit Wasser, Tü-cher, Kleister Pinsel, Ton-karton	verschiedene Papierelemente herstellen, diese in eine Anord-nung bringen und auf einem Tonkarton fi-xieren
Handlungskontrolle: Sensibilisierung für die Vielfalt und Offenheit der Gestaltungsmöglichkeiten				
Prä-senta-tion/ Refle-xion 15 min	S. sollen die fertigen Werke an der Magnettafel präsentieren. L. regt zum Hinterfragen der Collagen bzw. einzelner Bild-elemente an. S. betrachten ihre Ergebnisse, äußern sich spontan, beschrei-ben, beurteilen.	Unter-richts-ge-spräch	fertige Brandcolla-gen; FM-Anlage	Die Schüler sollen die Wir-kung ihrer ei-genen Collage und der ihrer Mitschüler re-flektieren, in-dem sie indivi-duelle Wahr-nehmungen äußern.

Literaturverzeichnis und Links zu Kapitel 18

BERTELSMANN Lexikon Institut (Hg.) (1992): Das neue Taschenlexikon. Gütersloh

BÜCHNER, H. (1997): Kunstunterricht in der Grundschule. Elementares Lernen mit Feuer, Wasser und Luft. Donauwörth

EID, K.; RUPRECHT, H. (1985): Collage und Collagieren. München

EIMERT, D. (1994): Paper Art. Köln

GONSCHOREK, G.; SCHNEIDER, S. (2002): Einführung in die Schulpädagogik und die Unterrichtsplanung. Donauwörth

KATHKE, P. (2001): Sinn und Eigensinn des Materials. Band 1. Weinheim

KULTUSMINISTERIUM Rheinland-Pfalz, Mainz (Hg.) (1984): Lehrplan Bildende Kunst, Textiles Gestalten, Werken. Grünstadt

WAGNER, M. (2002): Lexikon des künstlerischen Materials. München

http://members.vienna.at/difr/papier/ (Dieter Freyer: Kleine Papiergeschichte. Informationen über Geschichte und Herstellung des Werkstoffes Papier)

http://infos.aus-germanien.de/Collage (Informationen über die Collagetechnik, bedeutende Collagekünstler und beispielhafte Werke)

19 Handlungsorientierter Unterrichtsentwurf: Zubereitung von Reissalat

Mittelstufe: Wir bereiten einen Reissalat für unser Grillfest vor

1 Vorbemerkungen

Der folgende Unterrichtsentwurf ist Teil eines Projekts einer Mittelstufenklasse mit dem Thema: »Wir gestalten gemeinsam mit Eltern einen Grillabend«. Vorausgegangen war ein Entscheidungsprozess der Schüler, die eine Auswahl trafen zwischen unterschiedlichen Alternativen, das Schuljahr mit einem Grillfest, einer eintägigen Klassenfahrt in den Zoo oder einem Schwimmbadbesuch zu beenden. Die Alternativen zur Feier des Schuljahresabschlusses wurden von den Schülern, die nunmehr im vierten Jahr besondere Vorhaben zum Schuljahresabschluss vorschlagen, auswählen und planen, im Unterrichtsgespräch eingebracht. Mehrheitlich entschieden sich die Schüler für das genannte Projekt, übernahmen die Gesamtplanung, erstellten einen Zeitplan und wiesen Eltern und Lehrern unterschiedliche Teilaufgaben zu. Im Rahmen der Gesamtplanung übernahmen die Schüler ebenfalls Teilaufgaben wie Einladungen zu schreiben, Tische einzudecken und als Beitrag für das kalte Büffet einen Reissalat vorzubereiten. Der Vorschlag, einen Reissalat zuzubereiten, wurde von den Schülern eingebracht, die dieses Gericht aus einer Anzahl von Salatkompositionen wählten, aufgrund kulinarischer Erfahrungen, welche sie bereits anlässlich von Festen und Feiern sammeln konnten. Die Schüler hatten bisher noch keinen Reissalat selbstständig zubereitet, jedoch Geschmack gefunden an dem Gericht, das eine Lehrerin anlässlich von Geburtstagsfeiern bereits häufiger mitgebracht hatte. Der Unterrichtsentwurf wurde für eine Doppelstunde (90 Minuten) konzipiert.

Der Unterrichtsentwurf wird im vorstehenden als Teilaufgabe innerhalb der *Phase der Handlungsausführung* des Projekts »Wir gestalten gemeinsam mit Eltern einen Grillabend« ausgewiesen. In der *Phase der Handlungsorientierung* wurde den Schülern die Gelegenheit eingeräumt, sich mit der Situation, das Schuljahr mit einer besonderen Aktivität oder einem Vorhaben abzuschließen, auseinander zu setzen, die Attraktivitätsfaktoren der unterschiedlichen Vorhaben gegeneinander abzuwiegen und sich für eine Aktivität zu entscheiden.

Nach der Entscheidungsfindung entwickelten die Schüler gemeinsam mit den Lehrkräften einen *Handlungsplan* zur Realisierung des Vorhabens unter Berücksichtigung der Übernahme von Teilaufgaben wie Einladungen zu schreiben, Tische zu decken, einen Reissalat zuzubereiten. Zudem wurden Aufgaben wie das Vorbereiten von weiteren Salaten und das Einkaufen von Grillfleisch an Eltern sowie Aufgaben wie das Aussuchen von Gemeinschaftsspielen an Lehrkräfte delegiert. Namentlich wurde die Aufgabenverteilung in einem schriftlich fixierten Plan festgehalten. Gleichzeitig enthielt dieser Plan ein Zeitraster, so dass die Schüler überprüfen konnten, welche Aufgaben bereits abgearbeitet und welche noch zu bearbeiten waren.
Die Zubereitung des Reissalats ist als Teilschritt des Projekts der *Phase der Handlungsausführung* zuzuordnen.
Das Schuljahr mit einem Fest oder einem attraktiven Vorhaben abzuschließen, gehört sicherlich zum Standardrepertoire jeder Schule für Geistigbehinderte. Das gleiche gilt für den Lerninhalt des folgenden Unterrichtsentwurfs. Die Salatzubereitung lässt sich gleichermaßen als Standardthema im Lernbereich Haushalt ausweisen. Die Wahl eines Standardprojekts und eines Standardthemas soll die Aufmerksamkeit der Leser darauf lenken, wie das Ausmaß der Schülerbeteiligung nicht nur im Rahmen von »Feiertagsstunden«, sondern gerade in »Alltagsstunden« gesteigert werden kann.
Die Auswahl eines Standardthemas wie »Salatzubereitung« hat einen zweiten Vorteil. Eine ausführliche Begründung der Bedeutung des Lerninhalts kann entfallen, stattdessen lässt sich im Unterrichtsentwurf exemplarisch aufzeigen, wie Standardthemenstellungen so zu planen sind, dass eine größtmögliche Schülerbeteiligung in den Phasen der Handlungsorientierung, der Handlungsplanung, der Handlungsausführung sowie der Handlungskontrolle Berücksichtigung findet.

2 Didaktische Analyse

Die Zubereitung eines Reissalats stellt den selbst gewählten Beitrag der Schüler zum Gelingen des Grillfests dar. Um Gäste empfangen und bewirten zu können und somit stabile soziale Beziehungen aufzubauen und zu festigen, sind Begegnungen zu arrangieren, die der Planung bezüglich Räumlichkeiten, Verpflegung, Unterhaltung bedürfen. Diesen Tatbeständen hatten die Schüler bereits in der Planungsphase des Projekts Rechnung getragen und als ihren Beitrag zum kalten Büffet die Zubereitung eines Reissalats ausgewählt. Über diese Gegenwartsbedeutung hinaus erarbeiten die Schüler sich exemplarisch eine Rezeptur für eine würzige Salatsoße. Sie erlernen das Garmachen von Reis und Eiern durch Kochen, das Schälen und das Schneiden fester und weicher Nahrungsmittel und das Umgehen mit dem Löffel- und Tassenmaß.

Aus der Sicht der Lehrkraft weist der Lerninhalt folgende innere Struktur auf:

- *Erarbeitung der Rezeptur*
  Anhand einer Probeportion und eines Abbilds des Reissalats benennen die Schüler wichtige Zutaten und erarbeiten eine Bildrezeptur mit Schriftsprache, die der Anleitung und Gedächtnisstütze dient.
- *Garmachen von Nahrungsmitteln (Reis, Ei) durch Kochen*
  Durch Schmecken und aufgrund von Vorerfahrungen wählen die Schüler die Nahrungsmittel aus, die gekocht werden müssen. Sie erhalten eine Bildrezeptur mit Schriftsprache, die ihnen die Anleitung gibt, wie der Reis zu kochen ist. Dafür sind 4 Becher Wasser mit einer Prise Salz zum Kochen zu bringen. 2 Becher Reis werden in das kochende Wasser geschüttet und 20 Minuten zugedeckt quellen gelassen. Nach 20 Minuten werden der Reis und das restliche Wasser in ein Sieb geschüttet und mit kaltem Wasser abgeschreckt. Für das Kochen des Eis wird den Schülern ebenfalls eine Bildrezeptur mit Schriftsprache angeboten. Die Rezeptur zeigt das Anstechen des Eis mit einem Eierstecher. 2 Becher Wasser werden in einem kleinen Topf zum Kochen gebracht. Das rohe Ei wird vorsichtig auf einen Löffel gelegt und in das Wasser gleiten gelassen. Nach 10 Minuten Garzeit wird der Topf von der Herdplatte entfernt und das Ei im Topf durch Aufdrehen des Wasserhahns abgeschreckt.
- *Schälen und Schneiden von Nahrungsmitteln*
  Die Schüler wählen aufgrund der Probeportion und des Bildmaterials die Nahrungsmittel aus, die geschält und geschnitten werden müssen. Die von ihnen erarbeitete Bildrezeptur mit Schriftsprache bietet den Schülern eine Gedächtnisstütze und Anleitung, wie folgt zu verfahren. Mit einem kleinen Schneidemesser werden 200 g Käse (Gouda) und 200 g gekochter Schinken in Scheiben geschnitten. Dabei ist von den Schülern zu beachten, dass sie eine Sägebewegung ausführen, damit eine glatte Schnittfläche entsteht und die Nahrungsmittel in dünne Streifen geschnitten werden. Die Zwiebel wird geschält und gewürfelt. 2 Äpfel werden halbiert und die Kerngehäuse werden entfernt. Anschließend werden die Apfelhälften geschält und gewürfelt. 2 Paprikaschoten werden geviertelt, entkernt, gewaschen und in feine

Streifen geschnitten. Für das Schneiden von Zwiebeln, Äpfeln und Paprika wird ebenfalls ein kleines Schneidemesser verwandt.

- *Salatsoße, Mischen und Garnieren*
  2 Esslöffel Weinessig, 1 Teelöffel Salz, 1 Teelöffel Senf, 4 Esslöffel Öl werden in einem Schälchen mit einer Gabel gut verrührt. Zwiebel, Äpfel, Paprikaschoten, Käse, Schinken werden mit dem abgekühlten Reis in eine große Salatschüssel gefüllt und gut gemischt. Die Salatsoße wird über den Salat gegossen.
  Zum Garnieren wird eine Tomate gewaschen und mit einem Tomatenmesser in feine Scheiben geschnitten. Das gekochte Ei wird geschält und mit einem Eierschneider zerteilt.

In dieser Doppelstunde werden die Schüler vor Lernaufgaben gestellt, die sowohl auf dem Tätigkeitsniveau der Lerntätigkeit als auch der Arbeitstätigkeit zu verorten sind. Zum einen werden die Schüler angeleitet, sich das Ausführungsverfahren einer bestimmten Handlung der Salatzubereitung anzueignen (Lerntätigkeit). Gleichzeitig ist ihre Tätigkeit auf ein ausgewiesenes Ziel, auf die Erzeugung eines vereinbarten Resultats gerichtet, welches ein planmäßiges Vorgehen und fortlaufende Kontrolle erfordert (Arbeitstätigkeit).

In der Doppelstunde werden den Schülern folgende Handlungsmöglichkeiten angeboten:

- *Phase der Handlungsorientierung*
  In dieser Phase werden die Schüler angeleitet, die gewählte Aufgabenstellung selbstständig bzw. mit nur geringer Hilfestellung der Lehrkräfte zu analysieren und einzuschätzen. Anhand einer Probeportion Reissalat, die von einer Lehrkraft zubereitet wurde, und einer Abbildung eines Reissalats ermitteln die Schüler die notwendigen Zutaten. Sie vergleichen die anhand des Realobjekts und Abbilds ermittelten Zutaten mit den von den Lehrkräften bereitgestellten Zutaten für den zuzubereitenden Reissalat, stellen Vollständigkeit oder Abweichungen fest. Als abschließende Schlussfolgerung dieser Phase stellen die Schüler entweder fest, dass alle von ihnen benötigten Zutaten vorhanden sind bzw. dass sie noch Zutaten benötigen, die dann im Schulladen gekauft werden müssten.
- *Phase der Handlungsplanung*
  Die Schüler erarbeiten sich in dieser Phase eine vollständige Orientierungsgrundlage, welche die Bearbeitung der zu verwendenden Nah-

rungsmittel, die Auswahl der benötigten Küchengeräte sowie die Arbeitsteilung der Gesamtaufgabe umfasst. Die in der Phase der Handlungsorientierung ermittelten Nahrungsmittel und Zutaten werden von den Schülern nun unter dem Kriterium der Bearbeitungsweise geordnet und auf drei unterschiedliche Tische verteilt. Der Reis und das Ei müssen gekocht werden, Äpfel, Zwiebel, Paprikaschoten, Schinken, Käse müssen geschält bzw. geschnitten werden, die gekochten und geschnittenen Zutaten müssen gemischt, Weinessig, Pfeffer, Senf, Öl, Salz müssen verrührt werden. Die Bearbeitungsweise eruieren die Schüler mit Hilfe einer Geschmackprobe (gekochter Reis, gekochtes Ei) oder mit Hilfe des visuellen Eindruckes (in Scheiben geschnittener Käse, Schinken, Tomaten, Ei, gewürfelte Paprika und Zwiebeln). Der Handlungsplan wird nunmehr von den Schülern mit Hilfe der Rezeptkarten konkretisiert. Die Schüler entnehmen dafür den Karten die Nahrungsmittel, die Anzahl der Nahrungsmittel bzw. das Maß (Ziffern), die benötigten Küchengeräte sowie Abbildungen der auszuführenden Tätigkeiten. Dem Bildrezept ist ein einfacher Text für die Leser der Gruppe hinzugefügt. Die Schüler erarbeiten sich auf dieser Grundlage die Rezeptur sowie die Teilaufgaben der drei Gruppen. Jeder Schüler entscheidet sich für die Mitarbeit entweder in der »Kochgruppe«, der »Schäl- und Schneidegruppe« oder der »Misch- und Soßengruppe.« Jeweils der erste Schüler, der sich für eine Gruppe entscheidet, ist der »Chefkoch« dieser Gruppe und hat die Aufgabe, die Gruppenarbeit zu koordinieren sowie Teilaufgaben zu verteilen. Die Lehrkräfte achten darauf, dass in der »Kochgruppe« nicht mehr als zwei Schüler, in der »Schäl- und Schneidegruppe« vier und in der »Misch- und Soßengruppe« zwei Schüler arbeiten.

- *Phase der Handlungsdurchführung*
  Die Schüler arbeiten in dieser Phase den entwickelten Handlungsplan ab. Die zwei Lehrkräfte verteilen sich aus Sicherheitsgründen auf die »Koch«- sowie »Schäl- und Schneidegruppe«. Auf Hygienemaßnahmen wie Schürzeanziehen und Händewaschen werden nur Schüler hingewiesen, die diese vorbereitenden Tätigkeiten unterlassen. Der »Chefkoch« jeder Gruppe organisiert eventuell unter Zuhilfenahme der Rezeptur die Beschaffung der Küchengeräte, erfragt die Präferenzen der Schüler bezüglich der anfallenden Teilaufgaben und verteilt die Aufgaben innerhalb der Gruppe. Ein Schüler jeder Gruppe besorgt nun die notwendigen Küchengeräte, eventuell unter Zuhilfe-

nahme des Handlungsplans. Die Schüler bearbeiten ihre Teilaufgaben und erhalten auf Nachfrage oder wenn Sicherheitsbestimmungen verletzt werden, Hilfestellung von den Lehrkräften.
Die »Chefköche« der »Koch-« sowie der »Schäl- und Schneidegruppe« kontrollieren das Arbeitsergebnis ihrer Mitschüler und organisieren nach dieser Prüfung die Zulieferung an die »Misch- und Soßengruppe«. Das Einsammeln der benutzten Küchengeräte und das Säubern der Tische organisieren sie ebenfalls. Spülen und Abtrocknen werden entsprechend des Ämterplans geregelt.

- *Phase der Handlungskontrolle*
  Eine erste formative Handlungskontrolle (im Vollzug der Tätigkeit) üben die »Chefköche« der »Koch-« sowie der »Schäl- und Schneidegruppe« aus, welche die Arbeitstätigkeit und das Teilergebnis ihrer Mitschüler kontrollieren und gegebenenfalls Korrekturen verlangen.
  Eine zweite formative Handlungskontrolle erfolgt durch die »Misch- und Soßengruppe«, welche die Qualität der Bearbeitung der Nahrungsmittel prüft und diese erst dann vermischt, wenn die Nahrungsmittel entsprechend der Rezeptur verarbeitet wurden.
  Eine summative Handlungskontrolle kann erst 60 Minuten nach der Abkühlzeit geschehen. Die »Chefköche« der drei Gruppen übernehmen das Nachwürzen und das Garnieren.

Bei der Vereinfachung des Unterrichtsgegenstands wurden vor allem zwei Aspekte berücksichtigt. Die Schüler kennen weder das Litermaß noch das Gewichtsmaß. Die entwickelte Rezeptur bezieht sich demnach auf Maßeinheiten wie das Löffelmaß und das Bechermaß. Das sinnentnehmende Lesen beherrschen drei Schüler der Klasse, insofern war eine für alle Schüler dekodierbare Bildrezeptur zu entwickeln, gleichzeitig sollten die »Leser« die notwendigen Informationen der unterlegten Schriftsprache entnehmen.

Die arbeitsteilige Zubereitung von Gerichten, die Zulieferung der bearbeiteten Nahrungsmittel an eine Gruppe, welche die Gesamtkomposition (Gerichtfertigstellung) erledigt, sowie das Arbeiten unter der Anleitung eines Koordinators (»Chefkochs«) ist den Schülern geläufig und wird seit etwa einem halben Jahr praktiziert. Die Grundfertigkeiten wie Rühren, Schälen, Schneiden erprobten die Schüler bereits in unterschiedlichen Situationen. Diese Fertigkeiten bedürfen allerdings der weiteren Übung und Festigung.

3 Intentionen

Hauswirtschaftlich-fachliche Ziele

Die Schüler haben die Möglichkeit,

- die Grundfertigkeit Mischen (unterschiedliche Nahrungsmittel vorsichtig unterrühren) zu erlernen;
- die Grundfertigkeit Rühren durch das Herstellen einer Öl-Senf-Essig-Marinade zu festigen;
- die Grundfertigkeiten Schälen und Schneiden (Scheiben und Würfel) durch das Schälen und Schneiden von weichen (Ei, Schinken, Käse) und harten Nahrungsmitteln (Äpfel, Zwiebel, Paprika) zu üben;
- die Grundfertigkeit des Garmachens von Nahrungsmitteln (Reis, Ei) in einer bestimmten Zeit zu erlernen;
- die benötigten Zutaten aufgrund einer Probeportion und eines Abbilds zu erarbeiten;
- eine Bildrezeptur für die Zubereitung von Reissalat mit Hilfe einer Probeportion und eines Abbilds zu erarbeiten;
- nach einer Bildrezeptur oder einer schriftlich fixierten Rezeptur zu arbeiten;
- von Mitschülern bearbeitete Nahrungsmittel zu einer Salatkomposition zusammenzumischen, abzuschmecken und ansprechend zu garnieren.

Ziele zur Erweiterung der Sozial- und Handlungskompetenz

Die Schüler haben die Möglichkeit,

- in der Phase der Handlungsorientierung, der Handlungsplanung, der Handlungsdurchführung und Handlungskontrolle selbstständig zu arbeiten und ihre Mitschüler oder ihre Lehrkräfte bei Problemen um Hilfe zu bitten;
- sich nach eigener Wahl der »Kochgruppe«, der »Schäl- und Schneidegruppe« oder der »Misch- und Soßengruppe« zuzuordnen;
- eine koordinierende, organisierende und kontrollierende Funktion als »Chefkoch« zu übernehmen;
- Aufgabenteilung in der Gruppe abzusprechen, ihre Präferenz für bestimmte Teilaufgaben zu artikulieren und Teilaufgaben zu übernehmen;
- nach Wahl das Bildrezept oder das in Schriftsprache verfasste Rezept zu verwenden;
- bei kritischen Einwänden ihr Arbeitsergebnis betreffend Hilfestellungen von Mitschülern oder Lehrkräften zu erbitten.

4 Bedingungsanalyse

Klassensituation und Lehrer-Schüler-Situation

Die Mittelstufenklasse besuchen 7 Jungen und ein Mädchen im Alter von 10–12 Jahren. Drei Schüler und eine Schülerin wurden gemeinsam eingeschult; vier Schüler kamen im Laufe der Unterstufenzeit hinzu. In der gegenwärtigen Zusammensetzung besteht die Lerngruppe seit knapp einem Jahr. Die Schüler haben Erfahrungen mit Projektlernen. Im laufenden Schuljahr wurden bereits vier Projekte geplant und abgeschlossen.

Das sonderpädagogische Gutachten weist für alle Schüler eine geistige Behinderung aus. Sechs von acht Schülern kommen aus sozio-kulturell benachteiligten Elternhäusern und erhalten im häuslichen Umfeld nur wenig Förderung und Fürsorge. Bei diesen sechs Schülern wurde neben der geistigen Behinderung eine Hyperaktivität diagnostiziert. Das einzige Mädchen der Klasse zeigt autistische Verhaltensweisen.

Alle Schüler können aufgrund der erreichten Lernfortschritte der Gruppe der sozialhandlungsfähigen Schüler (THALHAMMER 1977) zugeordnet werden. Dennoch differieren der kognitiv-sprachliche sowie der stato-, grob- wie feinmotorische Entwicklungsstand erheblich. In der Klasse sind drei Schüler, die aufgrund ihrer Sach-, Sozial- und Handlungskompetenz eine Führungsrolle einnehmen; allerdings nutzen diese Schüler diese Position konstruktiv, indem sie lernschwächere Schüler unterstützen. Alle Schüler zeigen ein ausreichendes Sprachverständnis in Alltagssituationen. Sechs Schüler kommunizieren verständlich. Eine Schülerin drückt in Ein- bis Zweiwortsätzen ihre Bedürfnisse und Wünsche aus und antwortet auf einfache W-Fragen (Benennung von Personen, Gegenständen und Tätigkeiten). Ein Schüler kommuniziert vornehmlich mit Lauten, Gebärden und Bildern.

Die Lehrkräfte sind den Schülern seit vier Jahren bzw. seit der Ein- bzw. Umschulung in diese Klassengemeinschaft bekannt. Die Schüler kennen Rituale im Tagesablauf, Formen offenen Unterrichts, selbsttätiges Lernen nach Plan mit hoher Schülerselbstbeteiligung und Lehrkräfte sowie Mitschüler als Lernhelfer. Strukturierung und Ritualisierung des Tagesablaufs sowie die sukzessive Ausweitung von Phasen handlungsorientierten Lernens führten dazu, dass Disziplinprobleme zunehmend geringer auftraten und die Arbeits- und Lernphasen auf den gesamten Unterrichtstag ausgedehnt werden konnten.

Die Schüler

Robert, David, Sebastian	**Fachliche Kompetenzen**	**Sozial- und Handlungskompetenzen**
Voraussetzungen	• können eine schriftsprachlich verfasste Rezeptur, allerdings ohne Mengenangaben mit Hilfe der angegebenen Hilfsmittel erarbeiten und nach dieser ihre Tätigkeit ausrichten (geeignete Küchengeräte besorgen, Tätigkeiten ablesen und ausführen), • beachten Hygienemaßnahmen (Schürze anziehen, Hände waschen), • üben selbstständig den Eierstecher zu bedienen, • üben die Grundfertigkeit des Garmachens von Nahrungsmitteln nach entsprechender Zeitvorgabe (Reis, Ei), • können mit dem Löffelmaß umgehen und feste Zutaten wie Salz, Senf auf einen Löffel füllen, • holen sich Hilfestellung und üben zu zweit, flüssige Zutaten wie Öl und Essig auf einen Löffel zu schütten und dabei nichts zu verschütten, • beherrschen das einfache Schneiden (Tunnelgriff, Sägen) von weichen und harten Nahrungsmitteln sowie differenzierte Arten des Schneidens wie Streifen und Würfel schneiden, • üben das Schälen (dünne Schalen) und sorgfältige Entkernen von Äpfeln und Paprika, • üben die Grundfertigkeit des Mischens (vorsichtiges Unterrühren) und die Grundfertigkeit des Rührens (kräftiges Vermischen mit Gabel oder Schneebesen), • üben, bearbeitete Nahrungsmittel zu einem Gericht zusammenzustellen, abzuschmecken und ansprechend zu garnieren	• üben, in der Phase der Handlungsorientierung, der Handlungsplanung, der Handlungsdurchführung und Handlungskontrolle möglichst selbstständig zu arbeiten und nur bei auftretenden Problemen um Hilfe zu bitten, • üben, gemeinsam mit anderen Aufgabenstellungen zu erledigen, die sie nicht alleine bewältigen können, • üben, eine koordinierende, organisierende und kontrollierende Funktion (Funktion des Lernhelfers) einzunehmen und dabei ihre Mitschüler nicht zu dominieren, sondern auf deren Bedürfnisse und Wünsche zu achten, • üben, Aufgabenteilungen in der Gruppe abzusprechen, • üben, Kritik sachangemessen zu äußern und Hilfestellungen zur Verbesserung zu geben.

Paul, Peter, Patrick	Fachliche Kompetenzen	Sozial- und Handlungskompetenzen
Voraussetzungen	• üben, eine Bildrezeptur ohne Mengenangaben mit Hilfe der angegebenen Hilfsmittel zu erarbeiten und nach dieser ihre Tätigkeit auszurichten (geeignete Küchengeräte besorgen, Tätigkeiten ablesen und ausführen), • müssen ggf. darauf hingewiesen werden, Hygienemaßnahmen (Schürze anziehen, Hände waschen) zu beachten, • benötigen Hilfestellung bei der Ausführung des Kochvorgangs (Rekapitulieren der Sicherheitsvorkehrungen, Schritt-für-Schritt-Vorgehensweise unterstützt durch die Rezeptur, Hilfestellung beim Umgang mit dem Eierstecher und dem Einstellen der Uhr), • können mit dem Löffelmaß umgehen und feste Zutaten wie Salz, Senf auf einen Löffel füllen, • holen sich Hilfestellung und üben zu zweit, flüssige Zutaten wie Öl und Essig auf einen Löffel zu schütten und dabei nichts zu verschütten, • üben das einfache Schneiden (Tunnelgriff, Sägen) von weichen Nahrungsmitteln, • benötigen ggf. verbale Hilfestellung beim Schneiden harter Nahrungsmittel sowie bei differenzierten Schneidevorgängen wie dem Schneiden von Streifen und Würfeln, • benötigen ggf. verbale Hilfestellung beim Schälen (dünne Schalen) und dem sorgfältigen Entkernen von Äpfeln und Paprika, • benötigen ggf. verbale Hilfestellung bei der Grundfertigkeit des Mischens (vorsichtiges Unterrühren) und der Grundfertigkeit des Rührens (kräftiges Vermischen mit Gabel oder Schneebesen) • benötigen ggf. verbale Hilfestellung, um bearbeitete Nahrungsmittel zu einem Gericht zusammenzustellen, abzuschmecken und ansprechend zu garnieren	• üben, in der Phase der Handlungsorientierung, der Handlungsplanung, der Handlungsdurchführung und Handlungskontrolle möglichst selbstständig zu arbeiten und ggf. Probleme mit Hilfe verbaler Anleitung der Mitschüler oder Lehrkräfte zu lösen, • üben, gemeinsam mit anderen Aufgabenstellungen zu erledigen, die sie nicht alleine bewältigen können, • üben, ihre Wünsche und Bedürfnisse zu äußern, • üben, Aufgabenteilungen in der Gruppe abzusprechen und diese Aufgabenteilung einzuhalten, • üben, den Anweisungen der Lernhelfer zu folgen und konstruktive Hilfestellungen anzunehmen, • benötigen verbale Hilfestellung seitens d. L., falls sie die Aufgabe eines »Chefkochs« übernehmen.

Christina, Hans	**Fachliche Kompetenzen**	**Sozial- und Handlungskompetenzen**
Voraussetzungen	• üben, einem Realobjekt (Zutaten im Reissalat) Bilder zuzuordnen und die Zutaten zu benennen, • üben, die erstellte Bildrezeptur zu verbalisieren (Benennung von Küchengeräten, von Tätigkeiten), • üben, nach Bildrezeptur die geeigneten Küchengeräte zu holen, • müssen ggf. darauf hingewiesen werden, Hygienemaßnahmen (Schürze anziehen, Hände waschen) zu beachten, • benötigen bei gefährlichen und schwierigen Teilabschnitten des Kochvorgangs (Anheben des Deckels bei kochendem Wasser, Einfüllen des Reises, Umgang mit dem Eierstecher, Eintauchen des Eies in kochendes Wasser, Einstellen der Uhr) die Führung des Lehrers, • üben, mit dem Löffelmaß umzugehen und feste Zutaten wie Salz, Senf auf einen Löffel zu füllen, • holen sich Hilfestellung (Führung) und üben zu zweit, flüssige Zutaten wie Öl und Essig auf einen Löffel zu schütten und dabei nichts zu verschütten, • üben das einfache Schneiden (Tunnelgriff, Sägen) von weichen Nahrungsmitteln mit verbaler Hilfestellung, • benötigen Handführung beim Schneiden harter Nahrungsmittel sowie bei differenzierten Schneidevorgängen wie dem Schneiden von Streifen und Würfeln, • benötigen ggf. Handführung beim Schälen (dünne Schalen) und sorgfältigen Entkernen von Äpfeln und Paprika, • benötigen ggf. Handführung bei der Grundfertigkeit des Mischens (vorsichtiges Unterrühren) und der Grundfertigkeit des Rührens (kräftiges Vermischen mit Gabel oder Schneebesen), • benötigen ggf. Handführung, um bearbeitete Nahrungsmittel zu einem Gericht zusammenzustellen, abzuschmecken und ansprechend zu garnieren	• üben, sich selbstständig für eine Teilaufgabe zu entscheiden und sich einer Gruppe zuzuordnen, • üben, ihre Wünsche und Bedürfnisse zu äußern, • üben, in der Phase der Handlungsorientierung, der Handlungsplanung, der Handlungsdurchführung und Handlungskontrolle möglichst selbstständig zu arbeiten ggf. um Hilfe zu bitten, Probleme zunächst aufgrund verbaler Anleitung der Mitschüler oder Lehrkräfte zu lösen, • üben, bei gefährlichen oder schwierigen Teilabschnitten ggf. mit Handführung zu arbeiten, • üben, gemeinsam mit anderen Aufgabenstellungen zu erledigen, die sie nicht alleine bewältigen können, • üben, Aufgabenteilungen in der Gruppe abzusprechen und diese Aufgabenteilung einzuhalten, • üben, den Anweisungen der Lernhelfer zu folgen und konstruktive Hilfestellungen anzunehmen

5 Methodische Analyse

Die in der Doppelstunde eingeplanten methodischen Lehr- und Lernformen zielen darauf ab, den Schülern vielfältige Handlungsmöglichkeiten in den unterschiedlichen Handlungsphasen (Orientierung, Planung, Ausführung, Kontrolle) anzubieten, um ihre Handlungsfähigkeit zu fördern.

Realobjekt (Probeportion Reissalat) und Abbild eines Reissalats sollen die *Antriebs- oder Anregungsregulation* der Schüler in Gang setzen. Realobjekt und Bild werden eingesetzt, um die Schüler zum Handeln zu motivieren, ihre Selbsttätigkeit herauszufordern. Am Realobjekt und am Bild werden die Schüler angeleitet, möglichst selbstständig eine Rezeptur zur entwickeln, die sie vor dem Hintergrund ihrer individuellen Lernbedingungen (Bilderleser, Schriftleser) dekodieren können.

Mit dem so entwickelten *Handlungsplan* steht den Schülern eine vollständige Orientierungsgrundlage zur Verfügung, die ihnen erlaubt, die Teilaufgaben selbstständig auszuwählen und richtig ausführen zu können.

In der *Phase der Ausführung* konzentrieren sich die Schüler auf die materielle Handlung, die Bearbeitung ihrer gewählten Teilaufgaben. Da sie allerdings mit anderen zusammenarbeiten, auf deren Zuarbeit oder auf deren Hilfe sie angewiesen sind, gegebenenfalls die Teilarbeitsergebnisse kontrollieren müssen, kommt in dieser Phase ein zweiter Aspekt zum Tragen. Die Schüler werden angeleitet, durch die Arbeitsteilung, durch die Kontrollfunktion, die sie gegebenenfalls einnehmen, durch die zu erbittende Hilfestellung, die zunächst immer an einen Mitschüler zu richten ist, Sprache als Mittel der Mitteilung über Handlungen und deren Ergebnis einzusetzen. Kurzum: Sprache wird zum Kommunikationsmittel. Die kulturhistorische Schule spricht von der Bedeutsamkeit der äußeren Sprache, ohne die materielle Handlungen nicht widergespiegelt und damit nicht gespeichert werden können.

An *Kooperationsformen* der Lehrkräfte mit den Schülern und der Schüler untereinander wurden, differenziert nach den jeweiligen Lernbedingungen der Schüler, verschiedene Formen eingeplant. Dabei wurde berücksichtigt, dass das Ausmaß der Lehrerbeteiligung in allen Handlungsphasen möglichst gering, das Ausmaß der Schülerbeteiligung hingegen möglichst hoch ausfallen sollte. Angestrebt wird, dass der Schüler aus eigener Kompetenz handelt ohne Beeinflussung durch Lehrkräfte. Ist dies nicht möglich, so folgt eine abgestufte Hilfestellung. In der Phase der Erstellung des Handlungsplans beispielsweise können die Schüler die Rezeptur erstellen, allerdings können sie die Mengenangaben nicht eruieren. Als *Hilfestellung* werden hier schriftsprachliche Anweisungen oder Bilder gegeben. Zeigen sich bei Schülern Schwierigkeiten in der Ausführungsphase, die nicht mit dem Verweis auf die Rezeptur gelöst werden können, erfolgen verbalsprachliche Anweisungen von Mitschülern oder von den Lehrkräften. Lösen sprachliche Anweisungen das Problem des Schülers nicht, so wird dem Schüler ein Verhaltensvorbild (Modell) zur Nachahmung angeboten (z. B. Stellung der Haltehand, Stellung der Schneidehand, Tunnelgriff). An für den Schüler schwierigen oder gefährlichen Stellen ist geplant, zwei Schüler, die gegebenenfalls der Hilfe bedürfen, zu führen.

6 Medien und Räumlichkeiten

Raumanordnung

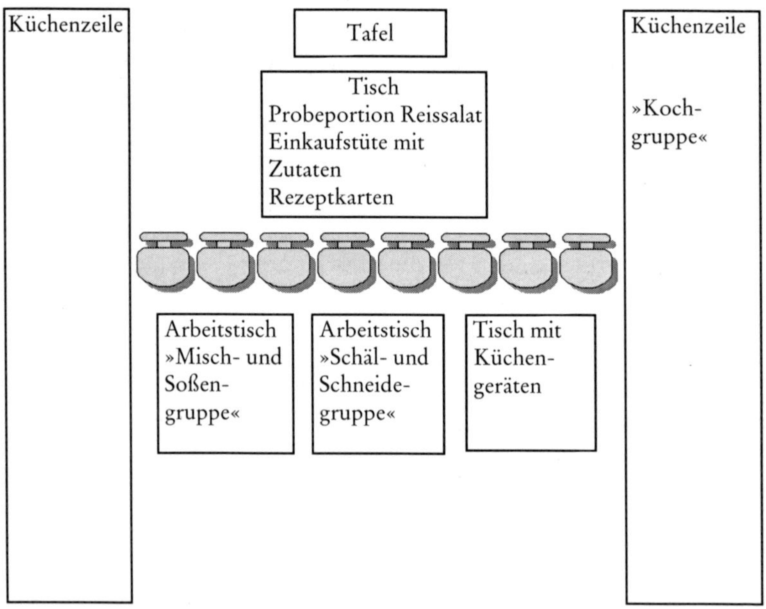

Abb. 16: Raumanordnung

Unterrichtsmittel

Papier/ Karten	**Anschauungsmaterialien**	**Küchengeräte**	**Zutaten**
Handlungskarten (Rezeptkarten) mit Klebestreifen Tischschilder für die »Koch«-, die »Schäl- und Schneide-« sowie die »Misch- und Soßengruppe«	Probeportion Reissalat Abbild Reissalat	»Kochgruppe« Kochmütze für »Chefkoch« 2 Töpfe 1 Kochuhr 1 Sieb 1 Löffel 1 Schüssel Eierstecher	»Kochgruppe« Reis Salz Ei
		»Schäl- und Schneidegruppe« Kochmütze für »Chefkoch« Schere 4 Holzbrettchen 4 Küchenmesser Papierhandtücher 5 mittelgroße Plastikschüsseln Eierschneider	»Schäl- und Schneidegruppe« 2 Paprika Tomate Zwiebel 2 Äpfel Käse Schinken 1 gekochtes Ei (Zuarbeit von Kochgruppe)
		»Misch- und Soßengruppe« Kochmütze für »Chefkoch« große Salatschüssel Salatbesteck Plastikschüssel zum Vermischen Gabel 2 Kaffeelöffel Dessertteller	»Misch- und Soßengruppe Gekochter Reis (Zuarbeit von »Kochgruppe«) Geschnittene Paprika, Zwiebel, Äpfel, Käse, Schinken (Zuarbeit von »Schäl- und Schneidegruppe«) Öl, Essig, Senf, Pfeffer

7 Vorgesehene Verlaufsplanung

Phase/ Zeit	Lehrer/Schüleraktivitäten	Sozial formen	Anmerkungen/ Alternativen
Phase der Hand lungs-orien-tierung 15 min	Sch. erarbeiten mit Hilfe einer von den L. bereit gestellten Probeportion Reissalat und eines Abbilds die für das Gericht notwendigen Zutaten Sch. überprüfen, ob die bereit gestellte Einkaufstüte alle notwendigen Zutaten enthält.	Ge-sprächs-kreis	Abschließende Schlussfolgerung der Schüler: Alle benötigten Zutaten sind vorhanden. L. fragt: Was könnten wir tun, wenn wir vergessen hätten, eine Zutat zu kaufen?
Phase der Hand-lungs-planung 15 min	L. fragt: Wie wurde der Reis, der Schinken usw. für den Reissalat zubereitet bzw. bearbeitet? Benötigt ihr Hilfe, so schaut auf den Rezeptkarten nach! Sch. erklären mit Hilfe des Abbilds und der Probeportion die Bearbeitungsweise der einzelnen Nahrungsmittel. Sch. erklären die Zubereitungsweise der einzelnen Lebensmittel und entnehmen genaue Mengen und Zeitangaben sowie die notwendigen Küchengeräte den Rezeptkarten. L. fordert die Schüler auf, nachdem sie die Bearbeitungsweise eines Nahrungsmittels erklärt haben, dieses mit der Rezeptkarte zu den unterschiedlichen Bearbeitungstischen zu bringen. Die Schüler orientieren sich dabei an den Tischkarten und begründen ihre Tätigkeit. L. frage: Wir benötigen für jeden Arbeitsplatz einen verantwortlichen Schüler, einen »Chefkoch«. Wer möchte in welcher Gruppe »Chefkoch« sein, wer möchte in welcher Gruppe mitarbeiten?	Ge-sprächs-kreis	Bei der Erklärung der Zubereitungsart stehen die Sch. vor der Klasse. Sie zeigen den Mitschülern die Rezeptkarte, und verweisen auf die notwendigen Küchengeräte und erklären den Bearbeitungsablauf. Zurückhaltende Schüler werden ggf. einzeln befragt, welche Gruppe sie bevorzugen, um ihren Wünschen zu entsprechen.
Phase der Hand-lungs-durch-führung 50 min	Sch. • beachten die Hygienemaßnahmen, • wählen eine Teilaufgabe aus, • holen sich die benötigten Küchengeräte ggf. unter Zuhilfenahme der Rezeptkarte, • bearbeiten die von ihnen gewählte Teilaufgabe, ggf. unter Zuhilfenahme der Rezeptkarte oder eines Lernhelfers.	Partner-arbeit Gruppen arbeit	L. geben nur Hilfestellung, wenn sie angefragt werden oder wenn absehbar ist, dass die Situation für Sch. gefährlich werden könnte

Phase/ Zeit	Lehrer/Schüleraktivitäten	Sozial formen	Anmerkungen/ Alternativen
	»Chefköche« der »Koch-« und »Schäl- und Schneidegruppe« • beachten das Einhalten der Hygienemaßnahmen; • organisieren die Verteilung der Tischaufgaben; • kontrollieren den Arbeitsprozess und das Arbeitsergebnis; • organisieren die Zulieferung der bearbeiteten Nahrungsmittel zur »Schäl- und Schneidegruppe« (Ei) bzw. der »Misch- und Soßengruppe«; • organisieren die Säuberung der Tische. »Chefkoch« der »Misch- und Soßengruppe« • beachtet das Einhalten der Hygienemaßnahmen; • regelt den Arbeitsablauf innerhalb der Gruppe (zuerst die Fertigstellung der Salatsoße); • kontrolliert die zugelieferten bearbeiteten Nahrungsmittel; • organisiert die Säuberung der Tische.		
Phase der Handlungskontrolle 10 min	»Chefkoch« der »Misch- und Soßengruppe« zeigt den Schülern den fertig gestellten Salat. Sch. und »Chefköche« äußern sich zum Arbeitsablauf und dem Aussehen des Arbeitsprodukts. »Chefköche« einigen sich auf zwei Schüler, die besonders gut gearbeitet haben und reichen diesen auf einem Dessertteller eine kleine Portion Reissalat zum Abschmecken. »Chefköche« bringen abschließend die Salatschüssel und die Garnierzutaten (Tomate, Ei) in den Kühlschrank.	Kreisgespräch	Sollten die Sch., die den Reissalat abschmecken, das Nachwürzen empfehlen, muss die Menge der zusätzlichen Würze (Salz, Pfeffer, Essig) mit den L. abgesprochen werden.

Literaturverzeichnis zu Kapitel 19

FISCHER, D. (1991): Mein Küchenbuch 1/Mein Küchenbuch 2. Bonn-Bad Godesberg

FISCHER, D. u. a. (1979): Wir lernen in der Küche. (Reihe: Neues Lernen mit Geistigbehinderten). Würzburg

FISCHER, E.; MERTES, P. J. (Hg.) (1990): Unterrichtsplanung in der Schule für Geistigbehinderte. Dortmund

LAMBERTI, A.; KOSSLER, R.: Kochkarten. Heinsberg o. J.

MINISTERIUM FÜR BILDUNG, FRAUEN UND JUGEND RHEINLAND PFALZ (Hg.) (2001): Richtlinien für die Schule mit dem Förderschwerpunkt ganzheitliche Entwicklung und Lehrplan zur sonderpädagogischen Förderung von Schülerinnen und Schülern mit dem Förderbedarf ganzheitliche Entwicklung. Mainz

THALHAMMER, M.: Geistige Behinderung. In: SPECK, O.; THALHAMMER, M. (1977): Die Rehabilitation der Geistigbehinderten. 2. Aufl., München, Basel, 9–72

20 Grenzen des Handlungsorientierten Unterrichts

Alles bewusste, geplante, kontrollierte und auf das Erreichen eines Ziels gerichtete Tun ist Handeln.

Aber nicht alle Handlungen müssen vorher bewusst geplant werden. Viele Handlungspläne haben wir abgespeichert und sofort zur Verfügung, wenn sie benötigt werden. Die Bewegungen beim Öffnen einer Tür, die Bewegungsfolgen beim Radfahren entnehmen wir unserem motorischen Gedächtnis, die Rituale bei der Begrüßung einer anderen Person haben wir über den Lernprozess der Gewöhnung als Ablaufvorschriften, als Algorithmen, gespeichert. Auch eine bewusste Zielentscheidung ist nicht in jedem Fall erforderlich, um eine menschliche Tätigkeit als Handlung zu qualifizieren. Der Säugling, der aus Hunger schreit, setzt durchaus eine Handlung in Gang, die zu einem ihm nützlichen Ziel führt: die Nahrungszubereitung und Fütterung durch andere Menschen.

Eine Tätigkeit kann auch dann Handlung sein, wenn sie teilweise durch Andere ausgeführt wird.

So beschreibt auch das gute alte sonderpädagogische Prinzip der Selbsttätigkeit eine Handlung: Der Lehrer legt fest, was zu tun ist; er teilt seinen Schülern mit, wie dies zu tun ist, die Schüler führen seine Anweisungen aus, und der Lehrer überwacht und korrigiert diese Ausführung durch die Schüler und stellt am Ende fest, ob dies alles zu dem von ihm gewünschten Ergebnis geführt hat. Auch dies ist eine Handlung, aber keine Handlung der Schüler, sondern eine des Lehrers. Umgekehrt kann eine Handlung des Schülers daraus werden: Der Schüler entscheidet, was er will, er teilt mit, wie sein Wille auszuführen sei, der Lehrer übernimmt die Ausführung, und der Schüler stellt abschließend fest, ob sein Wunsch, seine Bitte, seine Forderung erfüllt worden ist. Ersetzen wir »Schüler« durch »Behinderter« und »Lehrer« durch »ein anderer Mensch«, dann haben wir ein Beispiel für das, was Pfeffer (1982) »stellvertretende Hilfe« genannt hat.

Der stellvertretend Helfende übernimmt den Ausführungsteil der Handlung, die ein Anderer initiiert, plant und kontrolliert. Die Handlung ist nicht die des motorisch Tätigen, sondern die des motorisch Passiven, welcher allerdings beschließt, plant, kontrolliert, kurzum handelt. Um von »Handlung« sprechen zu können, stellen wir also das Prinzip der Selbsttätigkeit auf den Kopf (vgl. auch KLAUß 2005, 179–180). So besehen, kann jede zielgerichtete äußere Tätigkeit als Handlung aufgefasst werden. Aber auch »innere« Tätigkeiten, Denktätigkeiten, können Handlung (Denkhandlung) sein, wenn sie aus einem Motiv herrühren, eine gewisse Planung beinhalten und zu einem Ziel hinstreben.

Es gibt für am Handeln orientierten Unterricht keine »obere« Grenze. So lange ein Lernender in auch nur einer der Handlungsphasen der Hilfe des Lehrenden bedarf, sprechen wir von handlungsorientierten Lehr-Lern-Prozessen.

Sobald er diese Hilfe nicht mehr benötigt, hat er ausgelernt und ist selbstständig handlungsfähig. In der Schule beschreibt »Projektarbeit« die didaktische Annäherung an diese volle Selbstständigkeit.

Es gibt aber auch keine »untere« Grenze für am Handeln orientiertes Lernen.

Bereits das gerade erst geborene Kind setzt Impulse zu stellvertretendem äußeren Handeln. Es lässt Tätigkeiten zur Befriedigung seiner eigenen Bedürfnisse durch Andere ausführen.

Wenn wir schon keine »untere« und keine »obere« Grenze für Handeln finden, gibt es dann wenigstens Grenzen nach »rechts« und nach »links«? Nur pragmatisch.

Wir ziehen solche Grenzen dort, wo wir nicht alle Bestimmungsstücke des Handelns gemeinsam finden.

Das rein motorische Üben lässt ein unmittelbares Ziel nur selten erkennen. Meist dient es einem übergeordneten Ziel und hat die nachgeordnete Bedeutung des Einschleifens von Routinen. Meditation kann nur schwer mit Handlung in Verbindung gebracht werden, Beten ebenso wenig. Das reine Anschauen von Bildern, Filmen, Landschaften lässt häufig weder Motiv noch Ziel erkennen. Zeit totzuschlagen ist keine Handlung, Abwarten auch keine, es sei denn, das Abwarten dient dem bewussten Erreichen des Zeitpunkts, an dem die eigene Passivität endet und in neue Aktivität übergeht. Dann aber ist Abwarten keine Handlung, sondern eine einer Handlung untergeordnete Operation.

Es gibt aber auch schulische Inhalte, die sich nur mit Verrenkungen mit Handeln in Verbindung bringen lassen: »Pünktlichkeit«, »Ehrfurcht«, »Heimatliebe« und vieles dieser Art mehr, das früher die Lehrpläne gefüllt hat und heute noch manche Schulgesetze füllt. Solche Abstrakta eignen sich eher zur diskursiven verbalen Erarbeitung, was hinsichtlich der Schule für Geistigbehinderte auf Grenzen verweist. Diese Grenzen sind allerdings nicht starr, sondern fließend: Mit dem einen Schüler lassen sich auch Abstrakta verbal erarbeiten, mit dem zweiten nur ansatzweise oder eingeengt, mit dem dritten überhaupt nicht.

Also finden wir auch nach »rechts« und nach »links« keine scharfen und unüberwindlichen Grenzen für Handlungsorientierten Unterricht. Alles, was Schüler an der Zielfindung, dem Entschluss zur Tätigkeit, deren Ausführung und Kontrolle wenigstens beteiligt, kann in der Form der Handlung be- und erarbeitet werden. Und das ist wesentlich mehr, als wir Lehrkräfte an Schulen für Geistigbehinderte uns gewöhnlich träumen lassen. Wir sollten einfach nur den Mut haben, unsere Schüler nicht nur ausführen zu lassen, was wir von ihnen wollen, sondern sie mit zu beteiligen an der Entscheidung, was wir gemeinsam wollen, an den Überlegungen, wie wir das Gewollte erreichen können, an der konkreten Umsetzung und deren Überwachung und an der abschließenden Entscheidung, ob wir das gemeinsam Gewollte auch erreicht haben.

Literaturverzeichnis zu Kapitel 20

KLAUß, G. (2005): Ein besonderes Leben. Grundlagen der Pädagogik für Menschen mit geistiger Behinderung. Ein Buch für Pädagogen und Eltern. 2., aktualisierte Auflage, Heidelberg

PFEFFER, W. (1982): Aspekte eines handlungsorientierten pädagogischen Begriffs von Behinderung. In: SCHMIDTKE, H.-P. (Hg.): Sonderpädagogik und Sozialpädagogik. Bericht der 17. Arbeitstagung der Dozenten für Sonderpädagogik in deutschsprachigen Ländern zum Thema »Arbeit am Behinderten oder Arbeit mit Behinderten? Welchen Beitrag leisten Sonder- und Sozialpädagogen?« im Oktober 1980 an der Universität Essen. Heidelberg, 60–70

21 Arbeitsaufträge: Vorschläge zur Bearbeitung und Lösung

Nachstehend bieten wir Ihnen einige Lösungsmöglichkeiten zu den Arbeitsaufträgen an, die Sie in den meisten Kapiteln gefunden haben. Diese Arbeitsaufträge sind kapitelweise nummeriert, und das bedeutet, dass manchmal eine Kapitelnummer fehlt. Lassen Sie sich dadurch nicht irritieren.

Unsere Antwortvorschläge sind in anderen Schrift gesetzt, um Ihnen die Orientierung zu erleichtern. Manchmal handelt es sich wirklich nur um Vorschläge; eindeutig »wahre« Antworten gibt es nicht immer.

ARBEITSAUFTRAG 1.1:
Notieren Sie sich aus dem Wimmelbild (Abb. 1) solche Verfahren, die von ihrer Bezeichnung her eindeutig auf ein Ziel hin ausgerichtet scheinen:
Lösungsvorschlag: »Sensorische Integration« kann als Verfahren wie als Ziel verstanden werden, ebenso »Ausbildung von Gewohnheiten«, wenn wir die »Gewohnheit« als Ziel ansehen, unabhängig von ihrem Inhalt.

ARBEITSAUFTRAG 1.2:
Suchen Sie aus Abb. 1 solche Verfahren heraus, die eindeutig
1. der langfristigen Orientierung dienen:
Lösungsvorschlag: z. B. Fachunterricht, Lehrgang, Lesen ...
2. komplexe Handlungskonzepte darstellen:
Lösungsvorschlag: z. B. projektorientierter und handlungsorientierter Unterricht, offener Unterricht, entdeckendes Lernen ...
3. Einzelelemente komplexer Konzepte sind:
Lösungsvorschlag: z. B. Aufbau funktioneller Systeme, Lernen Schritt für Schritt, Partnerarbeit, Vortrag, Beobachtung, Unterrichtsgang, Erkundung ...

ARBEITSAUFTRAG 1.3:
Suchen Sie aus Abb. 1 solche Verfahren heraus, die in irgendeiner Weise auf Handeln und Handlung hindeuten:
Lösungsvorschlag: handlungsbezogener Unterricht, Handlungseinheit, Basteln, Konstruieren, Handelnder Unterricht, projektorientierter Unterricht, Projektunterricht ...

ARBEITSAUFTRAG 2.1:
Welche der von Grunder (1995) genannten reformpädagogischen Grundbegriffe finden Sie in der heutigen Geistigbehindertenpädagogik wieder?
Lösungsvorschlag: Alle: Anschauung, Aktivität, Selbsttätigkeit, Lebensnähe, Kindgemäßheit, Individualisierung, Erfolgssicherung, Übung. Von ihrer Begriffsverwendung her müsste die Schule für Geistigbehinderte eigentlich DIE reformpädagogische Schule par excellence sein.

ARBEITSAUFTRAG 2.2:
Jede Praxis versucht, sich irgendwann eine Theorie zu bilden oder sich wenigstens auf eine Theorie zu beziehen, um nachzuweisen, dass sie ja so ganz falsch nicht sein kann. Haben Sie einen Verdacht, welche Theorie benutzt worden sein kann, um eine Analogie zwischen Kindergarten- und Geistigbehindertenpädagogik zu begründen? (Lösungshinweis: Es hat irgendetwas mit Entwicklung zu tun.)
Lösungsvorschlag: Selbstverständlich haben Entwicklungstheorien eine große Rolle gespielt, ob Piaget (Denken), Leontjew (Tätigkeit) oder, weniger bekannt, Kohlberg (moralisches Urteil) und andere.

ARBEITSAUFTRAG 3.1:
Überlegen Sie bitte, womit und wodurch Schule für Geistigbehinderte ihren Schülern Verwendungszusammenhänge für neu Gelerntes vermitteln kann.
Lösungsvorschlag: Durch die unmittelbare Verwendung im gegenwärtigen Alltag, auch durch kurzfristige und damit zeitlich überschaubare Vorhaben.

ARBEITSAUFTRAG 3.2:
Selbstständigkeit ist mehr als Selbsttätigkeit. Nennen Sie einige der zusätzlichen Merkmale der Selbstständigkeit.
Lösungsvorschlag: Eigene Entscheidung zur Tätigkeit, Selbstbestimmung, eigene Planung und eigene Kontrolle.

ARBEITSAUFTRAG 4.1:
Welche dieser von Gudjons (1992) genannten Beispiele neuerer Konzepte finden Sie auch in Schulen für Geistigbehinderte realisiert?
Lösungsvorschlag: Das »Exemplarische«, entdeckendes Lernen und Experiment nur in Grenzen, offener Unterricht, konkrete Tätigkeit, Öffnung der Schule für die Umwelt, soziales Lernen, Gruppenunterricht ...

ARBEITSAUFTRAG 4.2:
Wessen Aufgabe ist es wohl, die Schüler in soziale Interaktion zu verwickeln?
Lösungsvorschlag: Es ist ganz klar Auftrag des Erwachsenen, in der Schule die des Lehrers, worauf Mühl sehr deutlich hinweist, aber auch die Aufgabe älterer und bereits kompetenterer Schüler.

ARBEITSAUFTRAG 4.3:
Überlegen Sie bitte, ob handlungsorientierter Unterricht eher auf die Form des Einzelunterrichts zielt oder eher auf den Klassen- und Gruppenunterricht.
Lösungsvorschlag: Handeln kann wohl individuell erfolgen, handlungsorientierter Unterricht zielt jedoch auf die Gruppe, zielt auf soziales Handeln (Partnerarbeit, Gruppenarbeit).

ARBEITSAUFTRAG 4.4:
Notieren Sie bitte, welche der von Mühl aufgelisteten Fähigkeiten, die er zur Handlungskompetenz zählt, sich auch den Vorstellungen vom selbstständigen und vom autonomen Schüler zuordnen lassen.
Lösungsvorschlag: Eigene Bedürfnisse und Interessen wahrnehmen, mitteilen und verfolgen, Planungsfähigkeit, Selbsteinschätzung, Selbstkontrolle ...

ARBEITSAUFTRAG 4.5:
Beurteilen Sie nach diesen kritischen Anmerkungen die Reichweite des Geltungsanspruchs für handlungsorientierten Unterricht.
Lösungsvorschlag: Handlungsorientierter Unterricht kann nicht die einzige Unterrichtsform sein. Zum Handeln notwendige Kenntnisse und Fertigkeiten müssen und können auch in anderen Unterrichtsformen angeeignet werden.

ARBEITSAUFTRAG 6.1:

Bisher ist nur vom »Ich«, vom Individuum, die Rede gewesen. Erziehung heißt aber, dass der Erwachsene, der Lehrer, Einfluss auf das Kind nimmt. Überlegen Sie bitte anhand der Abbildung 2, an welcher Stelle oder an welchen Stellen der Erwachsene Einfluss ausüben kann. Es ist durchaus erwünscht, dass Sie hierzu die Zeichnung verändern.

Lösungsvorschläge:

Leontjews Konzept der Übergänge in der Tätigkeit, welches in der Reafferenz-(Rückkopplungs-)schleife die volle Aneignung beschreibt, kann dann um den Erwachsenen erweitert werden (s. Abb. 17):

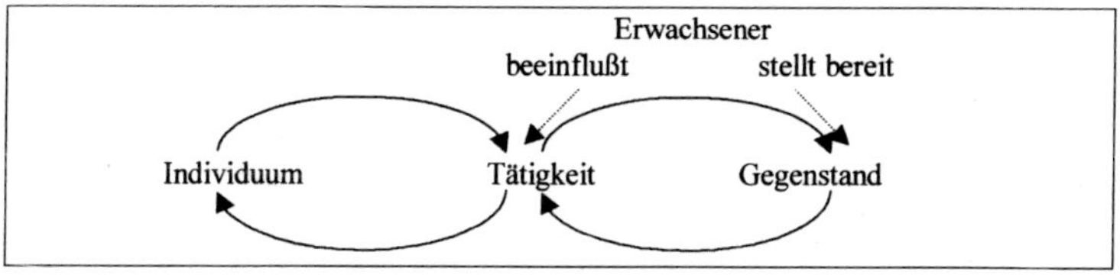

Abb. 17: Leontjews Konzept der Übergänge, erweitert um den Erwachsenen (aus PITSCH 2002, 50)

Wird weiterhin berücksichtigt, dass der Handlungsgegenstand nicht ein Ding, eine Sache sein muss, sondern auch eine Person sein kann, sowohl die individuell-eigene wie eine andere, verändert sich das Schema (s. Abb. 18) in folgender Weise:

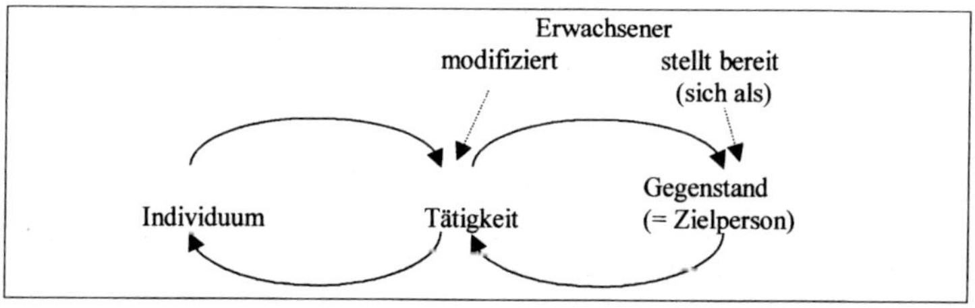

Abb. 18: Der Erwachsene als Vermittler und Ziel in der erweiterten Fassung des Leontjewschen Konzepts der Übergänge (aus PITSCH 2002, 50)

Ist die Zielperson eine andere als das tätige Individuum, so sprechen wir von einer sozialen Handlung. Enthält diese Handlung Zeichen, die von der jeweils anderen Person zu deuten sind, so handelt es sich um (zunächst einseitige) Kommunikation.

ARBEITSAUFTRAG 6.2:

Versuchen Sie bitte, den glatten linearen Handlungsablauf in Abbildung 3 dadurch zu komplizieren, dass Sie erschwerende Bedingungen einführen:

1. Die Tür ist abgeschlossen, aber der Schlüssel steckt im Schloss.
2. Die Tür ist abgeschlossen, aber der Schlüssel steckt nicht im Schloss. Unser Schüler weiß zunächst nicht, ob der Schlüssel am Schlüsselbrett hängt, oder ob der Lehrer ihn eingesteckt hat.

Ihre Lösung wird dazu führen, dass Sie in das einfache Flussdiagramm in Abb. 3 Kontrollfragen und ein oder zwei Nebenprogramme (Unterprogramme) einfügen.

Lösungsvorschlag:

Ist die Tür abgeschlossen, ist zu fragen: »Steckt der Schlüssel?« Ist die Antwort »ja«, steckt der Schlüssel also im Schloss, so muss die Tür mit Hilfe dieses Schlüssels geöffnet werden. Es ist eine zweite Handlungssequenz zu vollziehen, ehe wieder zum klassisch-einfachen Ablauf zurückgekehrt werden kann. Diese zweite Handlungssequenz stellt eine unübliche Erschwerung dar. Es ist daher empfehlenswert, sie gesondert zu betrachten und mit Kindern gesondert einzuüben. Insoweit hat sie den Charakter eines »Unterprogramms«, einer »Subroutine«, die, wenn eingeübt, vom Kind quasi »automatisch« vollzogen wird.

Eine dritte Handlungssequenz läuft ab in dem Fall, dass die Tür abgeschlossen ist und der Schlüssel nicht im Schloss steckt. Der Schüler kann in diesem Fall die Tür nur dann aufschließen (Sequenz 2) und öffnen, wenn es ihm gelingt, sich den Schlüssel zu besorgen. Wir wollen annehmen, dass der Lehrer den Schlüssel bereithält. Unser Schüler muss sich nun von dem eigentlichen Objekt seiner Handlung, der Tür, weg bewegen und den Schlüssel beim Lehrer in Empfang nehmen. Dann erst kann er wieder zur Tür zurückgehen und den Schlüssel ins Schlüsselloch einführen. Ist das getan, kehren wir zur Handlungssequenz 2 zurück, die nun weiter ablaufen muss.

Ist unser Schüler aber so weit gekommen, lassen sich die verschiedenen Handlungsmöglichkeiten (Sequenzen) so wie in Abb. 19 darstellen:

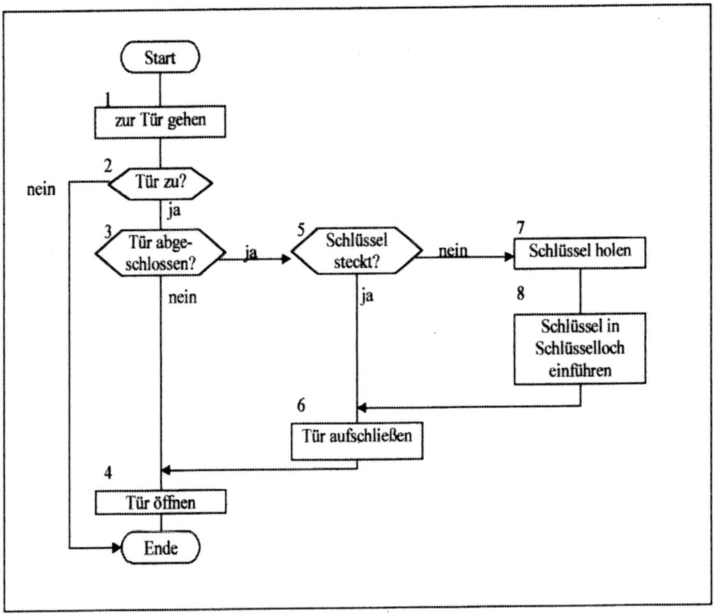

Abb. 19: Flussdiagramm »Tür öffnen« (aus Pitsch 2003a, 335)

ARBEITSAUFTRAG 7.1:
Auf die Bedeutung des Aufbaus von Ritualen im Unterricht der Schule für Geistigbehinderte wird in jüngster Zeit vermehrt hingewiesen. Überlegen Sie bitte, welcher Handlungstyp bei dieser Unterrichtsform gefördert wird.
Lösungsvorschlag: Gewohnheitshandeln (traditionales Handeln nach Max Weber).

ARBEITSAUFTRAG 7.2:
Eine neue Lehrkraft wird in einer Mittelstufenklasse der Schule für Geistigbehinderte eingesetzt. Nach zehn Minuten bemerkt sie, dass eine autistische Schülerin wohl unbemerkt die Klasse verlassen hat. Diese Schülerin wird später im Lehrerzimmer aufgefunden, wo sie sich unauffällig in der Nähe einer ihr bekannten Lehrkraft aufhielt.
Ordnen Sie das Weglaufen der Schülerin einem Handlungstyp zu.
Lösungsvorschlag: Hier dürfen wir affektuelles, emotional gesteuertes Handeln vermuten.

ARBEITSAUFTRAG 7.3:
Versuchen Sie bitte, die vier Handlungstypen am Beispiel Jutta den einzelnen Handlungsphasen zuzuordnen. Mehrfachzuordnungen erscheinen möglich.

Handlungsorientierung	Handlungsplanung	Handlungsausführung	Handlungskontrolle
z. B. Heiratswunsch: Lösungsvorschlag: traditional, affektuell (emotional)	*z. B. Wohnungssuche: Lösungsvorschlag: zweckrational*	*Lösungsvorschlag: Inserate studieren – zweckrational*	*Lösungsvorschlag: Vermieter anrufen, Wohnung mieten – zweckrational, aber auch deutlich emotional besetzt ...*

ARBEITSAUFTRAG 7.4:
Das Addieren und Subtrahieren selbst im Zahlenraum bis 10 fällt Peter schwer. Er möchte mit einem Taschenrechner rechnen lernen und begründet dies damit, dass er mit Hilfe des Taschenrechners die Verwaltung der Klassenkasse übernehmen könnte.
Welcher Handlungstyp ist hier angesprochen?
Lösungsvorschlag: Zunächst der zweckrationale, aber die vorgebrachte Ausrede ist doch deutlich wertrational gefärbt.

ARBEITSAUFTRAG 7.5:
Die autistische Schülerin Jenny wird jeden Morgen mit einem Einzeltransport zur Schule gebracht, und jeden Morgen ist die gleiche Situation zu beobachten: Der Wagen stoppt. Jenny greift der Begleitperson in die Haare, zieht diese an den Haaren zu sich und verbeißt sich in deren Körper bzw. in deren Kleidung. Nur mit erheblicher Kraftanstrengung kann sich die Begleitperson von Jenny lösen und diese aus dem Wagen bugsieren. Den gesamten Schultag über zeigt sich Jenny dann relativ unauffällig.
a) Welcher Handlungstyp passt zu dieser Beschreibung?
Lösungsvorschlag: traditional, gewohnheitsmäßig
b) Stellen Sie einfach einmal Hypothesen darüber auf, warum Jenny möglicherweise genau diesen Handlungstyp gewählt haben könnte.

Lösungsvorschlag: Aus einem zunächst rein zufälligen Zugreifen ergab sich der Erfolg der körperlichen Zuwendung, die als Verstärker gewirkt hat. Und subjektiv erfolgreiches Verhalten drängt zur Wiederholung.

ARBEITSAUFTRAG 8.1:

Überlegen Sie bitte, welche formalen Übergänge gemeint sein können, z. B. beim Übergang

1. von der gegenständlichen zur Spieltätigkeit:
Lösungsvorschlag: Eintritt in den Kindergarten
2. von der Spieltätigkeit zum organisierten Lernen:
Lösungsvorschlag: Eintritt in die Schule
3. vom organisierten Lernen zur Arbeit:
Lösungsvorschlag: Beginn einer Lehrausbildung, Aufnahme in die Werkstatt für behinderte Menschen

ARBEITSAUFTRAG 8.2:

Sehen Sie jetzt einen Sinn im Arbeitsauftrag 8.1? Welchen?
Lösungsvorschlag: Diese Übergänge bringen neben mehr und anderen Materialien auch mehr und jeweils andere Menschen mit ins Spiel.

ARBEITSAUFTRAG 8.3:

Welche weitere(n) Tätigkeitsform(en) wird (werden) dadurch vorbereitet, dass das Kind lernt, sein Handeln mit dem anderer Menschen abzustimmen und zu koordinieren?
Lösungsvorschlag: gemeinsames, organisiertes Lernen, wie später auch Arbeitstätigkeit. Unterrichtsbezogen: Partnerarbeit, Gruppenarbeit.

ARBEITSAUFTRAG 8.4:

Überlegen Sie bitte, welches diese Konsequenzen sein können, so dass auch in der Schule für Geistigbehinderte sinnvoll und effektiv gelernt werden kann.
Lösungsvorschlag: Was, wie und mit welchen Hilfsmitteln gelernt werden soll, kann zwischen den Beteiligten ausgehandelt, abgesprochen, vereinbart werden. Damit sind wir bei der Handlungsorientierung der Klasse – einschließlich der Lehrer – im Unterricht.

Arbeitsauftrag 8.5:

Es dürfte jetzt deutlich sein, wie »Handlung« und »Arbeit« übereinstimmen und weshalb wir Lernen als Handeln organisieren wollen. Notieren Sie Übereinstimmungen zu den vier Phasen:

1. Orientierung/Zielfindung:

Lösungsvorschlag: Das Ziel muss eindeutig und verbindlich sein.

2. Planung:

Lösungsvorschlag: Handlungen sind wie Arbeit zielorientiert zu planen.

3. Ausführung:

Lösungsvorschlag: Handlungs- wie Arbeitsausführung sind zu überwachen und ggf. zu korrigieren.

4. Kontrolle:

Lösungsvorschlag: Handlungsergebnis wie Arbeitsprodukt werden darauf hin beurteilt, ob und wie weit sie mit den Zielvorgaben übereinstimmen.

ARBEITSAUFTRAG 9.1:

Wie werden Ihre Schüler wohl reagieren, wenn Sie ihnen ein aus Lego-Steinen fertig gebautes Häuschen hinstellen und daneben einen Karton voller Lego-Steine?

Lösungsvorschlag: Das müssen Sie schon selbst ausprobieren. Sind Ihre Schüler sehr jung, und ist das Material unbekannt, kann völliges Unverständnis die Folge sein. Umgekehrt können sich routinierte Werkstufenschüler »veräppelt«, grausam unterfordert fühlen.

ARBEITSAUFTRAG 9.2:

Die Aufgabe bleibt gleich: Aus Lego-Steinen ist ein Häuschen zu bauen. Aber Sie gehen jetzt nach Galperins Orientierungsgrundlage Typ 2 anders vor. Skizzieren Sie bitte dieses Vorgehen.

Lösungsvorschlag: Neben dem fertigen Häuschen bauen Sie aus den losen Steinen das gleiche Objekt vor den Schülern auf.

ARBEITSAUFTRAG 9.3:

Und wiederum würden Sie anders vorgehen, wenn Sie zum Lego-Häuschen-Bauen eine Orientierungsgrundlage vom Typ 3 vermitteln wollen. Wie wohl?

⇨ Hinweis: Wenn Ihnen dazu wirklich nichts einfällt, sehen Sie doch bitte in der angegebenen Literatur zum Stichwort »Objekterkundung« nach.

Lösungsvorschlag: Mit den Schülern gemeinsam entwickeln Sie im Gespräch einen Bauplan. Bei Problemen montieren Sie mit den Schülern gemeinsam das fertige Häuschen auseinander und setzen es in umgekehrter Reihenfolge wieder zusammen.

ARBEITSAUFTRAG 10.1:
Wenn menschliche Handlungsfähigkeit ihre »letzte Quelle« in der Geburtsausstattung an Reflexen und Verhaltensprogrammen hat, dürfen wir dann irgendeinem Menschen Handlungsfähigkeit grundsätzlich absprechen?

❑ Ja. Wenn Ja: Wem?
Lösungsvorschlag: In unserem Verständnis nur dem Ungeborenen.

❑ Nein.
Lösungsvorschlag: Richtig angekreuzt. Keinem lebenden Menschen darf Handlungsfähigkeit grundsätzlich abgesprochen werden.

❑ Da bin ich immer noch unsicher.
Lösungsvorschlag: Klären Sie Ihr Verständnis vom Menschen, insbesondere das vom Menschen mit Behinderung.

ARBEITSAUFTRAG 10.2:
1. Welche Konsequenzen hat es wohl, wenn dieser »Dialog« zwischen Erwachsenem und Kind nicht zustande kommt, wenn sich Erwachsene dem Kind verweigern?

Lösungsvorschlag: Es kommt zu so genannten Hospitalismusschäden.

2. Kennen Sie Beispiele – auch aus der Fachliteratur?

Lösungsvorschlag: Etwa die Heimkinder, die René Spitz beschrieben hat.

ARBEITSAUFTRAG 10.3:
1. Solche Handlungskerne aus vorgreifender Widerspiegelung heraus lassen sich mit einem der Handlungstypen Max Webers (affektuelles, traditionales, wertrationales und zweckrationales Handeln) in Verbindung bringen. Ihre Annahme?

Lösungsvorschlag: Es handelt sich um die Herausbildung von Gewohnheiten, also um traditionales Handeln im Sinne Max Webers.

2. In der Schule für Geistigbehinderte wird genau dieser Handlungstyp bewusst aufgebaut und gepflegt. Das zugehörige methodische Konzept:

Lösungsvorschlag: Ausbildung von Gewohnheiten bzw. Ausbildung funktionaler Systeme.

ARBEITSAUFTRAG 11.1:
Überlegen Sie sich Möglichkeiten der Handlungsregulation auf unterschiedlichen Ebenen an folgendem Beispiel »Wir backen einen Kuchen«:

Ausgangssituation: Im Vorfeld hat der Lehrer ein Kuchenrezept ausgesucht und dieses durch Hinzufügen von Abbildungen der benötigten Zutaten und der Schrittfolge zur Herstellung des Kuchens ergänzt. Der Lehrer stellt die benötigten Zutaten, das Backmaterial und das bebilderte Rezept auf dem Arbeitstisch bereit.

Bedingung 1: Die Schüler beherrschen nicht die Techniken des Lesens und Schreibens, sind jedoch in der Lage, ihre Handlungen zu versprachlichen und verstehen sprachliche Anweisungen des Lehrers.
Lösungsvorschlag: Die Schüler betrachten die Abbildungen der Zutaten im Bilderrezept und teilen sprachlich mit, welche Zutaten benötigt werden. Anhand der Abbildungen verbalisieren sie die Herstellungsanweisungen und führen diese aus, eventuell mit verbaler Hilfe (Anleitung) durch den Lehrer (begrifflich-perzeptive Handlungsregulation).

Bedingung 2: Die Schüler beherrschen die Techniken des Lesens und Schreibens.
Lösungsvorschlag: Die Schüler lesen das Rezept schrittweise durch und klären zuerst mit dem Lehrer ab, welche Zutaten und wie viel davon benötigt werden. Die Schüler messen die benötigten Mengen selbst ab, wobei der Lehrer evtl. einige Hilfestellung geben kann. Nun lesen die Schüler die einzelnen Schrittfolgen des Rezepts und führen diese Anweisungen Schritt für Schritt bis zur Fertigstellung des Kuchens aus (intellektuelle Handlungsregulation).

Bedingung 3: Die geistigbehinderten Schüler sind wohl fähig zu Lautäußerungen, können sprachlichen Anweisungen des Lehrers jedoch kaum oder überhaupt nicht folgen. Lesen und Schreiben sind unbekannt.
Lösungsvorschlag: Der Lehrer zeigt den Schülern die einzelnen Zutaten und nennt sie beim Namen. Die Schüler fassen die Zutaten an, um z. B. den Unterschied zwischen Zucker und Mehl taktil zu erfahren. Sie können die vom Lehrer abgemessenen Zutaten in die Rührschüssel geben oder den Mixer einschalten, wobei der Lehrer Hilfestellungen wie z. B. Handführung geben kann (sensomotorische Handlungsregulation).

ARBEITSAUFTRAG 12.1:
Projektschritt 1 entspricht somit welcher Handlungsphase?
Lösungsvorschlag: Handlungsorientierung (Entschluss und Zielfestlegung)

ARBEITSAUFTRAG 12.2:
Projektschritt 2 entspricht der Handlungsphase ...?
Lösungsvorschlag: Handlungsplanung

ARBEITSAUFTRAG 12.3:
Projektschritt 3 entspricht der Handlungsphase ...?
Lösungsvorschlag: Handlungsausführung

ARBEITSAUFTRAG 12.4:
Projektschritt 4 entspricht dann der Handlungsphase ...?
Lösungsvorschlag: Handlungskontrolle

ARBEITSAUFTRAG 12.5:
Sie haben sicherlich festgestellt, dass Projektarbeit weit über individuelles Handeln hinausgeht. Notieren Sie dazu einige Stichworte.
Lösungsvorschlag: Projektarbeit bezieht nicht nur die übrigen Mitglieder der Klasse mit ein, sondern ggf. auch andere Klassen und Lehrer, auch Menschen von außerhalb der Schule.

ARBEITSAUFTRAG 12.6:
Jetzt haben wir endlich wenigstens ein Kriterium gefunden, mittels dessen wir projektorientierten Unterricht mit Geistigbehinderten von der individuellen Handlung einerseits wie vom klassischen Projektunterricht andererseits abgrenzen können:
Lösungsvorschlag: Gemeint ist das Kriterium der zeitlichen Erstreckung.

ARBEITSAUFTRAG 13.1:
Damit sind Sie jetzt in der Lage, solche Unterrichtsinhalte zu benennen, die wir kaum oder in keinem Fall handlungsorientiert erarbeiten können. Nennen Sie einige Beispiele.

Lösungsvorschlag: Etwa absolute Langweiler wie andauerndes motorisches Üben, Unbeeinflussbares wie das Handeln von Parlamenten und Regierungen, über welches nur gesprochen werden kann, Glaubensfragen, die sich dem Handeln entziehen, Mythologien, Snoezelen und andere Erduldungen.

ARBEITSAUFTRAG 13.2:

Das Hinmalen von Buchstaben mit Hilfe einer Schablone oder das Hin- und Herschieben von aus Karton ausgeschnittenen Buchstaben nach einer Vorlage erfordert zwar Tätigkeit der Schüler, erfüllt aber keineswegs die Ansprüche an eine Handlung. Versuchen Sie einmal, sich ein Unterrichtsarrangement auszumalen, in dem die Schüler die gleichen Tätigkeiten bewusst, gewollt und zielorientiert ausführen.

Lösungsvorschlag: Eine Bestell-Liste für die Küche schreiben, eine Glückwunschkarte ...

ARBEITSAUFTRAG 15.1:

Die folgenden Fragestellungen sind aus unterschiedlichen Planungsmodellen entnommen. Sie sollen den Lehrkräften bei der Feststellung von Lernbedingungen, der intentionalen, inhaltlichen, methodischen und medialen Auswahl sowie Entscheidungsfindung unterstützen. Ordnen Sie die Fragestellungen einem Strukturelement zu!

1. »Über welche Vorerfahrungen, über welche Kompetenzen, über welche Erfahrungswelten verfügt der Schüler?« (THÜMMEL 2004, 158)

Lösungsvorschlag: Strukturelement Lernbedingungen

2. »In welcher Form (enaktiv, ikonisch, symbolisch) soll insofern der Gegenstand präsentiert werden; welche Variationen der Präsentationsformen sind vorgesehen, möglich oder nötig?« (KRÜGER/LERSCH 1993, 230)

Lösungsvorschlag: Strukturelement Methoden

3. »Warum soll der Schüler diesen Sachverhalt lernen? Welche Bedeutung hat er für ihn bzw. sollte er für ihn haben?« (GLÖCKEL u. a. 1989, 29)

Lösungsvorschlag: Strukturelement Intentionen

4. »Welches sind die besonderen Fälle, Phänomene, Situationen, Versuche, Personen, Ereignisse, Formelemente in oder an denen die Struktur des jeweiligen Inhaltes den Kindern dieser Bildungsstufe, dieser Klasse interessant, fragwürdig, zugänglich, begreiflich ›anschaulich‹ werden kann?« (KLAFKI 1975, 140)

Lösungsvorschlag: Strukturelement Inhalte
5. Sind die eingesetzten Lehr- und Lernmittel intentional poly- oder monovalent? (vgl. SCHULZ 1976, 34 ff.)
Lösungsvorschlag: Strukturelement Medien

ARBEITSAUFTRAG 16.1:

Als Thema der Stunde wird in der Unterrichtsplanung angegeben: »Wir decken den Frühstückstisch mit Setteilen, Brettchen, Messern, Tassen und Kaffeelöffeln«.
Die Zielstellung lautet: »Die Schüler sollen einen Mächtigkeitsvergleich zwischen zwei Mengen durch paarweises, räumliches Zuordnen vornehmen.«
Übernehmen Sie die Ausführung des Leitfaden-Punkts 2.3.1 und überdenken Sie das Thema nach der Frage: »Welche Struktur hat der Sachverhalt oder Inhalt aus der Sicht des Lehrers?«
Wenn Sie Hilfestellung zur Bewältigung der Aufgabe benötigen, so laden Sie sich unter der web-Adresse: ›sonderpaedagogik.bildung-rp.de/lehrplaene.htm‹ den Lehrplan für die Schule mit dem Förderschwerpunkt ganzheitliche Entwicklung (= Schule für Geistigbehinderte) des Landes Rheinland-Pfalz auf Ihren Computer und lesen Sie die Seiten 388 ff.
Lösungsvorschlag:
1. *Erfassen der relationalen Verbindung zwischen den Elementen zweier Mengen beim Mächtigkeitsvergleich: »Mehr«, »weniger«, »gleich viel«*
2. *Mächtigkeitsvergleich durch räumliches und zeitliches paarweises Zuordnen der Elemente der zu vergleichenden Mengen*
3. *Auflösung der räumlichen Zuordnung (Reversibilität der Handlungen: Gleichmächtigkeit einer Menge unabhängig von der Anordnung ihrer Elemente)*
4. *Mächtigkeitsvergleich von Mengen unabhängig von der Eigenschaft und Anordnung der Elemente (Entwicklung invarianten Verhaltens)*
5. *Konstituierung von Mengen gleicher Mächtigkeit*

ARBEITSAUFTRAG 16.2:

Erörtern Sie zum gleichen Unterrichtsthema und zu der genannten Zielstellung den Punkt: »4.3.1 In welchen Phasen (Handlungsorientierung, -planung, -ausführung, -kontrolle) soll der Schüler beteiligt werden?«

Lösungsvorschlag:
1. *Handlungsorientierung: Wir haben drei Praktikanten zu Besuch und müssen für diese und für uns den Tisch decken.*
2. *Handlungsplanung: Aus der Grundmenge hoher Mächtigkeit (alle Messer, Frühstückssets usw., die in der Küche vorhanden sind) kann ich Teilmengen ausgliedern und je eine Teilmenge (z. B. Sets) der Gruppe der am Frühstück teilnehmenden (Bezugsmenge) zuordnen. Wer übernimmt welche Aufgabe?*
3. *Handlungsdurchführung: Schüler decken den Frühstückstisch nach abgesprochenem Handlungsplan.*
4. *Handlungskontrolle: Jeder Teilnehmer am Frühstück kontrolliert, ob Besteck und Geschirr vollständig sind.*

ARBEITSAUFTRAG 18.1:
Die Arbeitstechnik des Zerstörens und Neuzusammensetzens bei der Decollage erinnert an einen anderen, in der Arbeit mit Geistigbehinderten beliebten Arbeitsbereich, der ebenfalls durch Zerstören, Zerschneiden, Veränderung von Form und Konsistenz und durch Neuzusammensetzen gekennzeichnet ist. Ihre Vermutung?
Lösungsvorschlag: Zubereitung von Nahrungsmitteln

ARBEITSAUFTRAG 18.2:
In diesem Zitat macht Eid auf einen deutlichen Unterschied zu dem in Arbeitsauftrag 1 angefragten Lern- und Arbeitsbereich aufmerksam. Beachten Sie bitte die Begriffe *Zufall*, *Experiment*, *Unvoreingenommenheit* und *Konvention* und skizzieren Sie kurz diesen Unterschied.
Lösungsvorschlag: Nahrungszubereitung in der Schule für Geistigbehinderte ist weniger vom Experimentieren als von Konventionen geleitet. Schließlich sollen immer wieder und (fast) überall einsetzbare Handlungsalgorithmen angeeignet werden. Unvoreingenommenheit – etwa gegenüber verdorbenen Grundprodukten – kann dabei lebensgefährlich werden. Auch das Experimentieren mit Lebensmitteln widerspricht sowohl der Ökonomie des Materialverbrauchs als auch dem Schutzauftrag gerade der Schule für Geistigbehinderte.

ARBEITSAUFTRAG 18.3:
Zu welchem Typ der Orientierungsgrundlage nach Galperin ist diese »Erste Orientierung« zuzuordnen?
Lösungsvorschlag: Die eigene Erprobung der Arbeitsmöglichkeiten durch die Schüler entspricht Galperins Orientierungsgrundlage vom

Typ III. Dieser Zuordnung steht auch die gelegentliche Hilfe durch die Lehrerin nicht entgegen.

ARBEITSAUFTRAG 18.4:
Und zu welchem Galperin-Typ ordnen Sie diese »Zweite Orientierung« zu?
Lösungsvorschlag: Wohl eher Galperins Orientierungsgrundlage vom Typ I, soweit die Lehrerin nur Papierfragmente vor den Schülern arrangiert. Aus der Beschreibung geht nicht hervor, ob die Lehrerin hierzu auch Erläuterungen abgibt. Die Schüler scheinen wesentlich nur beobachtend beteiligt zu sein.

ARBEITSAUFTRAG 18.5:
Haben Sie eine Idee für eine andere Form der Evaluation, der Endkontrolle?
Lösungsvorschlag: Vorstellbar ist z. B. die Zielvereinbarung: (1) Die gesamte Blattfläche wird gefüllt. (2) Möglichst skurrile Formen der angesengten Papierfetzen. (3) Starke Variationen der Verfärbung der Brandspuren. (4) usw.

So etwas wie ein Schlusswort

Lassen Sie uns damit dieses Buch beenden. Alle Literaturhinweise finden Sie am Ende der einzelnen Kapitel, so dass ein abschließendes Literaturverzeichnis wie üblich nicht erforderlich ist. Wir hoffen, Ihnen mit der Lektüre und den Überlegungen zu den Aufgaben etwas Lust gemacht zu haben, auch Ihre Schüler stärker an der Festlegung von Zielen, der Planung und der Kontrolle zu beteiligen und nicht nur an der Ausführung von Aufträgen.

Die Verfasser

Ingeborg Gertrud Thümmel, Dr. phil. habil., Privatdozentin, Diplom-Pädagogin, Sonderschullehrerin für Geistigbehinderte, Lernbehinderte und Sprachbehinderte, Fachleiterin und Schulleiterin der größten staatlichen Schule für Geistigbehinderte in Rheinland-Pfalz bis 2005. Zurzeit Privatdozentin an der Carl-von-Ossietzky-Universität in Oldenburg und Schulaufsichtsbeamtin in Koblenz. Schwerpunkt in Forschung und Lehre: Geschichte der Geistigbehindertenpädagogik, Didaktik und Methodik des Unterrichts in der Schule für Geistigbehinderte, gemeinsamer Unterricht von beeinträchtigen und nicht-beeinträchtigten Schülern.

Hans-Jürgen Pitsch, Dr. phil., Diplom-Pädagoge, Sonderschulrektor a. D. Ausbildung als Volksschullehrer und Sonderschullehrer für Lernbehinderte, Verhaltensgestörte und Geistigbehinderte. Mitarbeit in der Aus- und Fortbildung für Lehrer, Sonderschullehrer, sozialpädagogische Fachkräfte und Heilerziehungspfleger. 22 Jahre Schulleiter an Schulen für Geistigbehinderte, darunter zwei Neugründungen. Beratungstätigkeit in Süd-Korea. Zurzeit assistant-professeur associé der Université du Luxembourg und Lehrbeauftragter an der Pädagogischen Hochschule Heidelberg. Arbeitsschwerpunkt: Didaktik und Methodik des Unterrichts mit Geistigbehinderten.